KB126005

우리철학,
어떻게 할 것인가

한국학
총 서

조선대학교 우리철학연구소 우리철학총서 01

우리철학,
어떻게 할 것인가

이철승 지음

學古房

19세기 후반기부터 20세기 전반기까지 약 100년 동안의 한국 사회는 격동의 시기였다. 이 시기는 '전통'과 '현대' 및 '동양'과 '서양' 등의 가치관이 혼재되면서 많은 문제가 발생했다. 특히 사상계는 일본 사람인 서주西周(니시 아마네 : 1829~1897)에 의해 굴절된 상태로 소개된 '철학哲學' 용어의 출현과 일제강점기의 도래로 인해 새로운 문화가 형성되있다.

서양 근대 문명을 동경했던 서주는 '지혜를 사랑함'이라는 'Philosophia, Philosophy'를 '철학'으로 번역했다. 이때 그와 일본의 주류 사상계는 근대 과학 문명을 탄생시킨 서구적 사유를 물리物理와 심리心理를 아우르는 '철학'으로 여기고, 유·불·도를 중심으로 하는 동아시아의 전통적 사유를 심리心理의 영역으로 제한시켰다.

특히 일제강점기에 서양 선진국의 교육시스템을 모방한 동경제국대학의 교육 체계를 모델로 삼은 경성제국대학 철학과의 주요 교과목은 서양철학 위주로 편성되었다. 이 무렵 한국의 전통철학은 제도권 안에서 부분적으로 수용되었다. 따라서 전통철학은 제도권 안에서 독자적인 영역을 확보할 기회를 갖지 못하고, 주로 제도권 밖에서 연구되었다. 이 때문에 당시의 많은 사람들에게 서양철학은 보편적인 철학이고, 전통의 동양철학은 특수한 철학으로 여겨졌다. 이러한 상황은 많은 학자들에게 서양철학에 대한 무비판적인 수용과 동양철학에 대한 연구의 소홀을 가져오도록 안내했다. 이러한 비주체적인 학문 탐구 경향은 해방 정국 이후부터 산업화시기인 20세기 후반까지 이어졌다.

비록 일부의 학자들에 의해 학문의 주체성 회복과 우리철학의 정립을 위한 연구가 진행되었지만, 철학계에서 그들의 영향력은 크지 않았다. 그러나 20세기 말의 민주화 과정에서 철학의 현실화와 주체적인 학문 탐구를 중시하는 일군의 학자들에 의해 우리철학 정립에 대한 열기가 고조되었다. 그들은 서양철학을 무비판적으로 수용하는 태도와 전통철학을 맹목적으로 옹호하는 태도를 지양하였다. 그들에 따르면 비주체적인 철학 활동은 건조한 수입철학으로 전락하거나, 복고적인 훈고학의 울타리를 벗어나기 어렵다. 이러한 비주체적인 철학 활동은 창의적인 사유를 통한 생명력 있는 이론을 생산하고 발전시키는 면에 제한적이다. 이를 해결하기 위해 시대정신에 대한 통찰력을 강화할 필요가 있다.

우리철학의 정립에 대한 이러한 풍조는 21세기에 확산되고 있다. 조선대학교 우리철학연구소는 비주체적인 철학 풍토를 비판적으로 성찰하고, 통일 시대에 부응하는 21세기형 우리철학의 정립을 목표로 2014년에 설립되었다.

21세기형 우리철학이란 역동적인 시대의 다양한 특성을 반영한 것으로서 한국 전통철학의 비판적 계승, 외래철학의 한국화, 한국의 특수성과 세계의 보편적 흐름을 유기적으로 결합한 사유체계이다. 곧 21세기형 우리철학은 특수와 보편의 변증법적 통일로서 한국의 전통철학과 외래철학과 현실 문제 등에 대해 시대정신을 반영하여 주체적으로 연구한 이론체계를 의미한다.

이 총서는 조선대학교 우리철학연구소가 2015년 한국학중앙연구원의 '2015년도 한국학총서' 사업에 선정된 〈우리철학, 어떻게 할 것인가? - 근대전환기 한국철학의 도전과 응전 - 〉의 연구 성과를 집약한 것이다.

조선대학교 우리철학연구소의 이 총서 사업은 근대전환기 한국사회에서 발생한 철학 담론을 탐구하는 결과물로서 전통의 유·불·도 철학과 민족종교와 미의식 등을 주요 연구대상으로 한다. 이 사업은 민족, 계층, 종교, 이념, 동양과 서양, 전통과 현대, 특수와 보편 등의 문제가 중첩된 근대전환기의 한국사회를 철학적 가치로 재해석하여, 21세기의 시대정신에 부응하는 우리철학 정립의 이론적 토대를 제공하고자 한다. 이 연구는 19세기 후반부터 21세기의 현재까지 취급하는 총론을 제외한 7개의 주제에 대해 19세기 중·후반부터 20세기 전반기까지 약 100년 동안의 전통철학 전반을 대상으로 한다. 내용은 총론, 리理, 심心, 기氣, 실實, 교敎, 민民, 미美 등 총 8개의 주제이다. 총서는 △총론: 우리철학, 어떻게 할 것인가 △성리학: 근대전환기의 한국철학 〈理〉 - 호락논변의 전개와 현대적 가치 △심학: 근대전환기의 한국철학 〈心〉 - 실심실학과 국학 △기철학: 근대전환기의 한국철학 〈氣〉 - 서양 문명의 도전과 기의 철학 △실학: 근대전환기의 한국철학 〈實〉 - 현실비판과 근대지향 △종교철학: 근대전환기의 한국철학 〈敎〉 - 근대전환기 도교·불교의 인식과 반응 △민족종교: 근대전환기의 한국철학 〈民〉 - 민족종교와 민의 철학 △미학: 근대전환기의 한국철학 〈美〉 - 근대 한국미의 정체성 등 총 8권으로 구성된다.

총론인 『우리철학, 어떻게 할 것인가』(이철승)는 21세기형 우리철학의 정립이라는 문제의식으로 '철학' 용어가 출현한 19세기 후반부터 21세기가 진행되고 있는 현재까지 한국 철학계의 현황을 고찰한다. 또한 우리철학 정립의 이론적 토대에 해당하는 고유의식, 외래철학의 한국화, 전통철학의 비판·계승·변용, 자생철학의 모색 등을 살펴보고, 우리철학 정립의 사회적 토양에 해당하는 다양한 정치 현실과 문화 현상을 분석한다. 그리고 특수와 보편 및 타율성과 자율성의 등의 시각으로 우리철학 정립의 방법을 모색하고, 같음과 다름의 관계와 어울림철학을 중심으로 하는 우리철학 정립의 한 유형을 고찰한다.

근대전환기의 한국철학 〈理〉인 『호락논변의 전개와 현대적 가치』(홍정근)는 호론과 낙론 사이의 학술논변을 다루고 있다. 호락논변은 중국이나 일본 등 다른 전통 사회에서 찾아볼 수 없는 독자성이 강한 우리철학의 한 유형이다. 이 논변은 중국과 일본을 비롯한 전통의 동아시아사회에서 찾아볼 수 없는 독자성이 있다. 이 책은 호락논변 초기의 사상적 대립, 절충론의 등장, 실학에 끼친 영향 등을 서술하였고, 20세기 학자인 이철영의 사상을 집중적으로 검토하였다. 이철영은 호락논변을 재정리하고, 자신만의 새로운 학설을 정립한 학자이다. 다음으로 호락논변의 논쟁점을 총체적 관점에서 인물성동이논변과 미발심성논변으로 나누어 기술하였다. 마지막 장에서는 호락논변에 함유되어 있는 근현대적 가치들을 살펴보았다.

근대전환기의 한국철학 〈心〉인 『실심실학과 국학』(김윤경)은 근대 격변기 속에서 속일 수 없는 자기 본심을 자각하고 '실현'해 나간 양명학 수용자들의 철학적 문제의식, 자기수양, 사회적 실천 등을 고찰하였다. 이들의 중심에는 정제두 이래 양명학을 주체적으로 수용하고 계승한 이건승, 이건방, 정인보 등 하곡학파가 있다. 하곡학파는 실심실학에 기초한 주체적 각성, '국학'의 재인식과 선양이라는 실천으로 식민지 현실을 극복하고자 하였다. 또한 본서에서는 하곡학파에 속하지 않지만, 하곡학파와 긴밀히 교류하면서 양명학적 유교 개혁을 추구한 박은식, 화담학과 양명학의 종합으로 독창적인 학술체계를 건립한 설태희, 진가논리로 불교개혁을 추구한 박한영 등의 사유를 부분적으로 취급하였다.

근대전환기의 한국철학 〈氣〉인 『서양 문명의 도전과 기의 철학』(이종란)에서 탐구하는 주제는 근대전환기 과학과 그리스도교로 대표되는 서양문명의 도전에 따라 그것을 수용·변용하거나 대응한 논리이다. 곧 기철학자와 종교사상가들이 서양문명의 수용·변용·대응 과정에서 기의 논리를 핵심으로 삼아, 전통사상의 계승·발전·극복 등의 사유 과정을 구체적으로 분석하였다.

근대전환기의 한국철학 〈實〉인 『현실비판과 근대지향』(김현우)에서는 한민족에게 내재한 현실 중심의 개혁·실천·개방의 전통 사유를 중심으로 근대전환기 전통 개혁론의 계승과 확산, 서구 과학기술의 수용과 한계, 초기 사회주의 수용과 경계 등을 대주제로 삼았다. 이를 바탕으로 북학파의 계승과 개화파의 등장, 1840년 아편전쟁 이후 한국 정부의 대응, 서구 문명에 대한 인식 변화, 문명과 유학과의 관계 재정립, 실학자들의 재발견, 보편 문명과 민족 문화와의 충돌과 해소, 사회 주체로서 국민의 등장, 대한민국 임시정부와 사회주의 소련과의 조우 등을 세부적으로 분석하였다.

근대전환기의 한국철학 〈敎〉인 『근대전환기 도교·불교의 인식과 반응』(김형석)은 도교철학과 불교철학을 중점적으로 취급한다. 도교의 경우, 근대전환기 한국 도교 전통의 맥락을 계승하면서 수련도교의 큰 축을 이루고 있는 전병훈의 『정신철학통편』을 중심으로 살펴본다. 특히 한국 도교전통을 통해 동·서문명의 만남, 전통과 근대의 만남을 기획했던 그의 세계관과 정치사상을 분석하였다. 불교의 경우, '호법 護法', '호국護國', '호민護民' 등의 프리즘으로 숲과 마을, 성과 속, 교단과 세속권력, 종교와 정치 사이 등과 같은 당시의 시대적 모순에 대한 불교계의 인식과 반응을 분석하였다. 이는 정치주체와 '외호'의 주체에 대한 해석 문제, 한국불교전통의 계승과 불교 근대화의 문제, 불교 교단의 승인·운영·관리 문제 등의 형태로 드러났다.

근대전환기의 한국철학 〈民〉인 『민족종교와 민의 철학』(이종란·김현우·이철승)은 동학·대종교·증산교·원불교 등 민족종교의 사상 속에 반영되어 있는 당시 민중들의 염원과 지향 및 사유를 철학적 관점으로 재구성하였다. 이들 종교는 모두 전근대적 민에서 주체의식과 민족주의, 상생과 평화, 공동체 의식을 갖는 근대적 시민으로 자각하도록 이끄는 데 일조하였음을 밝혔다.

근대전환기의 한국철학 〈美〉인 『근대 한국미의 정체성』(이난수)은 19세기 후반부터 20세기 전반까지 한국 사회에서 풍미했던 고유의 미의식을 분석한다. 특히 예술과 예술 정신의 기준이 변화하기 시작했던 1870년대 개항 시기부터 한국 고유의 미론이 등장하는 1940년대까지의 미의식 현황을 분석한다. 이때 미의 철학이란 한국인의 미에 대한 가치와 그것이 구체화된 현상적 특징을 말한다. 이는 전통에서 근대로의 이행 과정에서 예술이 어떻게 계승되고 변용되었는지를 고찰하는 것이다. 이를 통해 근대 예술의 형성이 오로지 예술만의 이념과 논리를 기준으로 형성되지 않고, 당시의 시대 상황과 뒤섞이며 시대정신과 함께 변모했음을 확인할 수 있다.

이 총서를 발간하면서 그동안 우리철학 정립이라는 문제의식을 공유하며 연구와 집필에 전념한 연구진께 고마움을 전한다. 연구진은 그동안 한국의 철학계에서 수행하기가 쉽지 않은 이 작업을 위해 많은 노력을 기울였다. 낯선 시도이기에 불안할 수도 있지만, 누군가는 해야 할 일이기에 연구진은 용기를 내어 이 길에 들어섰다. 미비한 점은 깊게 성찰하고, 이후의 연구를 통해 보완할 것이다.

이 사업이 이루어질수록 적극적으로 지원해준 한국학중앙연구원과 교육부에 감사를 드리며, 이 사업의 필요성을 인정하고 선정해 주신 심사위원들께도 감사를 드린다.

또한 어려운 상황임에도 출판을 허락하신 도서출판 학고방의 하운근 사장님과 글을 꼼꼼하게 다듬어주신 명지현 팀장님을 비롯한 편집실 구성원들께도 감사를 드린다.

2020년 7월
한국학중앙연구원 한국학총서 사업 연구책임자
조선대학교 철학과 교수 및 우리철학연구소장
이철승 씀

21세기가 진행되고 있는 오늘날, 세계는 다양한 문제가 끊임없이 발생하고 있다. 환경 파괴로 인한 생태계 문제가 심각하고, 사회적 양극화로 인한 갈등이 확산되고 있으며, 인간의 도구화로 인한 소외 현상이 증가하고 있고, 미국과 중국 등 강대국들의 헤게모니 경쟁으로 인한 힘의 논리가 여전히 작용하고 있다. 또한 4차 산업혁명의 빛과 그림자가 함께 나타나고 있다.

특히 2020년 7월 하순 현재 세계에서 신종 '코로나 바이러스 감염증-19(Corona Virus Disease 2019)'에 의해 1,600여 만 명이 감염되고, 60여 만 명이 사망했다. 한국의 경우 14,000여 명이 감염되고, 약 300명의 사망자가 발생했다. 이 사태로 인해 '2020 도쿄 올림픽' 개최의 연기를 비롯한 많은 어려움이 세계 곳곳에서 나타나고 있다.

선진 문명의 상징으로 여겨지던 미국과 유럽 등 서양에서 이 '코로나 바이러스 감염증-19'의 감염자와 사망자가 대규모로 발생하고, 시민들의 대처 능력 또한 미비점이 많았다. 이는 백신과 치료제가 아직 개발되지 않은 상태에서 선진적인 방역 체계와 어울림의 연대의식을 통해 '코로나 바이러스 감염증-19'를 극복하고 있는 한국의 모습과 차이가 있다. 이에 세계의 많은 사람들은 한국의 우수한 대처 능력과 한국인의 높은 공동체의식에 찬사를 보내고 있다. 그들은 이러한 상황을 도출한 한국식 처방책과 한국인들의 정신에 관심을 기울이고 있다.

이는 현대 사회에서 발생하는 문제가 세계적인 성향을 띠고 있을지라도, 그것에 대한 해결책은 구체적인 현실에 대한 철저한 분석으로부터 비롯될 수 있음을 의미한다. 곧 어떤 문제에 대한 해결책이 선험적인 보편으로부터 주어지는 것이 아니라, 역동적으로 변화하고 있는 특수에 대한 엄밀한 분석으로부터 시작할 수 있음을 말한다.

그렇다면 이러한 시대 상황에서 철학의 역할은 무엇일까? 철학은 직면한 시대 문제를 외면하고, 형이상학적인 실체의 규명에 관심을 집중시켜야 할까? 아니면 외국 이론의 무비판적인 수입이나, 과거 이론의 맹목적인 부활과 같은 방식의 비주체적인 자세로 일관해야 할까? 그것도 아니면 우리의 주체적인 문제의식을 반영한 합당한 이론을 생산해야 할까?

많은 사람들은 철학이 이러한 구체적인 문제에 대해 외면하지 않고, 적극적으로 개입하여 본질적인 해결책을 제시하기를 요구한다. 그들은 철학을 현실과 괴리된 학문이 아니라, 시대 문제를 해결하기 위한 사유체계이며 실천 활동으로 생각하기 때문이다.

그동안 한국의 철학계는 이러한 시대 문제에 대해 도피한 경우가 있고, 수동적으로 대처한 경험도 있으며, 능동적으로 대응한 사례도 있다. 문제에 대한 도피는 정의롭지 않은 사회를 묵인할 수 있고, 수동적인 대처는 역사의식의 결여로 나타날 수 있다. 그러나 능동적인 대응은 시대정신의 구현에 기여할 수 있다.

우리철학의 정립은 이러한 시대 문제에 대해 외면하거나 소극적으로 대처하지 않고, 적극적으로 개입하여 능동적인 대안을 찾는 것과 관련된다. 우리철학의 정립은 현실에 대한 분석과 그 본질적인 해결책의 모색을 토대로 하여 성립할 수 있기 때문이다.

한국에서 '철학'이란 용어의 출현은 근대 서구 문명을 동경했던 일본 사람인 서주西周(니시 아마네 : 1829~1897)에 의해서다. 그는 'Philosophy'를 '철학'으로 번역할 때, 동아시아의 전통 사회에서 형성된 유儒·불佛·도道 사상의 비중을 축소했다. 그는 복택유길福澤諭吉(후쿠자와 유키치 : 1834~1901)과 가등홍지加藤弘之(가토 히로유키 : 1836~1916) 등 일본의 근대화를 지향하는 주요 사상가들과 함께 동아시아의 전통적인 사유방식을 극복하고, 서양철학으로 무장할 것을 강조했다.

이러한 그들의 관점은 일제강점기에 한국의 제도권 철학계에 무비판적으로 수용되었다. 이 때문에 일제강점기 때 경성제국대학 철학과를 비롯한 한국의 여러 대학에서 철학 강의와 연구는 서양철학 위주로 편성되었다. 전통철학에 대한 연구와 강의는 주로 제도권 밖에서 진행되었다. 서양철학 교과목 가운데에서도 현실 문제를 취급한 사회철학보다 형이상학적인 관념론이 대세를 형성하였다. 이 때문에 당시의 많은 사람들에게 서양철학은 보편이고, 동양철학은 특수로 여겨졌다.

이는 철학계 내부의 치열한 이론 논쟁을 거친 사상투쟁의 결과가 아니라, 특수한 시대의 특수한 정치적 이데올로기가 여과 없이 철학계 내부에 영향력을 행사한 결과이다. 따라서 당시의 이러한 철학풍토는 우리가 본받을만한 모습이라고 보기 어렵다.

그런데 이러한 비주체적인 철학풍토는 해방 정국과 산업화가 진행되던 20세기 후반까지 한국 철학계의 주류를 이루었고, 21세기가 진행되고 있는 현재에도 여전히 그 여운이 사라지지 않고 있다.

이제 우리는 이러한 비주체적인 철학풍토를 깊게 성찰해야 한다. 우리의 현실과 문제의식을 반영하지 않는 사대주의적인 태도와 복고주의적인 태도는 지향의 대상이 아니라, 지양의 대상이다. 외래철학과 전통철학을 맹목적으로 부정하는 태도 역시 지양의 대상이다.

우리는 우리의 문제의식을 토대로 하여 이론을 연구하고, 시대정신에 부응하는 이론을 생산할 필요가 있다. 그 이론은 선험적인 보편으로부터 특수를 규정하는 것이 아니라, 구체적인 특수로부터 보편으로 향할 필요가 있다. 곧 주어진 보편이 아니라, 만들어가는 보편을 지향할 필요가 있다. 이는 과거의 이론이나 외국의 이론을 무비판적으로 우리의 현실에 적용할 것이 아니라, 우리의 현실을 주체적으로 탐구하여 생산적인 이론을 도출할 것을 요청한다.

이 책의 제1장에서는 21세기형 우리철학의 정의를 언급하고, 우리철학의 정립이 왜 필요한지에 대해 논한다. 제2장에서는 '철학' 용어의 출현 시기부터 현재까지 한국에서 진행된 철학계의 현황을 살펴본다. 제3장에서는 우리철학 정립의 이론적 토대라고 할 수 있는 고유의식, 외래철학의 한국화, 전통철학의 비판·계승·변용, 자생철학의 모색 등을 고찰한다. 제4장에서는 우리철학 정립의 사회적 토양이라고 할 수 있는 정치 현실과 문화 현상을 분석한다. 정치 현실 분야에서는 민족분단과 통일의식, 양극화와 공동체의식, 중앙 집중과 균형의식, 법치주의와 도덕의식, 종교 갈등과 다원성 등을 취급한다. 문화 현상 분야에서는 문화산업과 문화콘텐츠, 생명 경시 현상과 존엄성, 생태계 파괴와 공생의식, 신종 감염병과 인류, 성불평등 문제와 평등의식, 4차 산업혁명과 포스트휴먼 등을 취급한다. 제5장에서는 특수와 보편 및 타율성과 자율성 등의 시각으로 우리철학 정립의 방법을 모색한다. 제6장에서는 다원화 시대에 펼쳐지는 같음과 다름의 관계와 유학의 어울림철학을 중심으로 하는 우리철학 정립의 한 유형을 모색한다.

이 책은 21세기형 우리철학 정립의 실마리를 제공하기 위해 기획되었다. 부족한 부분은 더 공부하여 보완하고자 한다. '철학' 용어의 출현과 함께 서양철학이 우리나라에 본격적으로 수용된 지 약 150년 정도 된다. 지난 150년 동안 한국의 철학계는 '동양'과 '서양', '전통'과 '현대', '탈현대' 등의 다양한 내용이 혼재되어 회자되었다. 이 정도 세월을 겪었으니, 이들을 아우르는 새로운 철학이 등장할 시기이다. 동양과 서양을 막론하고 철학사에 소개된 많은 내용이 이처럼 다양한 이론의 혼재 과정을 거쳐서 완성되었다. 이제 우리도 우리의 주체적인 문제의식을 반영하여 시대정신에 부응하는 새로운 이론을 생산할 때가 되었다. 이 책이 이러한 이론 체계를 구성하고자 하는 연구자들에게 작은 씨앗이 되기를 기대한다.

2020년 7월
무등산 자락의 가난한 삶터에서
이철승

제1장
우리철학의 정립 필요성[1]

 21세기가 진행 중인 오늘날 우리 사회는 온갖 문제가 중층적으로 드러나고 있다. 세계 유일의 분단국이라는 상황에서 빚어지는 이념적 갈등이 여전히 불안감을 조성하고 있고, 신자유주의 이념의 일반화에 의한 소외 현상이 각 계층과 세대와 지역에서 다양한 형태의 갈등으로 표출되고 있다. 또한 종교적인 신념 차이로 인한 배타적인 이단 논쟁이 증가하고 있고, 생태계의 파괴와 인간성의 파괴 현상도 빈번하게 발생하고 있다.

 이러한 시대 문제가 산적한 한국의 현실에서 철학은 어떠한 역할을 할 수 있을까? 지금 한국의 철학계는 이러한 문제를 해결하기 위해 어떠한 노력을 하고 있는가? 철학은 이러한 문제를 외면해도 되는가? 철학은 현실의 문제보다 현실과 무관한 형이상학적인 주제를 탐구하는 것으로 만족해도 되는가? 이 시대에 이 땅에 사는 사람들이 신뢰할

---

1) 이 1장은 이철승의 「우리철학의 현황과 과제(1) - 근대 전환기 '철학' 용어의 탄생과 외래철학의 수용 문제를 중심으로 - 」(2016, 『인문학연구』제52집, 조선대) 가운데, 일부의 내용을 발췌하여 수정했음을 밝힌다.

수 있는 철학은 무엇일까?

　우리는 그동안 이러한 구체적인 문제를 떠나 추상적인 문제에 집중하는 철학을 많이 보아왔다. 이러한 철학에서는 시간과 공간을 초월하는 보편을 구체적인 현상에 그대로 적용하는 경향을 보인다. 이러한 이론은 변화하는 구체적인 현실의 문제를 심층적으로 탐구하고 추상하여 도출한 보편이 아니라, 선험적으로 주어진 불변의 보편을 상정한다. 이 때문에 이러한 보편은 시대를 초월하여 특수한 문제를 모두 치유할 수 있을 것으로 여겨진다.

　그러나 이러한 이론은 신념으로서의 가치는 있을지라도, 구체적인 현실에 적용할 경우에 부합하지 않는 경우가 많다. 역사의 현실은 고정된 원리가 항상 동일하게 적용될 수 없을 정도로 끊임없는 변화가 발생하기 때문이다.

　우리는 그동안 한국의 특수한 상황에서 발생하는 문제를 해결하기 위해 한국의 현실을 구체적으로 분석하여 도출한 이론이 아니라, 외국의 특수한 상황의 문제를 해결하기 위해 구성된 이론을 무비판적으로 수용하여 한국의 현실 문제를 해결하려고 한 경험이 있다. 이는 그 외국의 이론을 소개하는 면에 강점이 있지만, 그 이론의 현실적인 의미를 강구하는 면과 주체적인 자세로 철학을 공부하는 면에 제한적이다.

　그렇다면 이러한 원인은 어디에 있을까? 그것은 철학의 영역 가운데 하나인 관념론 자체의 성질 때문이기도 하지만, 근대전환기에 출현한 '철학' 용어에서 비롯된다. 서양 근대 문명의 선양을 강하게 추구했던 일본사람인 서주西周(니시 아마네: 1829~1897)는 'Philosophia, Philosophy'를 '철학哲學'이라고 번역했다. 이때 그는 유학을 비롯한 동아시아의 전통적 사유를 심리心理의 영역으로 제한시키고, 근대 과학 문명을 탄생시킨 서구적 사유를 물리物理와 심리心理를 아우르는 '철학'으로 여겼다.

이 시기에 일본의 주류 사상계는 '지혜를 사랑함'이라는 'Philosophia, Philosophy'의 어휘를 편향적으로 사용하였다. 이 '철학' 개념은 당시에 한·중·일을 중심으로 하는 동아시아 사회에 정착하게 된다. 특히이 개념은 일제강점기 동안 한국에서 자연스럽게 받아들여진다.

한국의 현대 철학 1세대들은 대부분 어려서부터 서양식 근대 교육을 받은 사람들이다. 그들 가운데 일부는 독일, 프랑스, 미국 등 서양과 일본에서 유학하고, 일부는 경성제국대학 철학과에서 공부하였다. 경성제국대학의 공부 시스템은 동경제국대학의 교육 체계를 모델로 삼고, 동경제국대학은 서양의 선진적인 국가의 교육 시스템을 모방하였다. 또한 경성제국대학은 조선을 식민화하기 위한 일본 정부의 정책에 부응하였다. 이 때문에 경성제국대학 철학과의 주요 교과목 역시 구체적인 현실 문제를 해결하기 위한 분야와 관련이 적은 관념론 중심의 서양철학이 주류를 이루었다. 이 무렵 한국과 중국 등 동아시아의 전통철학은 제도권 안에서 독자적으로 설 기회를 갖지 못하고, 제도권 밖에서 연구되었다. 이 때문에 이 당시의 많은 사람들에게 서양철학은 보편적인 철학이고, 전통의 동양철학은 특수한 철학으로 여겨졌다. 그러나 이러한 현상이 바람직한 것은 아니다. 서양철학은 보편이고 동양철학이 특수라는 관점이 진리로 증명된 것은 아니다. 동양철학과 서양철학 속에는 각각 특수와 보편이 공존하고 있다.

비록 일부학자들이 『신흥』과 『철학』을 통해 당면한 현실 문제와 전통철학에 대한 글을 게재했지만, 전반적인 연구 풍토는 관념론 계열의 서양철학이 대세였다. 이처럼 근대 전환기 한국의 철학 연구 풍토는 그 용어가 출현하던 때부터 일제강점기 동안, 서양에 대한 열등의식과 다른 아시아 국가들에 대한 우등의식이 반영된 근대 일본 지식인들의 사대주의적 태도의 영향에 의해 전통철학의 홀대와 서양철학의 확산이 이루어졌다.

이는 학문적으로 순수한 이론 논쟁의 결과가 아니라, 제국주의가 팽창하던 특정한 시기의 특수한 이데올로기의 반영이다. 그런데 이처럼 전통철학 연구의 소홀과 서양철학 연구의 확산은 해방 정국 이후의 산업화 과정에서도 이어졌다. 산업화시기에 철학과를 개설한 대부분의 대학에서 교과목의 구성은 동양철학보다 서양철학을 더 많이 편성했다. 교수의 수에서 서양철학 전공 교수가 동양철학 전공 교수를 압도했기 때문에 학생들은 자연스럽게 동양철학보다 관념론 계열의 서양철학을 자주 접하였다.

이처럼 제도권의 철학 교육 풍토는 동양철학과 서양철학의 균형적인 발전에 지장을 초래했다. 이 무렵 이러한 문제점을 인식한 일부의 철학자들이 학문의 균형 발전과 동·서양철학의 유기적인 교류를 통한 우리철학의 정립을 위해 노력했다. 그들은 우리의 주체성을 찾기 위해 노력했지만, 그 외의 상당수 연구자들은 여전히 관념론 계열의 서양철학을 무비판적으로 소개하고 전파하였다. 동양철학을 전공하는 상당수 연구자들도 현실의 문제의식 속에서 전통철학을 주체적으로 탐구하지 않고, 훈고학적인 관점에서 전통철학을 맹목적으로 소개하였다. 따라서 이 무렵의 철학 교육과 연구 풍토는 일부를 제외하고, 상당수가 비주체적인 관점에서 서양의 관념론과 동양의 전통철학을 가르치고 소개하는 경향이 강했다.

그렇다면 왜 이러한 현상이 지속되었을까? 그것은 현대 한국의 철학 1세대나 그들의 제자들로부터 교육을 받은 많은 학문 후속세대들이 여러 대학의 교수가 된 후에도, 여전히 일제강점기 때의 교육 내용과 시스템에 대해 깊게 성찰하지 않은 상태에서 그 내용을 답습해왔기 때문이다.

이러한 비주체적인 철학 교육과 연구 풍토에 대해, 하버마스Jurgen Habermas(1929~)의 예를 통해 "하버마스의 이론을 앵무새처럼 뒤따라 되뇌지 말고 정말로 스스로 '철학'하여 하버마스가 전하고자 하는 메시지를 제대로 알아들어야 한다. 그럴 경우 우리가 무엇보다도 먼저 해야 할 일은 서양과학[학문]의 식민지가 된 우리의 생활세계를 해방시키는 것이고, 우리 자신을 서양이론의 중독에서 구하는 것임을 알게 될 것이다. 문제는 이런 사실을 정작 학문하는 사람들이 의식하지 못하고 있다는 것이다."[2]라고 한 이기상의 지적은 음미할만하다.

이처럼 비주체적인 교육과 연구 풍토는 대부분의 철학 내용이 우리의 현실 문제가 배제된 상태에서 우리의 삶과 직접적으로 관계하지 않는 다른 나라 사람들의 사유와 옛날 사람들의 사유가 보편의 이름으로 우리의 정신세계를 지배하도록 안내하는 역할을 하였다.

그러나 이러한 비주체적이고 비실제적인 철학 연구의 풍토는 20세기 후반의 민주화 과정을 겪으면서 새로운 전기를 맞는다. 이 시기에 많은 철학자들은 자본주의를 배경으로 하여 형성된 자유주의 이념을 중심으로 하는 서양의 관념론적 세계관에 대해, 더 이상 모든 사람들에게 고르게 적용되는 시대를 초월하는 보편이 아니라 특수한 시대에

---

2) 이기상, 2002, 『서양철학의 수용과 한국철학의 모색』, 지식산업사, 9쪽.

특수한 계층을 대변하는 이론으로 여겼다. 그들은 철학 이론 역시 역사의 산물로 여겼다. 그들은 선험적인 보편으로부터 구체적인 특수가 정해지는 것이 아니라, 구체적인 특수로부터 시작하여 특수와 특수의 유기적인 결합에 의해 구성원들이 공유하는 보편이 형성되는 것으로 생각한다. 따라서 그들은 보편을 절대자에 의해 주어지는 것이 아니라, 그 시대를 사는 사람들의 협의와 합의를 통해 만들어가는 공유의식으로 생각한다. 이러한 의식은 한국의 철학연구자들에게 무비판적인 외국철학의 소개와 맹목적인 전통철학의 부활에 문제를 제기하며, 지금 이 땅에서 발생하는 문제들을 외면하지 않도록 유도한다.

그들의 이러한 문제의식은 그동안 많은 연구자들에게 긍정적인 영향을 주었다. 그런데 그들의 노력에도, 이러한 문제의식의 확산은 '4차 산업혁명'이 회자되고 있는 21세기인 오늘날 한국의 철학계에 여전히 미흡하다.

그러나 이러한 한국이라는 공간과 역사와 현실이라는 문제의식을 주체적으로 반영한 '우리철학'의 정립은 오늘날 우리의 철학계에 필요할 뿐만 아니라 중요하다. 우리도 이제 우리의 문제를 해결하는 데에 적합한 우리의 철학을 연구하여 의미 있는 이론을 생산해야 한다. 외국이론을 무비판적으로 소개하고 전파하거나, 이전 시대에 형성된 철학을 맹목적으로 지지하고 복원하는 것으로 우리의 철학적 임무를 다하는 것은 아니다. 역사의 흐름 속에서 형성된 우리의 문제를 주체적으로 탐구하고 해결할 수 있는 우리철학을 정립해야 한다. 그 철학은 협애한 민족주의나 편협한 국수주의적인 성향을 띠지 않아야 한다. 그 철학은 비록 특수한 상황을 토대로 하지만, 여러 특수한 상황들의 유기적인 관계를 통해 새롭게 형성되는 공통의 공속의식을 구성원들이 공유할 수 있는 방향으로 나아가야 한다.

21세기는 세계화와 지역화가 공존하는 시대이다. 21세기형 우리철학의 정립은 이러한 시대 상황을 반영해야 한다. 지역화를 배제한 상태에서 세계화만 추구한다면 특수성의 의의가 배제될 수 있고, 세계화를 배제한 상태에서 지역화만 추구하면 보편성의 가치가 배제될 수 있다. 그동안 우리는 이와 유사한 시대 상황에서 보편성을 추구한다는 명분 아래 특수성의 가치를 소홀히 한 경험이 있다. 이제 이러한 태도는 지양되어야 한다. 특수성과 보편성을 유기적으로 연결할 필요가 있다. 특수성과 특수성의 변증법적 결합을 통한 보편성의 확보는 특수와 특수 및 특수와 보편의 유기적인 관계를 드러낸다.

이러한 시대 상황에서 정립될 우리철학은 특정 사조에 대해 무조건적인 배척의 대상이나 무비판적인 수용의 대상으로 삼으면 안 된다. 이를 주체적으로 탐구하여 이 시대의 가치에 부합하는 이론의 재구성이 필요하다. 한국의 고유의식과 전통철학의 비판적 계승, 외래철학의 한국화, 시대정신을 반영한 자생철학의 모색 등은 이러한 철학 활동에 도움이 될 수 있다.

따라서 우리가 정립해야 할 21세기형 우리철학이란 역동적인 시대의 다양한 특성을 반영한 것으로서 한국 전통철학의 비판적 계승, 외래철학의 한국화, 한국의 특수성과 세계의 보편적 흐름을 유기적으로 결합한 사유체계 등이라고 할 수 있다. 곧 21세기형 우리철학은 특수와 보편의 변증법적 통일로서 한국의 전통철학과 외래철학과 현실 문제 등에 대해 시대정신을 반영하여 주체적으로 연구한 새로운 이론체계이다.

제2장
우리철학의 현황[1]

한국의 철학계는 근대전환기 '철학' 용어의 출현과 더불어 새로운 국면을 맞이하였다. 한국의 철학계는 과학·기술의 발전과 민주주의의 이념을 배경으로 한 서구문명이 빠르게 유입되면서 유학과 불교와 도교를 중심으로 하는 전통의 동양철학보다 서양철학이 주류를 형성하기 시작하였다.

이러한 현상은 'Philosophy'의 번역어인 '철학' 개념이 출현하던 19세기 말부터 일제강점기와 산업화 시기인 20세기를 경유하는 동안 그 영향력을 확대하였고, 21세기가 진행되고 있는 현재에도 여전히 그 위력을 잃지 않고 있다. 이는 지난 100여 년 동안 한국의 주류 철학

---

1) 이 2장(1절, 2절, 3절)은 이철승의 「우리철학의 현황과 과제(1) - 근대 전환기 '철학' 용어의 탄생과 외래철학의 수용 문제를 중심으로 - 」(2016, 『인문학연구』제52집, 조선대), 「우리철학의 현황과 과제(2) - 산업화시기 철학의 제도화와 연구 동향을 중심으로 - 」(2017, 『인문학연구』제53집, 조선대), 「21세기 우리철학의 현황과 과제 - 제도권의 철학 풍토와 우리철학의 연구 동향을 중심으로 - 」(2019, 『유학연구』제49집, 충남대) 등의 내용 가운데, 필요한 부분을 발췌하여 인용했음을 밝힌다.

계가 주체적인 문제의식을 반영한 이론 생산보다 서양철학의 다양한 내용을 소개하고 전파하는 경향이 강했음을 의미한다.

그러나 한국의 철학계는 다른 한편으로 일군의 학자들이 이러한 비주체적인 철학풍토를 반성하며 우리의 역사와 현실 문제를 토대로 한 우리철학의 정립 문제를 꾸준히 연구해왔다. 그들은 선험적인 불변의 보편으로부터 구체적인 특수를 규정하는 논리를 지양하고, 특수로부터 보편을 추상하는 논리를 지향한다. 이러한 연구 풍토는 20세기 후반에 폭발적으로 증가하였고, 21세기가 진행되고 있는 현재 많은 학자들이 여기에 참여하고 있다.

■ 근대전환기 '철학' 용어의 출현과 외래철학의 수용

1) '철학' 용어의 출현과 철학 개념의 굴절

오늘날 한국과 중국과 일본 등 동아시아 사회에서 일상적으로 사용되고 있는 '철학'이라는 용어는 'Philosophia, Philosophy'에 대한 서주의 번역어이다. 서주는 철학哲學, 과학科學, 미학美學, 기술技術, 주관主觀, 객관客觀, 연역演繹, 귀납歸納, 학술學術 등 수많은 근대 학술 용어를 만들었다. 그는 서양철학에서 사용하는 개념의 번역 과정을 통해 20세기 이후의 동아시아 철학계에서 사용하고 있는 주요 용어를 만들었다.[2]

---

2) 임태홍, 2014년 5월 31일, 「'학술'이란 무엇인가 - 서주(西周)의 『지설(知說)을 중심으로 - 」, 『경학(經學)에서 철학으로 동아시아, 근대 전환기 학술의 양상』, 성균관대 2014 유교문화연구소 춘계학술회의 자료집, 70쪽 참조.

그런데 서주는 복택유길福澤諭吉(후쿠자와 유키치 : 1834~1901)과 함께 일본의 근대화를 지향하는 주요 사상가였다. 이들에 의해 강하게 주장된 일본의 근대화는 아시아 문명을 벗어나 서구 문명으로 진입하는 것이다. 그들에게 동아시아의 전통문명은 긍지로 여길만한 지향의 대상이 아니다. 그들은 유儒·불佛·도道를 중심으로 하는 동아시아의 전통적인 사유방식을 극복하고, 민주주의와 과학·기술로 상징되는 서구의 사상으로 무장해야 할 것을 강조하였다.[3] 서주에 의해 번역된 '철학'이란 용어 속에는 이러한 관점이 반영되어 있다.

서주는 초기에 진전진도津田眞道(츠다 마미치 : 1829~1902)의 『성리론性理論』(1861)에서 "서양의 학문이 전해진지 이미 100여 년이다. 격물, 화학, 지리, 기계 등 여러 학문에 이르러서는 간혹 그것을 규명하는 사람이 있는데, 유독 우리 '희철학希哲學'의 한 학문에 대해서는 아직까지 그러한 사람을 보지 못했다."[4]라고 지적하여, 'Philosophy'를 '희

----

3) 곧 서주는 1873년에 삼유례(森有礼, 모리 아리노리)가 미국에서 귀국하자, 복택유길, 가등홍지(加藤弘之, 가토 히로유키), 중촌정직(中村正直, 나카무라 마사나오), 서촌무수(西村茂樹, 니시무라 시게키), 진전진도(津田眞道, 츠다 마미치) 등과 함께 '明六社'를 결성하였다. 이것은 서양의 '學會'와 같은 형식의 모임으로, 서양의 발전된 문명을 일본에 전파하고자 하는 목적으로 설립하였다. 1874년부터 기관지인 『明六雜誌』가 발행되었는데, 그 잡지의 창간호 첫 번째 논문은 서주의 「서양 글자로 국어를 쓰자는 論」이다. 이 단체에는 당시 일본의 유명한 지식인들이 참여하고, 신문사 사장, 은행 총재, 대학 총장, 고위 공무원 등 일본의 지도급 인사들이 대거 참여하였다. 이 잡지의 주요 목적은 서양의 자유주의 사상으로 무장하여 일본을 서양과 같은 문명국가로 만들자는 것이다. 瀨沼茂樹編, 昭和四十九年, 『明治哲學思想集』, 筑摩書房 참조. 임태홍, 2014년 5월 31일, 「'학술'이란 무엇인가 – 서주(西周)의 『지설(知說)을 중심으로 –」」, 『경학(經學)에서 철학으로 동아시아, 근대 전환기 학술의 양상』, 성균관대 2014 유교문화연구소 춘계학술회의 자료집, 72쪽 참조.

철학希哲學'으로 번역했다.

그러나 그는 네덜란드 유학(1863~1865)을 마친 후인 1874년에 발표한 『백일신론百一新論』에서 성리학을 중심으로 하는 유학儒學의 극복을 본격적으로 주장하며, 'Philosophy'를 '격치格致', '궁리窮理', '도덕道德', '성리性理', '리학理學' 등의 전통적인 유학적 개념과 구별되는 '철학'으로 번역하여 학계에 발표하였다. 이 '철학'이라는 용어가 나오자, 학계에서는 이 용어와 다른 용어의 경쟁 과정을 거친 후에 마침내 '철학'이 승리를 거둔다. 19세기 말부터 20세기 초까지 이러한 과정을 거친 후에 일본 학계에서는 '철학'을 'Philosophy'의 대응어로 사용하였다. 이러한 일본 학계의 상황은 자연스럽게 한국과 중국을 비롯한 동아시아의 학계에 전해지고 수용되었다.

그런데 이 'Philosophy'가 '철학'으로 번역된 원인을 밝힌 자료는 1873년의 한 문건이다. 서주는 「생성발온生性發蘊」(1873)에서 'Philosophy'가 왜 '철학'으로 번역되어야 하는지에 대해 비교적 상세하게 논한다. 그에 따르면 '철학哲學'의 원어는 영어로 Philosophy, 프랑스어로 Philosophie이다. 희랍어의 Philo는 사랑의 의미이고, sophos는 현현賢의 뜻에서 전래되었다. 따라서 현명함을 사랑한다(愛賢)는 의미를 가진 학문을 Philosophy라고 한다. 주돈이周敦頤(1017~1073, 호는 濂溪)의 이른바 '사희현士希賢'의 뜻이다. 이는 후세에 습관적으로 쓰게 된 리理를 끊임없이 강구하는 학문이다. 리학理學이나 리론理論이라고 직역할

---

4) 西周, 「津田眞道矯本(性理論)の跋文」, 『西周全集』卷1, 1960~1981, 宗高書房(東京), 13~14쪽. 김성근, 2011, 「메이지 일본에서 '철학'이라는 용어의 탄생과 정착 – 서주(西周)의 '유학'과 'Philosophy'를 중심으로 –」, 『동서철학』제59호, 371쪽 재인용.

수 있지만, 다른 것과 혼동할 염려가 있기 때문에 철학이라고 번역하여 동아시아의 유학儒學과 구별하고자 한다.5)

이처럼 서주는 북송北宋 때 사람인 주돈이의 '희현希賢'6)이라는 개념을 차용하여, 'Philosophy'를 '철학'으로 번역하였다. 이는 그가 'Philosophy'를 당시에 'science'의 번역어인 리학理學과 혼동되는 것을 피할 뿐만 아니라, 유학儒學과 구별하고자 한 것이다.7)

곧 서주는 '철학'을 물리物理와 심리心理를 통합하는 학문으로 여기고, 유학을 심리만을 다루는 학문으로 여기기 때문에 서양철학을 동아시아의 유학보다 우수한 것으로 생각한다.8)

이처럼 서주는 '지혜를 사랑함'이라는 의미를 가진 'Philosophy'를 '철학'으로 번역하는 과정에 앎과 행함의 통일을 통해 인간다운 삶을 추구하는 유학을 비롯한 전통적인 동아시아의 사유방식을 지양하고, 서구 사회를 배경으로 하여 형성된 과학적인 근대 문명을 적극적으로 지향하였다.

서주에 의해 창안된 '철학' 개념의 이러한 서구문화 중심주의적인 관점은 이후의 일본 철학계와 한국 철학계에 폭넓게 반영되어 전통철학의 침잠과 서양철학의 전성기를 가져오게 하는 원인 가운데 하나가

---

5) 西周, 「生性發蘊(抄)」, 瀨沼茂樹 編, 昭和四十九年, 『明治哲學思想集』, 筑摩書房, 4쪽 참조.

6) 周敦頤, 『通書』, 「志學」 : "聖希天, 賢希聖, 士希賢."

7) 김성근, 2011, 「메이지 일본에서 '철학'이라는 용어의 탄생과 정착-서주(西周)의 '유학'과 'Philosophy'를 중심으로-」, 『동서철학』제59호, 375쪽 참조.

8) 이행훈, 2014년 5월 31일, 「한국 근대 학술 이념의 성층(成層)-전통 지식체계의 탈구축과 개념 변화-」, 『경학(經學)에서 철학으로 동아시아, 근대 전환기 학술의 양상』, 성균관대 2014 유교문화연구소 춘계학술회의 자료집, 31쪽 참조.

되었다. '철학' 개념의 이러한 굴절은 일제강점기에 일본 철학계의 영향을 깊게 받은 한국의 철학계에서 서양철학 연구의 활성화와 전통철학 연구의 감소 현상으로 이어졌다.

이처럼 '철학'의 용어가 다른 번역어를 누르고 빠르게 확산된 배경은 다음과 같다.

첫째, 1877년에 설립된 동경제국대학東京帝國大學의 초대 총장인 가등홍지加藤弘之(가토 히로유키 : 1836~1916)의 적극적인 역할 때문에 '철학哲學'이 성리학性理學, 격치학格致學, 궁리학窮理學, 리학理學 등의 어휘를 누르고 동경제국대학 문학부에서 제1과의 명칭으로 사용되었다. 그는 1877년 9월에 문부성文部省에 보낸 편지에서 동경제국대학의 법학부法學部, 어학부語學部, 문학부文學部의 세 학부 중, 문학부의 제1과인 사학史學, 철학哲學, 정치학政治學과 제2과인 화한문학과和漢文學科 가운데, 고루한 '화한문和漢文보다 영문英文, 철학, 서양역사를 배워 유용한 인재로 육성할 것을 강조'9)하여, 철학이라는 용어를 비중 있게 취급하였다.10)

둘째, 정상철차랑井上哲次郎(이노우 데쓰지로 : 1855~1944)11), 원량용차

---

9) 東京帝國大學, 1932, 『東京帝國大學 五十年史』, 473쪽 참조.
10) 김성근, 2011, 「메이지 일본에서 '철학'이라는 용어의 탄생과 정착 - 니시 아마네 (西周)의 '유학'과 'Philosophy'를 중심으로 - 」, 『동서철학』제59호, 378쪽 참조.
11) 1880년 동경제국대학 철학과의 1회 졸업생으로, 이후 베를린에 유학하여 독일 철학을 공부하고, 1890년에 귀국하여 동경제국대 교수로 재직하며, 약 30년 간 일본철학계의 대부로 활약했다. 김성근, 2011, 「메이지 일본에서 '철학'이라는 용어의 탄생과 정착 - 니시 아마네(西周)의 '유학'과 'Philosophy'를 중심으로 - 」, 『동서철학』제59호, 378쪽 참조.

랑元良勇次郎(유지로 모토라 : 1858~1912), 중도력조中島力造(나카지마 리키조우 : 1858~1918) 등이 펴낸『철학자휘哲學字彙』가 출간(1912)된 후에 '철학'이라는 용어가 거의 모든 사전에서 'Philosophy'의 번역어로 사용되었다.[12]

비록 명치유신 이후, 리학理學과 리론理論 등을 'Philosophy'의 번역어로 사용하고자 한 학자들(井上圓了, 中村正直, 西村茂樹, 中江兆民 등)이 있었지만, 명치 중기 이후에 한학漢學 폐기의 경향은 대세가 되었다. 가등홍지의『인권신론人權新論』(1882)을 시작으로 사회진화론이 영향력을 확대하면서 유학을 근대화나 문명화의 저해 요인으로 여기는 서주와 복택유길과 같은 시각이 대세가 되었고, 서주가 조어한 '철학'이란 용어는 '리학'을 비롯한 많은 번역어들과의 경쟁에서 승리하였다.[13]

한편 한국에 소개된 서양철학의 내용은 서주의 번역어보다 훨씬 이르다. 우리나라에 소개된 서양철학의 초기 내용은 천주교의 영향이다. 이수광李睟光(1563~1628)이 소개한『천주실의天主實義』[14]와 1630년에 명나라에 사신으로 갔던 정두원鄭斗源(1581~?)이 예수회 선교사인 로드리게스Johannes Rodoriguez(陸若漢)와 친분을 맺고 1631년에 북경北京(베이징)에서 가져온 세계 지리서인『직방외기職方外記』[15]가 초기의

---

12) 김성근, 2011,「메이지 일본에서 '철학'이라는 용어의 탄생과 정착 - 니시 아마네(西周)의 '유학'과 'Philosophy'를 중심으로 - 」,『동서철학』제59호, 378쪽 참조.
13) 김성근, 2011,「메이지 일본에서 '철학'이라는 용어의 탄생과 정착 - 니시 아마네(西周)의 '유학'과 'Philosophy'를 중심으로 - 」,『동서철학』제59호, 383쪽 참조.
14) 마테오리치, 中華民國67(1978),「天主實義」, 李之藻 等(吳相湘 主編),『天學初函』第一冊, 臺灣學生書局, 351~635쪽.
15) 李之藻 等(吳相湘 主編), 中華民國67(1978),『天學初函』第三冊, 臺灣學生書局, 1269~1496쪽.

문서이다. 또한 1801년의 신유辛酉 박해 때 황사영黃嗣永(1775~1801)은 북경의 주교에게 보내려던 백서帛書에 이가환李家煥(1742~1801)의 집에 소장된 『직방외기』와 『서학범西學凡』16)을 언급하는데, 『서학범』은 선 교사인 알레니Julius Aleni가 서양의 학문을 체계적으로 정리한 책이다. 이 책에는 학문을 문과文科·리과理科·의과醫科·법과法科·교과敎科· 도과道科로 나누고, '철학'을 이치를 연구하는 비록소비아斐祿所費亞 (Philosophia)의 학문으로 여기며 리과의 범주에 해당시켰다. 이 책에서 는 또한 비록소비아의 범주에 논리학, 물리학, 형이상학, 수학, 윤리학 등을 포함시켰다. 그리고 서양의 선교사인 삼비아스Francis Sambiasi가 지은 『영언려작靈言蠡勺』17)은 유학적 관점이 풍부한 신후담愼後聃 (1702~1762)의 『서학변西學辨』에서 비판의 대상이 되었다.18)

그러나 선교사들에 의해 소개된 이러한 서양철학의 내용은 대부분 종교인들이 종교적 관점에서 해석하고 범주를 분류하였기 때문에 일반 인들이 서양철학을 오롯이 접하거나 이해할 수 있는 면에 제한적이다.

한국에서 '철학'이란 용어가 일반인들에게 사용되기 시작한 것은 19세기 후반이다. 유길준은 '철학'을 지혜를 사랑하여 이치에 통하기 위한 학문으로 여긴다.19) 그에 의하면 도덕학에는 소크라테스와 플라

---

16) 알레니(Giulio(Julius) Aleni, 艾儒略: 1582~1646, 예수회 선교사), 1623, 「西學凡」
   (1623); 李之藻 等(吳相湘 主編), 中華民國67(1978), 『天學初函』 第一冊, 臺
   灣學生書局, 21~59쪽.

17) 삼비아시(Francis Sambiasi, 華方濟 : 1582~1649), 1624, 「靈言蠡勺」; 李之藻 等
   (吳相湘 主編), 中華民國67(1978), 『天學初函』 第二冊, 臺灣學生書局,
   1127~1268쪽 참조.

18) 朴鍾鴻, 1980, 『朴鍾鴻全集』Ⅴ, 螢雪出版社, 244~245쪽 참조.

19) 兪吉濬, 1996, 「西遊見聞」(1895), 『兪吉濬全書』Ⅰ, 一潮閣, 351쪽 참조.

톤이 속하고, 궁리학에는 아리스토텔레스가 속하며[20], 헤밀턴과 스펜서는 성리학자이다.[21] 유길준이 비록 서양철학과 성리학의 같고 다른 점에 대해 엄밀하게 분석하지 못한 점이 있을지라도, '철학' 용어와 그 내용에 대한 이해의 수준은 낮지 않았다.

그런데 '철학'이라는 어휘가 한국에 대량으로 소개된 것은 1905년 을사조약 이후, 한국인들이 자강운동의 일환으로 펴낸 신문과 학술잡지를 통해서다. 특히 일본에 유학하는 한국인들에 의해 일본에서 번역된 서양 학문을 소개하는 과정에 '철학'을 구체적으로 이해하려고 했는데, 이는 '철학'이 근대 학문 체계에서 학문적으로 자립하기 위한 몸짓이었다.[22]

이러한 상황에서 평양의 숭실학당崇實學堂은 1905년에 대학부大學部를 설치하여 우리나라 최초로 철학개론, 심리학, 논리학 등의 강의를 개설하였다.[23] 그리고 이정직李定稷(1841~1910)은 칸트를 전문적으로 연구하여 칸트와 주희를 비교한 「칸트의 철학이론 대략康氏哲學說大略」(1903~1910)을 발표하였다.[24]

또한 장지연은 〈황성신문〉에서 "철학은 궁리의 학이니 각종 과학 공부가 미치지 못하는 곳을 연구하여 천리를 밝히고 인심을 맑게 하는 고등 학문이다."[25]라고 하여, 철학에 대해 과학을 포괄하면서 과학

---

20) 兪吉濬, 1996,「西遊見聞」(1895),『兪吉濬全書』Ⅰ, 一潮閣, 329쪽 참조.

21) 兪吉濬, 1996,「西遊見聞」(1895),『兪吉濬全書』Ⅰ, 一潮閣, 332쪽 참조.

22) 김성근, 2013,「철학이라는 일본어 어휘의 조선 전래와 정착」, 한국동서철학회, 『동서철학연구』69권 0호, 517~518쪽 참조.

23) 朴鍾鴻, 1980,『朴鍾鴻全集』Ⅴ, 螢雪出版社, 252쪽 참조.

24) 朴鍾鴻, 1980,『朴鍾鴻全集』Ⅴ, 螢雪出版社, 257~259쪽 참조.

이 다루지 못한 영역을 규명하는 독립된 영역으로 이해했다.[26)

한국의 사상계는 식민지의 기운이 강화되는 이 무렵에 서양 근대 학문으로 상징되는 신학新學과 전통 유학으로 상징되는 구학舊學 사이에 다양한 관점이 도출되었다.[27) 특히 이 가운데 유학자인 곽종석 郭鍾錫(1846~1919)과 그의 제자인 이인재李寅梓(1870~1929)가 이해한 서양철학은 물질에만 집착하는 학문이다. 이 때문에 이인재는 1912년에 성리학의 관점에서 서양철학을 평가한『고대희랍철학고변古代希臘哲學攷辨』을 지었다. 그는 이 책에서 유학의 토대 위에 서양철학의 본질

---

25) 〈황성신문〉, 1909년 11월 24일,「哲學家의 眼力」.

26) 김성근, 2013,「철학이라는 일본어 어휘의 조선 전래와 정착」, 한국동서철학회, 『동서철학연구』69권 0호, 520쪽 참조.

27) 이 당시에 1) 新學을 옹호하는 대표적인 글은 다음과 같다. 崔炳憲, 1976,「學有新舊辨其虛實」,『畿湖與學會月報』제4호(1908년 11월), 아세아문화사. 呂炳鉉, 1976,「新學問의 不可不修」,『大韓協會會報』제8호(1908년 11월), 아세아문화사. 金源極, 1976,「敎育方必隨其國程度」,『西北學會月報』제1호(1908년 6월), 아세아문화사. 金甲淳, 1976,「腐儒」,『大韓協會會報』제4호(1908년 7월), 아세아문화사. 2) 儒學을 옹호하는 대표적인 글은 다음과 같다. 李寅梓, 1980,「哲學定義」,『省窩集 附哲學攷辨』, 韓國學文獻硏究所 編, 아세아문화사. 李寅梓, 1980,「上俛宇先生」,『省窩集 附哲學攷辨』, 韓國學文獻硏究所 編, 아세아문화사. 李寅梓, 1980,「答陳夏卿」,『省窩集 附哲學攷辨』, 韓國學文獻硏究所 編, 아세아문화사. 郭鍾錫, 1980,「書哲學攷辯後」,『省窩集 附哲學攷辨』, 韓國學文獻硏究所 編, 아세아문화사. 3) 신학과 유학을 절충하는 대표적인 글은 박은식의「儒敎求新論」, (『西北學會月報』제10호(1909년 3월), 아세아문화사)이다. 4) 유교 복원의 의지를 표출한 대표적인 글은 이병헌의『종교철학입론』(1914)(『이병헌 전집』상, 아세아문화사, 1992)과 송기식의『儒敎維新論』(1921, 신흥인쇄소, 1998) 등이다. 이상은 김성근, 2013,「철학이라는 일본어 어휘의 조선 전래와 정착」, 한국동서철학회, 『동서철학연구』69권 0호, 520~524쪽 참조.

을 규명하고자 하였다. 그에 따르면 철학이란 논리학, 형이상학, 윤리학 등으로 구성되어 있고, Philosophia는 그리스어로 지혜를 사랑한다는 뜻으로, 번역하면 철학哲學이다. 이 철학은 우주의 이치를 연구하고, 사물의 원리와 존재를 풀이하는 것이다. 그러나 과학은 삼라만상 가운데 하나의 이치만을 연구하여 그 실용성을 찾기 때문에 철학은 모든 학문의 기초이다.[28]

또한 전병훈全秉勳(1857~1927)의 『정신철학통편精神哲學通編』(1920)은 중국 북경에서 간행되었는데, 심리학, 도덕철학, 정치철학 등이 논의되고 있다. 전병훈은 이 책에서 전통의 도가철학과 유가철학을 비롯하여 그리스의 탈레스, 소크라테스, 플라톤, 아리스토텔레스 등의 사상을 소개하고, 근대의 데카르트, 베이컨, 몽테스키외, 칸트 등을 취급하고 있다. 그는 고대의 철학자 가운데 플라톤을 높이 평가하고 근대의 철학자 가운데 칸트를 높게 평가하며,[29] 동양철학 분야에서 단군사상과 도교사상을 비중 있게 취급한다.[30]

그러나 이 시기에 이처럼 유학을 중심으로 하는 전통철학과 관련된 글들이 있지만, 1920년대에 접어들면서 전통철학의 영향력은 약해지고, 서양철학의 연구 풍토가 대세를 이루게 된다.

---

28) 朴鍾鴻, 1980, 『朴鍾鴻全集』 V, 螢雪出版社, 246쪽 참조.
29) 朴鍾鴻, 1980, 『朴鍾鴻全集』 V, 螢雪出版社, 252~253쪽 참조.
30) 全秉勳, 中華民國九年(1920), 『精神哲學通編』, 明文堂刊 참조. 윤창대, 2004, 『정신철학통편 - 전병훈 선생의 생애와 정신을 중심으로 - 』, 우리출판사, 참조.

2) 외래철학의 수용과 전개

일제강점기가 한창이던 1920년대와 1930년대에 한국에서 철학의 주류는 전통철학이 아니라, 서양철학이다. 서양철학 가운데에서도 현실의 모순 문제를 해결하는데 중요한 역할을 하는 사회철학이 아니라, 현실의 문제 해결과 일정 정도 거리가 있는 형이상학적 관념론이 주류를 이룬다. 왜냐하면 현대 한국의 철학 1세대들이 어려서부터 근대화된 서구문명을 추종하는 일제강점기의 교육제도와 교육관에 익숙해졌기 때문이다. 그들은 대부분 전통적인 교육 방법이나 전통철학을 공부한 것이 아니라, 서구화된 교육 시스템 속에서 주로 서양철학을 공부했다. 구체적인 현실 문제의 해결과 긴밀하게 관계하는 이론보다 관념적이고 추상적인 이론을 장려하는 일본 제국주의의 정책도 서양 관념론의 연구 풍토를 확산시키는 면에 기여했다.

이처럼 한국의 현대 철학 1세대들은 비록 어릴 때 한학을 공부했을지라도, 취급하는 문제나 서술 방식은 서양철학의 관점을 따랐다. 그들은 대부분 서양철학자들이 했던 방식으로 생각하고 글을 썼다. 그들에게 철학은 새로운 학문이었다.[31]

한국의 현대 철학 1세대들은 상당수가 초등학교부터 근대교육을 받은 사람들이기 때문에 근대 서양에서 형성된 지식 체계와 탐구 방식을 특별한 의심이나 비판 없이 수용하였다. 대학 교육은 초·중·고 등의 교육에 비해 더 비판적인 면이 있지만, 철학을 처음 공부하는 학생으로서 교수들의 가르침을 거부하기가 쉽지 않았다.[32]

---

31) 강영안, 2002, 『우리에게 철학은 무엇인가 - 근대, 이성, 주체를 중심으로 살펴본 현대 한국 철학사』, 궁리, 28~29쪽 참조.

따라서 이 당시에 한국의 철학계를 이끈 사람들은 대부분 서양과 일본에서 유학한 사람들이거나, 1926년에 경성제국대학의 법문학부 안에 설립된 철학과 출신들이다. 그들은 근대 교육 시스템으로 공부를 하였고, 대부분 서양철학을 공부하였다. 이 무렵 서양의 근대식 교육을 받고 귀국한 해외유학파와 경성제국대학 철학과 졸업생들은 대학 강단에서 강의하거나, 철학 잡지에 글을 게재하면서 철학 활동을 했다.

이관용李灌鎔은 1921년에 취리히대학에서 학위를 받고 귀국했고, 김중세金重世는 1923년에 라이프치히대학에서 고대 희랍철학으로 학위를 받고 귀국하여 경성제국대학에서 강의를 시작했으며, 안호상安浩相은 1929년에 예나대학에서 학위를 받고 귀국하여 보성전문에서 강의를 시작했고, 정석해鄭錫海와 김법린金法麟과 이정섭李晶燮 등은 파리에서 학위를 마치고 귀국했으며, 한치진韓稚振은 사우스캘리포니아대학에서 학위를 받고 귀국하여 이화여전에서 강의를 시작했고, 갈홍기葛弘基는 1934년에 시카고대학에서 학위를 받고 귀국하여 연희전문에서 철학 강의를 시작했으며, 박희성朴希聖은 1937년에 미시간대학에서 학위를 받고 귀국하여 보성 전문에서 철학을 강의하였고, 최현배崔鉉培는 경도제국대학 철학과를 졸업하고 1926년부터 연희전문에서 철학 강의를 시작하였으며, 채필근蔡弼近은 1926년 동경제국대학 철학과를 졸업하고 평양의 숭실전문학교에서 강의를 시작했고, 윤태동尹泰東은 동경제국대학 철학과를 졸업하고 경성제국대학 예과의

---

32) 강영안, 2002, 『우리에게 철학은 무엇인가 – 근대, 이성, 주체를 중심으로 살펴본 현대 한국 철학사』, 궁리, 31쪽 참조.

교수로 부임하였으며, 김두헌金斗憲은 1929년에 동경제국대학 철학과를 졸업하고 이화여전 교수가 되었고, 이재훈李載燻과 이종우李鍾雨와 손명현孫明鉉과 하기락河岐洛 등도 일본에서 유학하고 돌아와 1930년대부터 활동을 시작하였다.[33]

이처럼 근대전환기에 철학을 전문적으로 공부한 학자들은 대부분 경성제국대학을 비롯해 여러 대학에서 강의를 하였다. 그들이 강의했던 주요 대학의 철학 교육과 연구의 풍토는 다음과 같다.

(1) 경성제국대학 철학과 현황

1924년에 설립된 경성제국대학은 서구식 근대화를 추구하는 동경제국대학을 모델로 하여 설립되었기 때문에 교육 시스템 역시 자연스럽게 서구식 제도를 지향하였다. 경성제국대학의 철학과에는 철학, 철학사, 윤리학, 교육학, 심리학, 종교학, 종교사, 미학, 미술사, 중국철학, 사회학 등의 전공으로 나뉘어졌고, 교수들 역시 대부분 서양철학을 전공했기에 교과목도 거의 서양철학으로 구성되었다.[34]

이 무렵 한국의 전통철학에 대한 강의가 전혀 없었던 것은 아니지만, 그것은 일본의 식민정책을 지원하기 위한 방편으로 활용되었다. 특히 문학과에 소속되어 조선어학과 조선문학을 강의했던 고교형高

---

33) 강영안, 2002, 『우리에게 철학은 무엇인가 - 근대, 이성, 주체를 중심으로 살펴본 현대 한국 철학사』, 궁리, 25~26쪽 참조.

34) 정근식·정진성·박명규·정준영·조정우·김미정, 2011, 『식민권력과 근대지식 : 경성제국대학 연구』, 서울대학교출판문화원, 346~349쪽 참조. 김재현, 2007, 「한국에서 근대적 학문으로서 철학의 형성과 그 특징 - 경성제국대학 철학과를 중심으로 - 」, 한국철학사상연구회, 『시대와 철학』18권 3호, 193~200쪽 참조.

橋亨(다카하시 도오루: 1878~1967)은 한국유학사를 존재론 중심으로 재구성하였다. 이러한 그의 관점은 한국철학사에 면면히 흐르는 앎과 행함의 유기적인 관계를 통한 바른 실천의 부분을 소홀히 취급하도록 유도했다.[35]

1929년 3월에 경성제국대학 철학과를 졸업한 제1회 학생은 김계숙金桂淑, 박동일朴東一, 한제영韓悌泳, 현준혁玄俊爀, 권세원權世元, 배상하裵相河, 조용욱趙容郁 등 7명인데, 그들은 대부분 서양철학을 전공했다. 그 가운데 김계숙은 서울대 문리대 교수로 재직하며 서양철학을 강의했고, 박동일은 대전중학교 교장을 역임했으며, 한제영은 평양사범학교 교장과 서울대 사대 교육학과에서 교수로 재직했고, 현준혁은 대구사범학교에서 교편생활을 하다가 마르크스주의로 전향한 후 해방 후에 월북했으며, 조용욱趙容郁은 중앙불교전문학교와 서울대 사대 및 연세대 강사를 거쳐 이화여대와 동덕여대 교수를 역임했다.[36]

그리고 그들의 후배인 안용백安龍伯(2회), 신남철申南澈(3회), 민태식閔泰植(4회), 박종홍朴鍾鴻(5회), 박치우朴致祐(5회), 고형곤高亨坤(5회), 구본명具本明(8회), 최재희崔載喜(10회), 김용배金龍培(11회), 이종달李鍾達(11회), 김규영金奎榮(15회), 배종호裵宗鎬(16회), 최동희崔東熙(17회) 등 가운데, 신남철과 박치우는 졸업 이후에 마르크스주의를 주로 연구했고, 민태식과 배종호는 동양철학을 연구했으며, 김용배는 '원기'론으로 동서철학을 통섭하고자 했고, 박종홍은 우리철학을 추구했다. 그 외 학자들은 대부분 관념론 경향의 서양철학을 연구했다.[37]

---

35) 다카하시 도오루 지음, 조남호 옮김, 1999, 『조선의 유학』, 소나무, 18~19쪽 참조.
36) 이충우·최종고, 2013, 『다시 보는 경성제국대학』, 푸른사상, 352쪽 참조.

곧 경성제국대학 법문학부 철학과에서는 해방 후인 1946년 7월에 '경성대학(1945.10.~1946.8.)'으로 명칭이 바뀐 상태에서 졸업한 4명(서명원, 신종식, 장하구, 기타)을 포함한 총 64명의 한국인 학생이 졸업을 했는데, 그들의 전공은 철학을 포함하여 심리학, 사회학, 윤리학, 종교학, 미학 등 다양했다. 그런데 철학 전공자들 가운데 동양철학 전공자는 서양철학 전공자보다 적었다. 그것은 민족의 얼이나 구체적인 현실의 문제보다 비현실적이며 추상적인 형이상학 계열의 관념철학을 주로 강의하는 경성제국대학 철학과의 정책에 기인한 바가 크다. 비록 일부의 학생들에 의해 현실 문제와 주체적인 우리철학에 대한 문제의식이 발현되었을지라도, 그것은 소수에 불과했다.

(2) 명진학교의 철학 교육 현황

1906년 5월에 불교계의 뜻을 모아 원흥사에 설립된 명진학교는 동국대학교의 전신으로 불교를 주요 이념으로 하기 때문에 강의 역시 불교와 관련된 내용이 많다. 그런데 이 학교의 명칭은 일제강점기 때 여러 번 바뀐다. 예컨대 불교사범학교(1910), 불교고등강숙佛敎高等講塾(1914), 중앙학림(1915), 불교전수학교(1928), 중앙불교전문학교(1928), 혜화전문학교(1940) 등으로 개명되었고, 1946년 1월에 동국대학교로 개명하였다.

---

37) 강영안, 2002, 『우리에게 철학은 무엇인가 – 근대, 이성, 주체를 중심으로 살펴본 현대 한국 철학사』, 궁리, 27쪽 참조. 이충우·최종고, 2013, 『다시 보는 경성제국대학』, 푸른사상, 353~360쪽 참조.

(3) 보성전문학교의 철학 교육 현황

1905년에 설립된 보성전문학교는 고려대학교의 전신이다. 1946년 8월에 고려대학교 철학과가 개설되기 전까지 보성전문학교에서는 철학과가 없었지만, 법학과와 상과 등에서 논리학, 철학개론, 철학, 윤리학 등을 강의했다.[38] 특히 초기(1905~1921)에 법학과에서는 3학년 1학기와 2학기 모두 논리학을 강의했고[39], 보성법률상업학교 시대 (1915~1921)에 법률과와 상업과에서 1~3학년까지 수신修身 과목을 개설했다.[40] 송현동 시대(1922~1945)에는 사회과에서 논리학, 심리학, 윤리학, 철학 등의 교과목을 개설했고, 법률과에서 논리학과 철학 과목을 개설했다.[41] 일제강점기 때 보성전문학교에 개설된 철학 과목은 대부분 서양철학과 깊게 관련된다.

(4) 성균관의 철학 교육 현황

성균관대학교의 전신인 성균관은 조선시대 최고의 국립대학으로 1398년에 현재 성균관대학교 인문사회과학캠퍼스 자리에 설립되었다. 이 성균관은 1895년 칙령에 의하여 3년제 경학과經學科를 설치하

---

38) 허남진·백종현·차인석·김남두·성태용, 1998,「근백년 한국철학의 교육과 제도」, 서울대 철학사상연구소,『철학사상』8, 177~178쪽 참조.

39) 고려대학교 60년사 편찬위원회, 1965,『六十年誌』, 고려대학교 출판부, 63쪽 참조.

40) 고려대학교 60년사 편찬위원회, 1965,『六十年誌』, 고려대학교 출판부, 110~111쪽 참조.

41) 고려대학교 60년사 편찬위원회, 1965,『六十年誌』, 고려대학교 출판부, 164~165쪽 참조.

고, 역사, 지리, 수학 등 각종 강좌를 개설하며, 교수임명제와 입학시험제, 졸업시험제를 실시할 뿐만 아니라, 학기제, 연간 수업일수, 주당 강의시간수를 정하는 등 제도상 근대 교육체제를 확립하여 근대 대학으로 발족하였다.[42]

그러나 이 대학은 일제강점기가 시작되던 1910년에 경학원 안에 명륜학원이 설치되고, 다시 명륜전문학원으로 되었다가 1939년에 명륜전문학교로 변경되었다.[43]

(5) 숭실대학의 철학 교육 현황

숭실대학교는 1897년 10월에 미국 북장로교 선교사 배위량(W.M. Baird)박사가 설립하고, 1901년 10월에 학교를 평양으로 이전하며 교명을 숭실학당이라고 하였다. 이 학교는 1905년에 중학부와 대학부로 분리하여 중학부는 숭실중학교, 대학부는 숭실대학이라 명명하였다. 그리고 1906년에 감리교 선교부가 대학운용에 참가하여 합성숭실대학(Union Christian College)으로 개명하였다가 1912년에 숭실대학으로 정식인가를 얻었다. 그러나 이 학교는 1925년에 숭실전문학교로 강등되었다가 1938년에 일제의 신사참배 강요를 거부하여 폐교를 당하였다.[44] 이 학교에서는 서양철학과 기독교철학을 많이 강의하였다.

---

42) 성균관대학교 홈페이지 참조. http://www.skku.edu/new_home/s600, 2016.9.23. 검색

43) 성균관대학교 홈페이지 참조. http://www.skku.edu/new_home/s600, 2016.9.23. 검색

44) 숭실대학교 홈페이지 참조. http://www.ssu.ac.kr/web/kor, 2016.9.23. 검색

(6) 연희전문학교의 철학 교육 현황

1915년에 설립된 연희전문학교는 연세대학교의 전신이다. 해방 후 문학부에 철학과가 개설되기 전까지 연희전문학교에서는 철학과가 없었지만, 1921년부터 문과생들에게 철학을 가르쳤다. 이 무렵 교수로 는 갈홍기(미국 시카코대), 최현배(일본 경도제국대), 김두헌(일본 동경제국 대), 고형곤(경성제국대) 등이다. 그들이 강의한 교과목은 주로 서양철학 의 범주에 해당하는 철학개론, 논리학, 윤리학 등이다.[45]

(7) 이화여자전문학교의 철학 교육 현황

이화여자대학교의 전신인 이화여자전문학교는 철학과가 개설되지 않았지만, 일제강점기 때 교양으로 철학 관련 교과목을 가르쳤다. 이 화여자전문학교에 개설된 철학 관련 교과목은 윤리학, 철학, 논리학, 철학개론 등이다.[46] 이 학교에서도 다른 대학교와 마찬가지로 주로 서양철학 관련 교과목을 개설하였다.

이상에서 살펴보았듯이 일제강점기 때 유교와 불교를 각각 전문적 으로 취급하는 성균관대학교와 동국대학교를 제외한 주요 대학에 개 설된 철학관련 교과목은 대부분 관념론 계열의 서양철학과 관계된 내용이고, 당시의 시대적인 문제의식이 투철하게 반영된 사회철학이

---

45) 허남진·백종현·차인석·김남두·성태용, 1998, 「근백년 한국철학의 교육과 제 도」, 서울대 철학사상연구소, 『철학사상』8, 176~177쪽 참조.
46) 허남진·백종현·차인석·김남두·성태용, 1998, 「근백년 한국철학의 교육과 제 도」, 서울대 철학사상연구소, 『철학사상』8, 179~182쪽 참조.

나 우리 민족의 얼이 깊게 반영된 전통철학의 내용은 미약하였다.

한편 당시의 철학자들은 대학에서 강의하는 것 이외에도, 철학 관련 잡지를 통해 철학 활동을 이어갔다. 이 당시의 대표적인 철학 관련 잡지는 1929년에 창간되어 1937년 9호를 끝으로 폐간된 『신흥』[47]과 1933년에 창간되어 1935년 3호를 끝으로 폐간된 『철학』[48]이다. 그런데 철학연구회에서 발행한 『철학』에 게재된 총 20편(1호 7편, 2호 8편, 3호 5편)의 글이 모두 철학과 관련되었지만, 『신흥』에는 철학뿐만 아니라 사회·문화·문학·해외 문화 동향 등 다양한 분야의 글이 게재되었다.[49]

이 『신흥』에는 당시의 시대문제를 고뇌하는 글이나 전통철학과 관련된 글이 일부 있지만[50], 상당수의 글은 전통철학이나 현실 문제에

---

47) 『新興』第一號(1929)~第九號(1937), 新興社.

48) 哲學硏究會, 1933~1935, 『哲學』1~3호.

49) 『신흥』에 게재된 주제를 항목별로 분류하면 대체로 다음과 같다. 『신흥』제1호 (1929.7) : 15편(철학사상·사회문화 8편, 해외 문화 동향 2편, 문학 5편). 『신흥』 제2호(1929.12) : 14편(철학사상·사회문화 4편, 해외 문화 동향 3편, 문학 7편). 『신흥』제3호(1930.7) : 18편(철학사상·사회문화 11편, 해외 문화 동향 3편, 문학 4편). 『신흥』제4호(1931.1) : 14편(철학사상·사회문화 9편, 해외 문화 동향 2편, 문학 3편). 『신흥』제5호(1931.7) : 20편(철학사상·사회문화 7편, 해외 문화 동향 2편, 문학 11편). 『신흥』제6호(1932.1) : 19편(철학사상·사회문화 6편, 해외 문화 동향 4편, 문학 9편). 『신흥』제7호(1932.12) : 11편(철학사상·사회문화 6편, 해외 문화 동향 5편). 『신흥』제9호(1937.1) : 15편(철학사상·사회문화 10편, 문학 5편).

50) 여기에 해당하는 대표적인 글은 다음과 같다. 金燦赫의 「朝鮮의 工業問題에 對하여」(『新興』第1號, 1929), 陳伍의 「唯物史觀 斷章」(『新興』第1號, 1929)과 「民族的 文化와 社會的 文化」(『新興』第2號, 1929) 및 「'抽象'과 唯物辯證法」

서 비켜 있다. 특히 『철학』에는 일부[51]를 제외하고, 대부분 관념론 경향의 서양철학과 관련된 글로 구성되어 있다.

이처럼 일제강점기에 제도권 속의 철학, 특히 강단철학은 직면한 현실의 문제에 대한 고뇌의 흔적이 적을 뿐만 아니라, 오랫동안 한국인의 의식 저변에 흐르는 전통철학에 대한 연구에 소홀했다. 현대 한국의 철학 1세대로 불리는 학자들 가운데 상당수는 전통철학에 대한

(『新興』第6號, 1932), 金桂淑의 「哲學과 自然性과의 關係」(『新興』第4號, 1931), 朴仁洙의 「封建遺制와 金融資本과의 野合」(『新興』第4號, 1931) 및 「世界的 經濟恐慌과 資本主義諸國의 勞働者狀態」(『新興』第7號, 1932), 尹瑢均의 「茶山의 井田考」(上, 下)(『新興』第3, 4號, 1930~1931), 李聖用의 「經濟的 同盟罷業의 任務」(『新興』第5號, 1931) 및 「經濟的 同盟罷業과 정치적 투쟁」(『新興』第6號, 1932), 申南澈의 「新헤겔主義와 그 批判」(『新興』第6號, 1931)과 「民族理論의 三形態」(『新興』第7號, 1932)와 「認識·身體 及 歷史」 (『新興』第9號, 1937), 맑쓰 엥겔쓰의 「唯物論的 見解와 觀念論的 見解의 對立」(『新興』第7號, 193), 崔昌圭(郭沫若 著) 譯의 「易傳中의 辯證法의 觀念의 展開」(『新興』第7號, 1932), 朴致祐의 「世代史觀批判(其一)」(『新興』第9號, 1937), 金台俊의 「新羅花郎制度의 意義」(『新興』第9號, 1937), 柳洪烈의 「朝鮮의 山土神 崇拜에 對한 小考」(『新興』第9號, 1937) 등이 『新興』에 게재되어 있다. 한편 이 무렵 강단철학 밖에서는 전통철학을 자신의 시대에 맞게 재해석하고자 하는 일군의 학자들(유영모, 함석헌, 장일순)이 있었다. 이에 대한 자세한 내용은 이규성의 『한국현대철학사론 - 세계상실과 자유의 이념 -』(이화여자대학교출판부, 2012)과 전호근의 『한국철학사』(메멘토, 2015)를 참조하기 바람.

51) 여기에 해당하는 대표적인 글은 다음과 같다. 朴鍾鴻의 「'哲學하는 것'의 出發點에 대한 一疑問」(『哲學』第1號, 1933)과 「'哲學하는 것'의 實踐的 地盤」 (『哲學』第2號, 1934), 朴致祐의 「危機의 哲學」(『哲學』第2號, 1934), 申南澈의 「現代哲學의 Existenz에의 轉向과 그것에서 生하는 當面의 課題」(『哲學』第2號, 1934), 安浩相의 「理論哲學과 實踐哲學에 대하여(知와 行에 대한 一考察)」(『哲學』第3號, 1935) 등은 『哲學』에 게재되어 있다.

무관심과 서구문명에 대한 사대주의가 반영된 일본의 교육 정책에 부응하여 현실 문제에서 비켜 있는 관념론 경향의 서양철학을 무비판적으로 수용하고 전파하였다.

당시의 지식인으로서 민족의 위기와 민중의 어려운 현실을 타개해야 할 위치에 있던 해외 유학파들과 경성제국대학 철학과 졸업생들은 대부분 데카르트, 칸트, 헤겔, 셸링, 하이데거 등 관념론 계열의 서양철학을 주로 연구했다.[52)

이들에게 식민화된 한국의 상황이나, 한국인의 문화유전자 속에 흐르는 의미 있는 전통철학은 주요 관심의 영역이나 연구 대상이 되지 못했다. 그들은 당시의 시대 문제를 해결하기 위해 서양철학을 주체적으로 연구하는데 소홀했을 뿐만 아니라, 전통철학 속에 담긴 의미 있는 내용을 새롭게 연구할 의지가 약했다. 이러한 그들의 태도는 이후의 연구자들에게 영향을 주어 주체적인 우리철학의 정립에 장애 요인으로 작용했다.

2 산업화시기 철학기관의 설치와 서양철학의 확산

한국은 1945년 8월에 해방이 된 이후, 독자적인 정부가 세워지지 못하고 미군정에 의한 통치가 시작되었다. 이 기간에 미군정은 근대식 최고 교육 기관인 대학의 설립을 인가하였다. 한국은 이 기간에

---

52) 김재현, 2007, 「한국에서 근대적 학문으로서 철학의 형성과 그 특징 – 경성제국대학 철학과를 중심으로 – 」, 한국철학사상연구회, 『시대와 철학』18권 3호, 202쪽 참조.

서울대학교를 비롯하여 여러 대학이 설립되었다. 대학은 국립대학, 사립대학, 민립대학 등 다양한 형태로 설립되었다. 이 당시에 대학의 설립과 함께 여러 대학에서 철학과가 개설되었다.

이 무렵 여러 대학의 철학과에 소속된 교수들은 상당수가 서양철학을 전공하였다. 따라서 대학의 철학과에서 교육하는 내용은 자연스럽게 동양철학보다 서양철학이 많았다.

대학에서 철학과의 설치는 한국전쟁 기간인 1950년대와 산업화가 시작된 1960년대와 1970년대는 물론 산업화가 왕성하게 진행되던 1980년대와 1990년대까지 끊임없이 증가하였다.

그런데 이들 대학의 철학과에 소속된 교수진의 분포와 교과목의 배정은 일부 학교를 제외한 대부분의 대학에서 해방 후의 상황과 유사하게 서양철학 전공 중심으로 편성되었다. 동양철학 관련 교수는 여전히 소수였다.

한편 한국의 철학계는 이 기간에 대학 부속으로 많은 철학연구소가 설립되었을 뿐만 아니라, 철학자들의 학문 결속체인 여러 철학회가 창립되었다. 그런데 철학연구소와 철학회는 많은 대학의 철학과에서 시행하는 교육과정과 다르게, 한국의 전통철학을 비롯한 다양한 동양철학 관련 연구소와 학회가 창립되었다.

1) 철학과의 설치와 교육 현황

1945년 해방이 되고, 미군정의 통치 기간에 많은 대학들이 설립될 때에 철학과가 여러 대학에서 개설되었다. 이 무렵에 설치된 대표적인 대학의 철학과와 철학 관련 학과는 다음과 같다.

연세대학교 철학과는 1945년에 문학부에 개설되었고, 고려대학교 철학과는 1946년 8월에 문과대학에 소속되었으며, 서울대학교 철학과는 1946년 8월 22일 미군정법 제102호 '국립 서울대학교 설치령'에 의해 문리과대학에 소속되었고, 동국대학교 불교학과는 1946년 9월에 문학부에 소속되었다. 또한 조선대학교 철학과는 1946년 9월에 개설되었고, 성균관대학교 철학과는 1946년 10월 철정과哲政科에서 1948년 7월 문학부의 동양철학과로 변경되었으며, 1947년에 영남대학교 철학과가 개설되었고, 1948년에 부산대학교 철학과가 개설되었다.

이 당시에 유학을 주요 이념으로 하는 성균관대학교와 불교를 주요 이념으로 하는 동국대학교를 제외한 대부분의 철학과에서는 주로 서양철학을 강의하였고, 동양철학과 관련된 내용은 적었다.

1950년대에 한국 전쟁을 겪고, 1960년대에 산업화시기가 도래하면서 철학과의 설립은 증가하였다. 특히 1980년대에 졸업정원제의 실시와 더불어 대학의 입학 정원이 증가하면서 철학과의 설치가 대폭 확대되었는데, 이러한 추세는 1990년대까지 이어졌다. 이 기간에 철학과와 철학 관련 학과를 개설한 대학은 다음과 같다.

(1) 1950년대

1951년에 경북대학교 철학과, 원광대학교 원불교학과, 전북대학교 철학과 등이 개설되었고, 1952년에 전남대학교 철학과와 충남대학교 철학과가 개설되었으며, 1953년에 동국대학교 철학과가 개설되었다. 1954년에 계명대학교 철학과, 숭실대학교 철학과, 중앙대학교 철학과 등이 개설되었다.

(2) 1960년대

1960년에 동아대학교 철학과와 서강대학교 철학과가 개설되었고, 1963년에 건국대학교 철학과가 개설되었으며, 1964년에 동국대학교 인도철학과가 개설되었고, 1967년에 성균관대학교 유학과가 개설되었으며, 1968년에 성균관대학교 철학과가 개설되었다.

(3) 1970년대

1973년에 이화여자대학교 철학과가 개설되었고, 1978년에 원광대학교 윤리학과가 개설되었다가 1982년에 철학과로 개편되었으며, 1979년에 경희대학교 국민윤리학과가 개설되었다가 1987년에 철학과로 개편되었다.

(4) 1980년대

1981년에 경상대, 성균관대(한국철학과), 인하대, 충북대, 한국외대, 한신대 등 많은 대학에서 철학과의 신입생을 선발하였다. 특히 1946년 설립 이후 중간에 폐지되었던 조선대학교 철학과가 1981년부터 신입생을 다시 선발하였다. 호서대학교 국민윤리학과가 1982년에 개설되었다가 1989년에 철학과로 개편되었고, 대전대학교 국민윤리학과가 1982년에 개설되었다가 1987년에 철학과로 개편되었다. 1982년에 대구효성 가톨릭대 철학과, 경남대학교 철학과, 한양대학교 철학과 등이 개설되었다. 1983년에 강원대학교 철학과와 한남대학교 철학과가 개설되었고, 1984년에 경성대학교 철학과가 개설되었으며, 1985년에 안동대학교 동양철학과가 개설되었고, 1987년에 한림대학교 철학과가 개설되었으며, 1988년에 강릉대학교 철학과와 덕성여자대학교 철학과가 개설되었고, 1989년에 울산대학교 철학과가 개설되었으며, 1989년에 청주대학교 철학과가 개설되었다.

(5) 1990년대

1992년에 대진대학교 철학과와 연세대학교 원주캠퍼스 철학과가 개설되었고, 1994년에 부산외국어대학교, 서울시립대학교, 창원대학교 등에서 철학과가 개설되었다. 1995년에 명지대학교, 순천대학교, 신라대학교, 인제대학교 등에서 철학과가 개설되었고, 1996년에 가톨릭대학교와 배재대학교에서 철학과가 개설되었으며, 1998년에 제주대학교 철학과가 개설되었다.

이처럼 1945년부터 1998년까지 철학과 및 철학 관련 학과를 개설한 학교는 50여 곳이다. 그런데 이러한 학교에서 강의하는 철학 관련 교과목은 동국대학교 불교학과, 원광대학교 원불교학과, 성균관대학교 동양철학과와 유학과와 한국철학과, 안동대학교 동양철학과 등을 제외한 대부분의 대학에서 한국의 전통철학과 긴밀하게 관계하는 동양철학보다 서양으로부터 전래된 서양철학이 많다. 가르치는 교수 역시 동양철학 전공자보다 서양철학 전공자가 많다.

특히 이러한 현상은 한국의 철학계에 많은 영향을 끼치고 있는 서울대학교의 철학과에서 두드러지게 나타난다. 개교 당시의 서울대 철학과 교수는 독일 유학을 했던 안호상, 동경제국대학 출신의 김두헌, 경성제국대학 출신의 박종홍 등이다. 이들 세 교수가 강의한 내용은 대부분 독일철학이다. 다만 윤리학을 전공했던 김두헌 교수는 독일철

학 이외에 윤리학 분야에 영향을 많이 미친 영국철학을 강의하기도
했다. 그리고 1946년과 1947년에 경성제국대학에서 각각 헤겔철학과
하이데거철학을 전공했던 김계숙과 고형곤이 교수로 부임하였다. 따
라서 이 무렵 서울대학교 철학과 교수의 전공은 독일관념론을 중심으
로 하는 서양철학 위주로 편중되었다.[53]

곧 초기의 서울대학교 철학과의 강의는 서양철학사, 윤리학사, 칸
트와 헤겔 원전 강독 등 서양 관념론이 주류를 이루었다. 그리고 1950
년 한국전쟁이 발발한 후에 철학도들은 각자 흩어져 서양철학자의
학설을 연구하였다.[54]

특히 전쟁을 경험한 1950년대에는 자신의 존재에 대한 궁극적인
물음을 탐구하는 실존철학이 철학도들의 집중적인 관심을 받았다. 따
라서 수업도 이와 관련된 내용이 많았다. 이러한 영향은 학생들의 학
사학위 논문과 석사학위 논문에 반영되었다. 실존철학 중에서도 하이
데거와 야스퍼스에 관한 연구가 많았다.[55]

이후에 서울대학교 철학과는 다양한 전공의 교수가 새로 부임하여
연구의 분야가 확장되었다. 그러나 그들은 대부분 서양철학 전공자였
다. 따라서 우리민족의 정신과 깊게 관련되는 한국의 전통철학에 대
한 심층적인 연구와 폭넓은 강의는 박약했다. 김태길은 이러한 상황

---

53) 김태길, 1976, 〈철학〉, 서울대학교 30년사 편찬위원회, 『서울대학교 30년사』,
    서울대학교출판부, 574쪽 참조.
54) 김태길, 1976, 〈철학〉, 서울대학교 30년사 편찬위원회, 『서울대학교 30년사』,
    서울대학교출판부, 574쪽 참조.
55) 김태길, 1976, 〈철학〉, 서울대학교 30년사 편찬위원회, 『서울대학교 30년사』,
    서울대학교출판부, 574쪽 참조.

을 안타깝게 여기며 '서울대학교 철학과 30년사'에서 "서울대학의 철학은 처음부터 서양철학으로 기울어 동양철학이 너무나 빈약한 상태로 오늘에 이르렀다. 유학을 전공한 민태식 교수가 1946년에 철학과 교수로 부임했으나 3년 후에 곧 떠나게 되었고, 그 뒤 약 20년 동안은 시간강사에게 동양철학을 의존하는 실정이었고, 따라서 그 부분의 후진을 제대로 양성하지 못했다."[56]라고 지적하였다.

그리고 이러한 상황은 이후에도 크게 개선되지 못했다. 이 때문에 심재룡은 '서울대학교 철학과 50년사'에서 "1995년 5월 현재 기준으로 서울대 철학과 교수 14명을 전공별로 크게 분류하면, 동양 및 한국철학 계열에 단 4명, 서양철학 계열은 10명이다. 서양철학 계열을 세분하면 희랍古典哲學 분야에 2명, 독일철학 계통에 3명, 영미철학 계통에 5명인 셈이다. 이 글의 서두에서 해방 직후의 '강의 내용은 독일철학이 전적으로 지배적이었다'고 했거니와 그 뒤로 계속 서양철학을 연구·교수하는 것이 주류를 이루어 온 서울대학교 철학과의 역사를 보건대 아무리 순수한 학문임을 자처하는 철학이라 하더라도 서양 특히 미국의 입김을 받는 정치로부터 완전히 자유로울 수는 없는 것 같다. 건국 50년이면, 정치적 독립과 경제적 자립은 물론 철학도 自己確立을 도모해야 할 것이다."[57]라고 지적한다.

또한 연세대학교 철학과는 개설 당시인 1945년부터 1960년대까지 고형곤(후에 서울대로 옮김), 정석해, 전원배, 김두헌, 손명현(후에 고려대

---

56) 김태길, 1976, 〈철학〉, 서울대학교 30년사 편찬위원회, 『서울대학교 30년사』, 서울대학교출판부, 574쪽.
57) 심재룡, 1996, 〈철학과〉, 서울대학교 50년사 편찬위원회, 『서울대학교 50년사』(하), 서울대학교출판부, 43쪽.

로 옮김), 최승만, 한철하, 함봉석, 조우현, 김형석, 최재희(후에 고려대로 옮김), 박영식, 배종호, 김태길(후에 서울대로 옮김), 구본명, 이규호, 오영환 등의 교수가 재직하였다.[58] 그런데 그들은 동양철학을 전공한 배종호와 구본명을 제외하고, 대부분 서양철학을 전공했다. 따라서 강의 내용은 자연스럽게 서양철학 위주로 편성되었다.

고려대학교 철학과 역시 초기인 1946년부터 1965년까지 교수진 분포는 서양철학 전공자가 동양철학 전공자보다 많다. 예컨대 이 무렵 교수를 역임했던 박희성, 이종우, 손명현, 김준섭, 신일철 등은 주로 서양철학을 강의했고, 이상은과 김경탁은 동양철학 전공자이다.[59] 따라서 교과목 배정 역시 동양철학보다 서양철학이 많은 비중을 차지하고 있다. 이러한 비율은 1990년대까지 유지되었다.

한국에서 철학과가 개설되어 있는 상당수 다른 대학들도 교수진 분포와 교과목 배정의 비율이 이와 같이 서양철학 중심으로 이루어졌다.

1998년 12월을 기준으로 할 때, 각 대학의 철학과 교수의 전공 현황은 다음과 같다.

가톨릭대학교 철학과 교수 4인 모두 서양철학 전공, 강릉대학교 철학과 교수 6인 가운데 서양철학 전공 2인·동양철학 전공 4인, 건국대학교 철학과 교수 7인 가운데 서양철학 전공 5인·동양철학 전공 2인, 경남대학교 철학과 교수 6인 가운데 서양철학 전공 4인·동양철학 전

---

58) 허남진·백종현·차인석·김남두·성태용, 1998, 「근백년 한국철학의 교육과 제도」, 서울대 철학사상연구소, 『철학사상』8, 369쪽 참조.
59) 고려대학교 60년사 편찬위원회, 1965, 『六十年誌』, 고려대학교 출판부, 556~559쪽 참조.

공 2인, 경북대학교 철학과 교수 9인 가운데 서양철학 전공 7인·동양철학 전공 2인, 경상대학교 철학과 교수 7인 가운데 서양철학 전공 5인·동양철학 전공 2인, 경성대학교 철학과 교수 5인 모두 서양철학 전공, 경희대학교 철학과 교수 6인 가운데 서양철학 전공 4인·동양철학 전공 2인, 계명대학교 철학과 교수 7인 가운데 서양철학 전공 5인·동양철학 전공 2인, 고려대학교 철학과 교수 12인 가운데 서양철학 전공 8인·동양철학 전공 4인, 대구효성가톨릭대학교 철학과 교수 8인 가운데 서양철학 전공 6인·동양철학 전공 2인, 대전대학교 철학과 교수 5인 가운데 서양철학 전공 2인·동양철학 전공 3인, 대진대학교 철학과 교수 6인 가운데 서양철학 전공 4인·동양철학 전공 2인, 덕성여자대학교 철학과 교수 3인 가운데 서양철학 전공 2인·동양철학 전공 1인, 동국대학교 불교학과 교수 11인 모두 불교학 전공, 동국대학교 인도철학과 교수 5인 모두 인도철학 전공, 동국대학교 철학과 교수 7인 가운데 서양철학 전공 4인·동양철학 전공 3인, 동아대학교 철학과 교수 6인 가운데 서양철학 전공 5인·동양철학 전공 1인, 동의대학교 철학과 교수 5인 가운데 서양철학 전공 3인·동양철학 전공 1인·기타 1인, 명지대학교 철학과 교수 3인 가운데 서양철학 전공 2인·동양철학 전공 1인, 배재대학교 철학과 교수 2인 모두 서양철학 전공, 부산대학교 철학과 교수 11인 가운데 서양철학 전공 8인·동양철학 전공 3인, 부산외국어대대학교 철학과 교수 3인 가운데 서양철학 전공 2인·동양철학 전공 1인, 서강대학교 철학과 교수 8인 가운데 서양철학 전공 6인·동양철학 전공 2인, 서울대학교 철학과 교수 16인 가운데 서양철학 전공 12인·동양철학 전공 4인, 서울시립대학교 철학과 교수 5인 모두 서양철학 전공, 성균관대학교 동양철학과 교수

5인 가운데 사회철학 전공 1인·동서비교철학 전공 1인·동양철학 전공 3인, 성균관대학교 유학과 전공 교수 7인 모두 유교철학 전공, 성균관대학교 철학과 교수 6인 모두 서양철학 전공, 성균관대학교 한국철학과 교수 4인 모두 한국철학 전공, 순천대학교 철학과 교수 3인 가운데 서양철학 전공 2인·동양철학 전공 1인, 숭실대학교 철학과 교수 6인 가운데 서양철학 전공 5인·동양철학 전공 1인, 신라대학교 철학과 교수 4인 가운데 서양철학 전공 3인·동양철학 전공 1인, 안동대학교 동양철학과 교수 6인 모두 동양철학 전공, 연세대학교 철학과 교수 10인 가운데 서양철학 전공 7인·동양철학 전공 3인, 연세대학교 원주캠퍼스 철학과 교수 3인 가운데 서양철학 전공 2인·동양철학 전공 1인, 영남대학교 철학과 교수 6인 가운데 서양철학 전공 3인·동양철학 전공 3인, 울산대학교 철학과 교수 6인 가운데 서양철학 전공 4인·동양철학 전공 2인, 원광대학교 원불교학과 교수 10인 가운데 사회학 전공 1인·종교철학 전공 2인·불교학 전공 2인·원불교학 전공 3인·동양철학 전공 2인, 원광대학교 철학과 교수 8인 가운데 서양철학 전공 5인·동양철학 전공 3인, 이화여자대학교 철학과 교수 7인 가운데 신학 전공 1인·서양철학 전공 5인·동양철학 전공 1인, 인제대학교 철학과 교수 4인 가운데 서양철학 전공 3인·동양철학 전공 1인, 인하대학교 철학과 교수 6인 가운데 서양철학 전공 3인·동양철학 전공 3인, 전남대학교 철학과 교수 10인 가운데 서양철학 전공 6인·동양철학 전공 4인, 전북대학교 철학과 교수 10인 가운데 서양철학 전공 7인·동양철학 전공 3인, 제주대학교 철학과 교수 2인 모두 서양철학 전공, 조선대학교 철학과 교수 6인 가운데 서양철학 전공 4인·동양철학 전공 2인, 중앙대학교 철학과 교수 5인 가운데 서양철학 전공 3인

· 동양철학 전공 2인, 창원대학교 철학과 교수 4인 가운데 서양철학 전공 3인·동양철학 전공 1인, 청주대학교 철학과 교수 5인 가운데 서양철학 전공 4인·동양철학 전공 1인, 충남대학교 철학과 교수 9인 가운데 서양철학 전공 4인·동양철학 전공 5인, 충북대학교 철학과 교수 7인 가운데 서양철학 전공 4인·동양철학 전공 3인, 한국외국어 대학교 철학과 교수 5인 가운데 서양철학 전공 4인·동양철학 전공 1인, 한남대학교 철학과 교수 8인 가운데 서양철학 전공 6인·동양철학 전공 2인, 한림대학교 철학과 교수 6인 가운데 서양철학 전공 4인·동양철학 전공 2인, 한신대학교 철학과 교수 6인 가운데 서양철학 전공 4인·동양철학 전공 2인, 한양대학교 철학과 교수 5인 가운데 서양철학 전공 4인·동양철학 전공 1인, 호서대학교 철학과 교수 6인 가운데 서양철학 전공 4인·동양철학 전공 2인 등이다.[60]

이상 여러 대학에 설치된 철학 관련 58개 학과 가운데, 불교 재단인 동국대학교의 불교학과와 인도철학과는 그 학교의 설립 정신을 반영 하는 학과이기 때문에 자연스럽게 불교 관련 전공 교수가 많다. 원불교 재단인 원광대학교의 원불교학과 역시 그 학교 재단 이념을 충실 하게 반영하고 있다. 또한 유학의 가치를 주요 이념으로 하는 성균관 대학교에 개설된 동양철학과, 유학과, 한국철학과 등도 대부분 동양 철학 전공 교수들로 구성되어 있다. 그리고 국립대학교인 안동대의 동양철학과는 학과명에 부응하여 6명의 교수 전원이 동양철학 전공 자이다.

---

60) 허남진·백종현·차인석·김남두·성태용, 1998, 「근백년 한국철학의 교육과 제 도」, 서울대 철학사상연구소, 『철학사상』8, 195~444쪽 참조.

한편 특수한 재단의 이념이 동양철학과 깊게 관련되지 않고, 학과 이름이 동양철학도 아닌 일부 대학의 철학과는 서양철학과 동양철학 전공 교수가 같다. 영남대학교 철학과, 인하대학교 철학과 등 2개 대학교 철학과가 여기에 해당한다.

또한 강릉대학교 철학과와 대전대학교 철학과와 충남대학교 철학과는 다른 대학의 철학과 현황과 달리, 동양철학 전공 교수가 서양철학 전공 교수보다 많다. 이러한 모습은 한국의 대학에 개설되어 있는 철학과의 일반적 현상과 다르다.

이처럼 한국의 대학에 개설된 철학 관련 학과에 소속된 교수의 전공은 12개 학과를 제외한 46개 학과가 동양철학 전공교수보다 서양철학 전공교수가 많다.

이러한 현상은 근대전환기의 학문 풍토, 특히 일제강점기의 굴절된 철학 연구 풍토가 제도권 안에서는 해방과 산업사회를 경유하는 동안에도 여전히 개선되고 있지 않음을 말해준다. 이는 근대전환기에 편향적으로 적용된 철학 개념과 일제강점기 때 굴절된 철학 교육의 풍토가 한국 철학계의 제도권에서 20세기 말까지 크게 개선되지 않고 있음을 드러내준다.

2) 철학연구소의 설립과 역할

산업화시기에 대학에서 철학과의 창설이 증가하는 것과 비례하여 철학 관련 연구소도 증가하였다. 철학 관련 연구소는 주로 철학과가 개설되어 있는 대학의 부설 연구기관에 속하지만, 일부는 철학과가 개설되지 않은 대학에서 설립하였다.

이 시기에 대학에 설립된 철학 관련 주요 연구소와 그 연구소에서 중점적으로 연구하는 분야는 다음과 같다.

창립시기	연구소명	취급 분야
1960년	고려대학교 철학연구소	철학일반, 동양철학, 서양철학
1963년	동국대학교 불교문화연구원	불교철학
1963년	동국대학교 동국역경원	불교철학
1972년	선문대학교 통일사상연구원	통일교사상
1974년	원광대학교 원불교사상연구원	원불교사상
1982년	한국외국어대학교 철학문화연구소	철학일반, 동양철학, 서양철학
1987년	서강대학교 철학연구소	철학일반, 동양철학, 서양철학
1989년	서울대학교 철학사상연구소	철학일반, 동양철학, 서양철학
1992년	성균관대학교 비판적사고와문화연구소	비판적 사고, 논리학, 철학
1993년	충남대학교 유학연구소	유교철학, 유학일반
1996년	대진대학교 대순사상학술원	증산교사상, 대순진리회사상
1996년	공주대학교 동양학연구소	동양철학
1996년	공주대학교 효문화연구소	유교철학, 효철학
1998년	중앙대학교 중앙철학연구소	철학일반, 동양철학, 서양철학
1998년	동국대학교 동서사상연구소	동양철학, 서양철학
1999년	성산효도대학원대학교 효학연구소	유교철학, 효철학, 기독교철학

이 시기에 대학에 설립된 철학 관련 연구소는 서양철학을 중심으로 하는 많은 대학 철학과의 교수 비율 및 교과목 구성과 달리, 각 대학의 특수한 성향을 반영하여 동양철학 관련 연구소가 많이 설립되었다. 특히 특정 종교 재단에서 설립한 대학의 연구소가 증가하였다. 동국대학교 불교문화연구원과 동국역경원은 불교 재단인 동국대학교의 이념을 반영하고 있고, 원광대학교 원불교사상연구원은 원불교 이념을 연구하고 있으며, 대진대학교 대순사상학술원은 대순진리회의

이념을 반영하고 있고, 선문대학교 통일사상연구원은 통일교의 정신을 연구하고 있고, 기독교 재단인 성산효도대학원대학교의 효학연구소는 기독교의 효사상과 전통 유교의 효사상 등 효사상 전반에 대해 연구하고 있다.

한편 계룡산 인근의 충남대학교와 공주대학교는 각각 유학연구소 및 동양학연구소와 효문화연구소를 설립하여 유학을 비롯한 전통적인 동양의 사상을 연구하고 있다.

이처럼 이 기간에 동양철학 관련 연구소가 증가한 것은 각 대학의 특수한 사상을 반영하는 면도 있지만, 산업화의 역기능이 증가하면서 민족의 주체성과 정통성을 찾고자 하는 철학계 일각의 의지를 반영한 것이기도 하다.

3) 철학회의 창립과 연구 동향

대학의 철학과와 철학연구소의 잇따른 설립과 함께 이 시기에 철학회의 창립도 증가하였다. 한국전쟁의 종식과 함께 1953년 10월에 창립된 한국철학회는 이후에 창립되는 수많은 철학회의 산실 역할을 하였다. 이 기간에 창립된 철학관련 주요 학회는 다음과 같다.

창립시기	학회 이름	학술지
1953년	한국철학회	철학
1957년	한국법철학회	법철학연구
1960년	한국논리학회	논리연구
1963년	철학연구회	철학연구
1963년	대한철학회	철학연구
1968년	한국미학회	미학

창립시기	학회 이름	학술지
1972년	한국윤리학회	윤리연구
1973년	한국불교학회	한국불교학
1976년	한국분석철학회	철학적 분석
1978년	한국현상학회	철학과 현상학연구
1979년	동양철학연구회	동양철학연구
1979년	한국서양고전철학회	희랍철학연구
1980년	한국공자학회	공자학
1982년	한국동양철학회	동양철학
1982년	중국철학회	중국철학
1983년	한국동서철학회	동서철학연구
1983년	한국도교학회	
1983년	새한철학회	새한철학
1985년	한국유교학회	유교사상문화연구
1985년	한국철학교육연구회	
1985년	한국철학교육학회	
1986년	한국도교문화학회	도교문화
1986년	범한철학회	범한철학
1986년	한국사상사연구회	
1987년	한국헤겔학회	헤겔연구
1988년	인도철학회	인도철학
1988년	한국철학사연구회	한국철학논집
1988년	국제퇴계학회	퇴계학보
1989년	한국철학사상연구회	시대와 철학
1989년	간재학회	간재학논총
1989년	한국니체학회	니체연구
1990년	한국칸트학회	칸트연구
1990년	한국주역학회	주역연구
1992년	왕부지사상연구회	
1992년	한국하이데거학회	현대유럽철학연구
1993년	한중철학회	한중철학
1993년	(사)율곡학회	율곡학연구

창립시기	학회 이름	학술지
1993년	사회와철학연구회	사회와 철학
1994년	예술철학회	예술철학
1994년	한국해석학회	해석학연구
1995년	한국양명학회	양명학
1995년	한국환경철학회	환경철학
1995년	한국원불교학회	원불교학
1995년	한국과학철학회	과학철학
1997년	한국도가철학회	
1997년	한국화이트헤드학회	화이트헤드연구
1997년	한국여성철학회	한국여성철학
1997년	한국일본사상사학회	일본사상
1997년	한국사상문화학회	한국사상과 문화
1998년	서양근대철학회	근대철학
1998년	한국기독교철학회	
1998년	한국철학적인간학회	
1998년	한국정토학회	정토학연구
1998년	대동철학회	대동철학
1999년	한국가톨릭철학회	가톨릭철학

이상에서 살펴본 바와 같이 산업화시기에 창립된 철학회는 동양철학과 서양철학을 아우르는 종합적인 철학회뿐만 아니라, 동양철학과 서양철학은 물론 동양철학 내부와 서양철학 내부에 해당하는 각각의 전문적인 영역으로 특화한 분야별 철학회까지 다양하다.

특히 이 시기는 경제적인 측면에서 산업화의 확산과 함께 산업화의 역기능이 빚어낸 문제를 치유하여 인간다운 삶을 중시하는 민주화의 열망을 반영한 철학회도 창립되었다. 1989년에 창립된 한국철학사상연구회, 1993년에 창립된 사회와철학연구회, 1995년에 창립된 한국환경철학회, 1997년에 창립된 한국여성철학회 등이 대표적이다.

이들 학회는 빠르게 진행된 산업화가 빚어낸 인간 소외와 환경 파괴 등 수많은 문제에 대한 철학적 대안을 찾고자 창립되었다. 이 때문에 이들 학회는 시대적인 문제의식이 투철할 뿐만 아니라, 그 문제를 해결하기 위해 이 땅의 현실을 직시하고자 한다. 그리고 맹목적인 전통철학의 부활이나, 무비판적인 외래철학의 수용 태도를 지양하여, 주체적인 우리철학을 정립하고자 한다.

4) 전통철학 분야 박사학위 논문

이 무렵 제도적인 측면에서 동양의 전통철학에 대한 연구 여건이 서양철학 연구 여건보다 불리함에도, 전통철학에 대한 개별 연구는 확대되었다. 이러한 전통철학과 관련된 연구 성과는 박사학위 논문으로 결실이 나타났다. 이 기간에 국내 대학에서 한국철학과 한국철학에 영향을 많이 준 중국철학을 포함한 동양철학 분야 박사학위 논문의 주요 목록은 다음과 같다.[61]

(1) 한국철학

가. 유학 분야

玄相允, 1953, 『朝鮮儒學史』, 고려대학교.

洪以燮, 1966, 『丁若鏞의 政治經濟思想 硏究』, 연세대학교.

---

61) 이 자료는 최영성의 「동양철학연구 50년사 - 부록」(『한국사상과 문화』10권, 한국사상문화학회, 2000, 283~295쪽) 및 국회도서관 박사학위논문 검색자료를 참조하였다.

李乙浩, 1967, 『茶山經學思想研究』, 서울대학교.

李相玉, 1968, 『經學東漸考』, 友石大學校

蔡茂松, 1972, 『退栗性理學의 比較研究』, 성균관대학교.

李相魯, 1974, 『朝鮮 性理學者들의 心理學說 研究』, 계명대학교.

柳承國, 1974, 『儒學思想 形成의 淵源的 探究 - 人方文化와 관련하여 甲骨文을 중심으로』, 성균관대학교.

尹南漢, 1975, 『朝鮮時代 陽明學 研究』, 중앙대학교.

申一澈, 1975, 『申采浩의 歷史思想 研究 - 梁啓超를 통한 西歐思想 受容을 중심으로』, 고려대학교.

柳正東, 1975, 『退溪의 哲學思想研究 - 窮理와 居敬을 중심으로』, 성균관대학교.

尹絲淳, 1975, 『退溪의 價値觀에 대한 研究』, 고려대학교.

李東俊, 1975, 『十六世紀 韓國性理學派의 歷史意識에 관한 研究』, 성균관대학교.

崔東熙, 1976, 『愼後聃·安鼎福의 西學批判에 관한 研究』, 고려대학교.

崔丞灝, 1976, 『退溪哲學의 研究 - 太極論을 중심으로』, 동아대학교

丁淳睦, 1978, 『退溪教學思想研究』, 중앙대학교.

琴章泰, 1979, 『東西交涉과 近代韓國思想의 趨移에 관한 研究』, 성균관대학교.

金柄九, 1981, 『晦軒 安珦思想에 관한 研究 - 教學思想을 중심으로』, 건국대학교.

宋錫球, 1981, 『栗谷의 哲學思想研究 - 誠意正心을 중심으로』, 동국대학교.

全準雨, 1982, 『丁若鏞의 社會改革 및 福祉觀에 관한 硏究』, 대구대학교.

李熙德, 1984, 『高麗 天文五行說과 孝思想의 硏究 - 高麗儒教政治思想의 硏究』, 연세대학교.

成校珍, 1984, 『成牛溪 性理思想 硏究』, 건국대학교.

李振杓, 1984, 『華西 李恒老의 主理哲學硏究』, 원광대학교.

吉基烈, 1986, 『冶隱 吉再의 教育思想 硏究』, 원광대학교.

金道基, 1987, 『朝鮮朝 儒學에 있어서 認識理論에 대한 硏究』, 성균관대학교.

柳瀅萬, 1987, 『崔漢綺의 社會改革思想과 福祉思想에 관한 硏究』, 대구대학교.

李玟泰, 1987, 『栗谷의 教育哲學思想』, 충남대학교.

黃義東, 1987, 『栗谷哲學思想에 관한 硏究 - 理氣之妙를 중심으로』, 충남대학교.

金益洙, 1987, 『朱子와 退溪의 易學思想 硏究』, 건국대학교.

金容傑, 1988, 『星湖의 哲學思想에 관한 硏究』, 성균관대학교.

徐坰遙, 1988, 『韓國儒學思想의 特性에 관한 硏究 - 實踐哲學的 特性을 중심으로』, 성균관대학교.

趙南國, 1988, 『栗谷哲學思想의 社會學的 探究』, 성균관대학교.

金基鉉, 1988, 『退溪哲學의 人間學的 理解』, 고려대학교.

安晋吾, 1988, 『奇蘆沙의 理哲學에 관한 硏究 - 理一分殊의 哲學體系를 중심으로』, 동국대학교

黃俊淵, 1988, 『栗谷의 哲學思想에 관한 硏究 - 聖學輯要를 중심으로』, 성균관대학교.

鄭炳連, 1989, 『茶山 中庸注의 經學的 硏究』, 성균관대학교.

趙南旭, 1989, 『世宗의 政治哲學에 관한 硏究』, 성균관대학교.

金泰泳, 1989, 『退栗 誠敬思想硏究』, 충남대학교.

金王淵, 1990, 『茶山 易學의 硏究』, 고려대학교.

金弼洙, 1990, 『旅軒易學의 道德論的 根據에 관한 硏究』, 동국대학교.

崔基福, 1990, 『儒敎와 西學의 思想的 葛藤과 相和的 理解에 관한 硏究 - 近世의 祭禮問題와 茶山의 宗敎思想에 관련하여』, 성균관대학교.

李永春, 1990, 『巍巖 李柬의 心性論 硏究』, 건국대학교.

朴連洙, 1990, 『霞谷 鄭齊斗 哲學思想에 있어서 人間理解에 관한 硏究』, 성균관대학교.

徐用和, 1990, 『退溪의 人間觀 硏究』, 건국대학교.

李東熙, 1990, 『朱子學의 哲學的 特性과 그 展開樣相에 관한 硏究 - 退栗의 思想形成과 관련하여』, 성균관대학교.

李愛熙, 1990, 『朝鮮後期의 人性과 物性에 대한 論爭의 硏究』, 고려대학교.

丁大丸, 1990, 『十六世紀 前半期 韓國性理學의 天人觀』, 고려대학교.

丁海王, 1990, 『周易의 解釋方法에 관한 硏究 - 丁若鏞의 易學을 중심으로』, 부산대학교.

權仁浩, 1991, 『朝鮮中期 士林派의 社會政治思想 硏究』 성균관대학교.

安在淳, 1991, 『韓國近世史에 있어서 正祖의 統治哲學에 관한

研究』, 성균관대학교.

柳初夏, 1991, 『丁若鏞의 宇宙觀』, 고려대학교.

魯平奎, 1991, 『李奎報 哲學思想 硏究』, 성균관대학교.

安秉杰, 1991, 『17世紀 朝鮮朝 儒學의 經傳解釋에 관한 硏究』, 성균관대학교.

裵相賢, 1991, 『朝鮮朝 畿湖學派의 禮學思想에 관한 硏究』 고려대학교.

韓基範, 1991, 『沙溪 金長生과 愼獨齋 金集의 禮學思想 硏究』, 충남대학교.

劉權鐘, 1991, 『茶山 禮學硏究』, 고려대학교.

李相坤, 1991, 『南塘 韓元震의 氣質性理學 硏究』, 원광대학교.

金時杓, 1992, 『退溪 理氣論에 관한 硏究』, 동아대학교.

金丁鎭, 1992, 『韓國儒學의 孝悌忠信思想 硏究』, 부산대학교.

宋甲準, 1992, 『星湖 李瀷 哲學硏究』, 고려대학교.

吳炳武, 1992, 『韓國性理哲學의 特性에 관한 硏究』, 전북대학교.

李成春, 1992, 『茶山 丁若鏞의 天思想 硏究』, 원광대학교.

張成在, 1992, 『三峯의 性理學 硏究』, 동국대학교.

張淑必, 1992, 『栗谷 李珥의 聖學硏究』, 고려대학교.

兪奉學, 1992, 『18·19世紀 燕巖一派 北學思想의 硏究』, 서울대학교.

金教斌, 1992, 『霞谷 哲學思想에 관한 硏究』 성균관대학교.

金 炫, 1992, 『鹿門 任聖周의 哲學思想』, 고려대학교.

吳錫源, 1992, 『19世紀 韓國道學派의 義理思想에 관한 硏究』, 성균관대학교.

具春樹, 1993, 『權近 哲學思想의 研究』, 고려대학교.

李賢九, 1993, 『崔漢綺 氣學의 成立과 體系에 관한 研究』, 성균 관대학교.

宋錫準, 1993, 『韓國 陽明學과 實學 및 天主敎와의 思想的 關聯性에 관한 研究』, 성균관대학교.

李光虎, 1993, 『李退溪 學問論의 體用的 構造에 관한 研究』, 서 울대학교.

張世浩, 1993, 『沙溪 金長生의 禮說研究』, 고려대학교.

千仁錫, 1993, 『三國時代 儒學思想의 特性에 관한 研究』, 성균관 대학교.

韓亨祚, 1993, 『朱熹에서 丁若鏞에로의 哲學的 思惟의 轉換』, 한 국정신문화연구원.

전정희, 1993, 『實學과 開化思想의 比較研究』, 전북대학교.

金弘炅, 1993, 『朝鮮初期 儒學思想에 관한 研究』 성균관대학교.

劉英姬, 1993, 『白湖 尹鑴 思想研究』, 고려대학교.

黃景淑, 1993, 『惠岡 崔漢綺의 社會思想 研究』, 성신여자대학교.

金暎鎬, 1994, 『丁茶山의 論語解釋에 관한 研究』, 성균관대학교.

金日煥, 1994, 『高麗初期 儒敎政敎理念에 관한 研究』, 성균관대 학교.

德弼立, 1994, 『聖學의 人間成就에 관한 研究 – 栗谷哲學을 중심 으로』, 성균관대학교.

朴洪植, 1994, 『朝鮮後期 儒學의 實學的 變容과 그 特性에 관한 研究 – 星湖·湛軒·茶山·惠岡의 哲學思想을 중심으로』, 성균관대학교.

孫炳旭, 1994, 『惠岡 崔漢綺 氣學의 硏究』, 고려대학교.

李相昊, 1994, 『朝鮮性理學派의 性理說分化에 관한 硏究』, 성균관대학교.

權文奉, 1994, 『星湖 李瀷의 經學과 四書疾書』, 성균관대학교.

崔錫起, 1994, 『星湖 李瀷의 詩經學』, 성균관대학교.

李聖田, 1994, 『栗谷人性論의 硏究』, 원광대학교.

權五榮, 1994, 『惠岡 崔漢綺의 學問과 思想硏究』, 한국정신문화연구원.

辛源俸, 1994, 『惠岡의 氣化的 世界觀과 그 倫理的 含意』, 한국정신문화연구원.

李曦載, 1994, 『朴世堂의 思想硏究 – 脫朱子學的 입장에서』, 원광대학교.

任元彬, 1994, 『南塘 韓元震 哲學의 理에 관한 硏究』, 연세대학교.

許南進, 1994, 『朝鮮後期 氣哲學 硏究』, 서울대학교.

金聲凡, 1995, 『退溪와 栗谷의 心性說 比較硏究』, 동아대학교.

金容憲, 1995, 『崔漢綺의 西洋科學 受容과 哲學形成』, 고려대학교.

金文鎔, 1995, 『洪大容의 實學思想에 관한 硏究』, 고려대학교.

李相益, 1995, 『韓末 節義學派와 開化派의 思想的 特性에 관한 硏究』, 성균관대학교.

張勝求, 1995, 『退溪의 向內的 哲學과 茶山의 向外的 哲學의 比較』, 한국정신문화연구원.

張炳漢, 1995, 『沈大允 經學에 대한 硏究』, 성균관대학교.

文錫胤, 1995, 『朝鮮後期 湖洛論辨의 成立史 硏究』, 서울대학교.

李俸珪, 1996, 『宋時烈의 性理學說 硏究』, 서울대학교.

鄭一均, 1996, 『茶山 丁若鏞의 世界觀에 대한 社會學的 研究 – '論語古今註'와 '論語集註'의 비교를 중심으로』, 서울대학교.

金炯瓚, 1996, 『理氣二元論의 二元化 傾向性에 관한 研究 – 鹿門 任聖周와 蘆沙 奇正鎭을 중심으로』, 고려대학교.

金洛眞, 1996, 『丁時翰과 李栻의 理體用論 研究』, 고려대학교.

李基鏞, 1996, 『栗谷의 人心道心論 研究』, 연세대학교.

金文俊, 1996, 『尤庵 宋時烈의 哲學思想에 관한 研究 – 春秋大義를 중심으로』, 성균관대학교.

金鍾錫, 1996, 『退溪心學研究』, 영남대학교.

李永慶, 1996, 『栗谷의 道學思想 研究』, 경북대학교.

李裕鎭, 1996, 『丁若鏞 周禮論 研究』, 동국대학교.

徐鍾泰, 1996, 『星湖學派의 陽明學과 實學』, 서강대학교.

田好根, 1997, 『16世紀 朝鮮性理學의 特徵에 관한 研究』, 성균관대학교.

鄭聖植, 1997, 『麗末鮮初 歷史的 轉換과 性理學的 對應에 관한 研究 – 鄭圃隱과 鄭三峯을 중심으로』, 성균관대학교.

李鍾蘭, 1997, 『崔漢綺 倫理思想 研究 – 經驗重視的 方法論을 중심으로』, 성균관대학교.

傅濟功, 1997, 『霞谷哲學研究』, 성균관대학교.

金庚泰, 1997, 『茶山人性論의 教育的 意味』, 한양대학교.

裴勇一, 1997, 『朴殷植·申采浩思想의 比較研究』, 성신여자대학교.

張承姬, 1998, 「茶山 丁若鏞의 道德的 自律性에 관한 研究」, 서울대학교.

張東宇, 1998, 『茶山禮學의 研究』, 연세대학교.

신하령, 1998, 『朝鮮 性理學者들의 天理·人欲觀』, 숭실대학교.

盧大煥, 1999, 『19世紀 東道西器論 形成過程 研究』, 서울대학교.

安永翔, 1999, 『星湖 李瀷의 性理說 研究』, 고려대학교.

金仁圭, 1999, 『北學思想研究 - 학문적 기반과 근대적 성격을 중심으로』, 성균관대학교.

都民宰, 1999, 「朝鮮前期 禮學思想 研究」, 성균관대학교.

李京源, 1999, 『韓國 近代 天思想 研究』, 성균관대학교.

全仁植, 1999, 『李柬과 韓元震의 未發·五常論辨의 研究』, 한국정신문화연구원.

孫興徹, 1999, 『鹿門 任聖周의 理一分殊論 研究』, 연세대학교.

崔大羽, 1999, 『茶山의 性嗜好說的 人間理解에 관한 研究』, 충남대학교.

나. 불교 분야

黃壽永, 1973, 『韓國古代佛像研究』, 동국대학교.

安啓賢, 1975, 『新羅時代 淨土往生 思想史 研究』, 동국대학교.

李載昌, 1975, 『高麗 寺院經濟의 研究』, 동국대학교.

韓基斗, 1975, 『韓國禪思想研究 - 신라시대의 禪을 중심으로』, 원광대학교.

黃晟起, 1976, 『圓測의 唯識學說 研究』, 동국대학교.

殷貞姬, 1983, 『起信論疏 別記에 나타난 元曉의 一心思想』, 고려대학교.

秦星圭, 1986, 『高麗後期 眞覺國師 慧諶研究』, 중앙대학교.

權奇悰, 1987, 『高麗後期의 禪思想 硏究』, 동국대학교.

朴殷穆, 1991, 『知訥의 敎育思想에 관한 硏究』, 원광대학교.

金光植, 1992, 『高麗 崔氏武人政權의 佛敎界運用에 관한 硏究』, 건국대학교.

金炯佑, 1993, 『高麗時代 國家的 佛敎行事에 대한 硏究』, 동국대학교.

丁永根, 1994, 『圓測의 唯識哲學』, 서울대학교.

韓基汶, 1994, 『高麗時代 寺院의 運營基盤과 願堂의 存在樣相』, 경북대학교.

金天鶴, 1999, 『均如의 華嚴一乘義 硏究 - 根機論을 중심으로』, 한국정신문화연구원.

李在軒, 1999, 『近代 韓國佛敎學의 成立과 宗敎認識 - 李能和와 權相老를 중심으로』, 한국정신문화연구원.

다. 도교 분야

李演載, 1987, 『高麗漢詩의 神仙思想 硏究』, 한양대학교.

尹米吉, 1989, 『權克中硏究』, 고려대학교.

金洛必, 1990, 『權克中의 內丹思想』, 서울대학교.

孫燦植, 1990, 『朝鮮前期 丹學派의 詩文學 硏究』, 연세대학교.

(2) 중국철학

가. 유학 분야

鄭　璇, 1975, 『孔子思想의 人間學的 硏究』, 동국대학교.

韓鍾萬, 1975, 『東洋眞理觀의 會通에 관한 硏究』, 원광대학교.

金吉洛, 1977, 『孟子 王道思想의 硏究』, 충남대학교.

柳仁熙, 1980, 『朱子哲學硏究』, 연세대학교.

沈佑燮, 1982, 『中庸思想에 관한 硏究』, 동국대학교.

朴聖基, 1985, 『王陽明의 致良知에 대한 硏究』, 동아대학교.

宋在雲, 1985, 『王陽明 心學의 硏究』, 동국대학교.

安鍾沄, 1986, 『孔子·孟子의 政治哲學에 관한 硏究』, 고려대학교

孔泳立, 1986, 『朱子 倫理思想의 本質에 관한 硏究』, 성균관대
학교.

池敎憲, 1986, 『東洋의 自然法思想과 法實證主義에 관한 硏究』,
성균관대학교.

安炳周, 1986, 『儒敎의 民本思想에 관한 硏究 - 君主民本으로부
터 民主에로의 轉換可能性狀態의 摸索』, 성균관대학교.

남성혼, 1986, 『黃宗羲와 顧炎武의 政治思想 比較 硏究』, 전북
대학교.

高康玉, 1987, 『周濂溪 '通書' 硏究』, 고려대학교.

郭信煥, 1987, 『周易의 自然과 人間에 관한 硏究』, 성균관대학교.

宋寅昌, 1987, 『先秦儒學에 있어서의 天命思想에 관한 硏究』, 충
남대학교.

尹天根, 1987, 『中庸硏究』, 고려대학교.

金敬子, 1988, 『文人畵의 藝術哲學的 硏究 - 儒·佛·道的 美感
의 會通性에 근거하여』, 성균관대학교.

李圭成, 1989, 『王船山의 氣哲學體系 硏究』, 서울대학교.

崔英辰, 1990, 『易學思想의 哲學的 硏究 - '周易'의 陰陽對待的

構造와 中正思想을 중심으로』, 성균관대학교.

權正顔, 1990,『春秋의 根本理念과 批判精神에 관한 硏究』, 성균
　　　관대학교.

文載坤, 1990,『漢代易學 硏究』, 고려대학교.

李完栽, 1990,『孔子의 學問觀』, 동아대학교.

柳聖泰, 1990,『孟子·莊子의 收養論 比較硏究』, 원광대학교.

李在奉, 1991,『中國哲學에 있어서의 天人合一論에 관한 硏究 -
　　　先秦, 宋明儒家를 중심으로』, 부산대학교.

李相殷, 1991,『儒家의 禮樂思想에 관한 硏究 - 예술론적 이해를
　　　중심으로』, 성균관대학교.

崔英攢, 1991,『朱子哲學에 있어서 孔孟天人觀의 承受와 展開』,
　　　충남대학교.

金守中, 1991,『陽明學의 '大同社會' 意識에 관한 硏究 - 王守仁
　　　·王艮·何心隱을 중심으로』, 서울대학교.

金奉建, 1991,『董仲舒 天人感應思想의 硏究』, 동아대학교.

梁泰鎬, 1991,『王陽明의 心學體系에 관한 硏究』, 충남대학교.

崔一凡, 1991,『儒敎의 中庸思想과 佛敎의 中道思想에 관한 硏
　　　究』, 성균관대학교.

白殷基, 1991,『朱子易學硏究』, 전남대학교.

白道根, 1992,『朱子哲學의 和解性에 관한 硏究』, 영남대학교.

宋在國, 1992,『先秦易學의 人間理解에 관한 硏究』, 충남대학교.

楊在鶴, 1992,『朱子의 易學思想에 관한 硏究』, 충남대학교.

李京武, 1992,『先秦儒家哲學의 正名思想에 관한 硏究』, 전북대
　　　학교.

李文周, 1992,『中國先秦時代 儒家의 禮說에 관한 硏究』, 성균관대학교.

李相珣, 1992,『韓愈 哲學思想의 歷史的 性格에 대한 硏究』, 성균관대학교.

李俊子, 1992,『王陽明의 哲學思想에 관한 硏究』, 전북대학교.

趙明彙, 1992,『中庸思想硏究』, 동국대학교.

洪元植, 1992,『程朱學의 居敬窮理說 硏究 - 知의 行으로의 이행을 중심으로』, 고려대학교.

崔秉喆, 1992,『儒家經典에 나타난 國家의 形成理論에 관한 硏究』, 성균관대학교.

趙駿河, 1992,『禮論의 淵源과 그 展開에 관한 硏究』, 성균관대학교

金滿山, 1992,『易學의 時間觀에 관한 硏究』, 충남대학교.

閔晃基, 1992,『先秦儒學에 있어서 '中'思想에 관한 硏究』, 충남대학교.

金京一, 1993,『易經과 中庸의 人間學的 探究』, 성균관대학교.

孫世濟, 1993,『天道觀의 變遷에 관한 硏究 - 秦·漢期를 중심으로』, 성균관대학교.

孫英植, 1993,『宋代 新儒學에서 哲學的 爭點의 硏究』, 서울대학교

梁承姬, 1993,『'樂記' 樂理思想의 哲學的 探究』, 성균관대학교.

梁在悅, 1993,『儒學에 있어서 人間主體에 관한 硏究』, 성균관대학교.

柳炳九, 1993,『西歐近代史에 있어서의 中國思想의 役割 - 18세기 프랑스 啓蒙主義 思想을 중심으로』, 성균관대학교.

尹用男, 1993,『朱子의 體用理論에 관한 硏究』 성균관대학교.

李明洙, 1993,『譚嗣同 ‘仁學’의 平等論에 관한 硏究』, 성균관대
　　　　학교.

崔眞德, 1993,『羅整庵의 理一分殊의 哲學』, 서강대학교.

吳興民, 1994,『陽明哲學에 있어서 人間主體性에 관한 硏究』, 충
　　　　남대학교.

張閏洙, 1994,『張載 氣哲學의 理論的 構造 - 正蒙을 중심으로』,
　　　　경북대학교.

박노흥, 1994,『朱晦庵의 修養論에 관한 硏究』, 동국대학교.

李光律, 1994,『朱子의 心性論에 관한 硏究』, 동아대학교.

金德均, 1995,『唐甄의 哲學思想에 나타난 近代指向的 性格』, 성
　　　　균관대학교.

趙京蘭, 1995,『進化論의 中國的 受容과 歷史認識의 轉換』, 성
　　　　균관대학교.

金水淸, 1995,『朱熹의 敬思想 硏究』, 동아대학교.

양용환, 1995,『荀子의 禮學硏究』, 영남대학교.

李鉉中, 1995,『易學에 나타난 儒家思想의 存在論的 根據』, 충남
　　　　대학교.

金珍根, 1995,『王夫之 易哲學 硏究 - 天人合一을 중심으로』, 연
　　　　세대학교.

林玉均, 1995,『戴震哲學에 나타난 朱子學的 思惟의 批判에 관
　　　　한 硏究』, 성균관대학교.

황규선, 1995,『荀子 禮思想에 관한 硏究』, 동국대학교.

金聖泰, 1996,『王陽明學派의 良知說에 관한 硏究』, 서울대학교.

李世東, 1996,『朱子 ‘周易本義’ 硏究』, 서울대학교.

崔亨植, 1996, 『儒敎倫理의 存在論化와 그 影響에 관한 硏究』, 성균관대학교.

劉欣雨, 1996, 『焦循 易哲學에 관한 硏究』, 동국대학교.

김양용, 1996, 『張載 易哲學 硏究』, 원광대학교.

安銀洙, 1996, 『朱熹의 自然觀과 그 成立에 관한 硏究』, 성균관대학교.

李哲承, 1996, 『王夫之와 艾思奇 哲學에 나타난 認識과 實踐의 問題 – 認識의 發展 過程 및 認識과 實踐의 關係를 中心으로 – 』, 성균관대학교.

劉勝鍾, 1996, 『先秦儒家의 天思想 硏究 – 孔子의 天觀을 중심으로』, 동국대학교.

權美淑, 1996, 『荀子 禮治思想의 社會倫理學的 硏究』. 한국정신문화연구원.

金在求, 1996, 『王陽明의 良知說 硏究』, 동아대학교.

尹永海, 1997, 『朱子의 佛敎批判硏究』, 서강대학교.

金世緖利亞, 1997, 『儒家倫理의 實體化가 女性觀에 미친 影響과 그 批判에 관한 硏究』, 성균관대학교.

李淑仁, 1997, 『中國古代 女性倫理思想 形成에 관한 硏究』, 성균관대학교.

朴應烈, 1997, 『周濂溪의 太極論과 人間觀에 대한 硏究』, 성균관대학교.

沈貴得, 1997, 『周易의 生命思想에 관한 硏究』, 성균관대학교.

權五輪, 1997, 『陽明學의 身體思想에 관한 硏究』, 동아대학교.

鄭台喜, 1997, 『甲骨文에 나타난 宗敎性과 美意識에 관한 연구』,

대전대학교.

朴璟煥, 1997,『張載의 氣論的 天人合一思想 硏究』, 고려대학교.

정재권, 1998,『荀子 哲學思想의 展開過程에 나타난 方法論的 特徵에 관한 硏究』, 부산대학교.

黃熙景, 1998,『馮友蘭 哲學思想에 관한 硏究』, 성균관대학교.

趙賢淑, 1998,『荀子의 諸子批判에 관한 硏究』, 성균관대학교.

崔文馨, 1998,『中國 古代의 神槪念에 관한 硏究－그 擬人性과 合理性을 중심으로』, 성균관대학교

張源穆, 1998,『性理學 本體論의 形成에 관한 硏究－張載의 本體論과 二程의 批判을 중심으로』, 서울대학교.

이원태, 1998,『王弼과 伊川의 義理易 比較硏究』, 연세대학교.

안영석, 1998,『象山心學硏究』, 영남대학교.

趙南浩, 1999,『羅欽順의 哲學과 朝鮮學者들의 論辨』, 서울대학교

嚴連錫, 1999,『程頤 ‘易傳’의 易學理論에 관한 硏究』, 서울대학교

李容周, 1999,『朱熹의 文化的 正統意識 硏究－道統論과 異端 批判을 중심으로』, 서울대학교.

金哲運, 1999,『大學의 平天下思想에 관한 硏究－儒家 政治倫理의 實踐的 展開』, 고려대학교.

金世貞, 1999,『王陽明의 生命哲學에 관한 硏究』, 성균관대학교.

하창환, 1999,『周易의 時間觀 硏究』, 영남대학교.

朴再柱, 1999,『易의 生成論理에 대한 過程哲學的 考察』, 한국정신문화연구원.

崔瑛甲, 1999,『先秦儒家의 道德哲學에 관한 硏究－공자와 맹자를 중심으로』, 성균관대학교.

林憲圭, 1999,『儒家의 心性論 硏究 - 孟子와 朱熹를 중심으로』, 한국정신문화연구원.

나. 도가 분야

金恒培, 1982,『老子의 道와 德에 관한 硏究』, 동국대학교.

李康洙, 1983,『老子의 自然과 人間의 問題』, 고려대학교.

宋恒龍, 1986,『韓國道敎哲學에 관한 硏究』, 성균관대학교.

張文戶, 1986,『莊子思想의 美學的 硏究』, 동국대학교.

金得晩, 1997,『莊周哲學의 內觀的 認識에 관한 硏究』, 동아대학교

柳聖泰, 1989,『孟子·莊子의 수양론 비교 硏究』, 원광대학교.

李在權, 1990,『魏晉玄學에 있어서의 言意之辨에 관한 硏究 - 王弼의 得意忘言論을 중심으로』, 충남대학교.

曹玟煥, 1991,『老莊의 美學思想에 관한 硏究』, 성균관대학교.

曹京鉉, 1991,『莊子의 '大全之道'와 '逍遙精神' 硏究』, 고려대학교

元正根, 1992,『郭象의 天人調和論 硏究』, 고려대학교.

尹燦遠, 1992,『太平經에 나타난 道敎思想』, 서울대 대학원.

吳進鐸, 1993,『憨山의 '莊子內篇解'에 관한 硏究 - 莊子와 佛敎의 思想的 관계를 중심으로』, 고려대학교.

金甲秀, 1994,『莊子哲學에서의 自然과 人間에 관한 硏究』, 성균관대학교.

金東天, 1995,『'淮南子'의 原道論과 經世論 硏究』, 서강대학교.

金容燮, 1995,『'淮南子' 哲學體系의 硏究』, 경북대학교.

朴元在, 1996,『道家의 理想的 人間像에 대한 硏究 - 自我의 완성을 중심으로』, 고려대학교.

李東哲, 1996,『'黃帝四經'의 哲學研究 – 先秦 道家思想의 새로운 이해와 관련하여』, 고려대학교.

鄭崙, 1996,『莊子哲學의 有待와 無待에 관한 研究』, 전북대학교.

林采佑, 1996,『王弼 易哲學 研究 – 以簡御繁思想을 중심으로』, 연세대학교.

김만겸, 1997,『莊子哲學의 自我觀』, 영남대학교.

李錫明, 1997,『'淮南子'의 無爲論 研究 – 道事並重의 이론 체계를 중심으로』, 고려대학교.

金學睦, 1998,『朴世堂의 '新註道德經'』, 건국대학교.

朴在熙, 1998,『黃老道家에 관한 研究』, 성균관대학교.

金相來, 1999,『老莊思惟의 解體的 理解』, 한국정신문화연구원.

다. 제자 분야

李海英, 1990,『先秦諸子의 批判意識에 관한 研究』, 성균관대학교.

박문현, 1990,『墨子의 經世思想에 관한 研究』, 동국대학교.

尹武學, 1993,『墨家의 名學에 관한 研究』, 성균관대학교.

金藝鎬, 1998,『韓非子의 法治論研究』, 성균관대학교.

라. 불교 분야

魯權用, 1987,『佛陀觀의 研究』, 원광대학교.

朴太元, 1990,『大乘起信論 思想 評價에 관한 研究』, 고려대학교.

金榮郁, 1993,『'壇經' 禪思想의 研究』, 고려대학교.

李姸淑, 1994,『阿含經研究 – 觀照的 思惟體系와 神秘的, 神話

的 체계를 중심으로」, 한국정신문화연구원.

方仁, 1995,『太賢의 唯識哲學 硏究』, 서울대학교.

崔昌圭, 1996,『無着(Asanga)의 唯識哲學의 硏究』, 고려대학교.

이상에서 살펴보았듯이 이 기간에 유·불·도와 제자철학 등 거의 전 분야에 걸쳐 동양철학에 대한 연구가 확대되었다. 특히 1990년대에 이러한 연구 경향은 폭발적으로 증가하였다. 이는 1990년대에 일제강점기와 산업화시기 동안 제도권에서 서양철학 중심의 교육과 연구 풍토가 조성된 것에 대한 반성의 분위기를 반영한 것이다. 특히 1990년대의 많은 신진 연구자들은 민족의 주체성 확보와 함께 주체적인 철학연구의 중요성을 강조하였다. 동양철학에 대한 연구의 증가는 이러한 당시의 철학 풍토가 반영된 것이라고 할 수 있다.

3 21세기 철학풍토의 성찰과 우리철학의 모색

지식정보화가 본격적으로 진행되고 있는 21세기에 한국의 철학 풍토는 제도권과 개별 연구자 사이에 차이가 있지만, 외래철학의 무비판적인 수용과 전파에 대한 반성과 함께 보편성을 지향하는 우리철학의 정립에 관심이 증가하고 있다.

특히 우리의 현실 문제에 대한 깊은 통찰을 통해 주체적인 이론을 생산하고자 하는 의지가 확대되고 있다. 이러한 현상은 연구자 개인, 연구소 설립, 학회 창립 등 개인 연구와 공동 연구 등 다양한 방면으로 표출되고 있다.

1) 철학과의 교육 현황과 교수진 분포

21세기가 들어서면서 한국의 대학에 개설된 철학과는 많은 변화의 과정에 있다. 신자유주의 이념의 확산은 대학의 경영자들에게 실용주의적인 관점에서 대학을 운영하도록 유도했다. 일부의 대학 경영자들은 철학과를 단기적인 효용 가치가 적다고 판단하여, 구조 조정의 대상으로 삼았다. 이 때문에 일부 대학은 철학과를 통폐합의 대상으로 여기고, 철학과의 명칭을 변경하거나 폐지시켰다.

21세기에 철학과를 폐지시킨 주요 대학은 강남대학교, 경남대학교, 경성대학교, 대구가톨릭대학교(구 대구효성가톨릭대학교), 대전대학교, 대진대학교, 동국대학교(인도철학과), 배재대학교, 부산외국어대학교, 신라대학교, 인제대학교, 청주대학교, 한남대학교, 호서대학교 등이다.

또한 일부대학에서는 철학과를 다른 학과와 통합하거나 이름을 변경하였다. 계명대학교 철학과는 철학윤리학과가 되었고, 동아대학교 철학과는 철학생명의료윤리학과로 개편되었으며, 동의대학교 철학과는 철학상담·심리학과로 변경되고, 성균관대학교는 동양철학과와 유학과와 한국철학과를 통합하여 유학·동양학과로 개편하였다.

전국 대학의 철학과에 소속된 교수의 수도 축소되었다. 적지 않은 대학이 철학과에서 퇴임한 교수의 공석을 충원하지 않고 있다. 2020년 2월을 기준으로 할 때, 각 대학 철학과 교수의 수와 전공 현황은 다음과 같다.

가톨릭대학교 철학과 교수 5인(서양철학 전공 4·동양철학 전공 1)[62],

---

62) https://cukpd.catholic.ac.kr. 20200212 검색

강릉원주대학교 철학과 교수 4인(서양철학 전공 3·동양철학 전공 1)[63], 강원대학교 인문학부 철학전공 교수 6인(서양철학 전공 3·동양철학 전공 3)[64], 건국대학교 철학과 교수 5인(서양철학 전공 4·동양철학 전공 1)[65], 경북대학교 철학과 교수 8인(서양철학 전공 5·동양철학 전공 3)[66], 경상대학교 철학과 교수 6인(서양철학 전공 4·동양철학 전공 2)[67], 경희대학교 철학과 교수 7인(서양철학 전공 5·동양철학 전공 2)[68], 계명대학교 철학윤리학과 교수 8인(서양철학 전공 6·동양철학 전공 2)[69], 고려대학교 철학과 교수 9인(서양철학 전공 5·동양철학 전공 4)[70], 단국대학교 철학과(2013년 신설) 교수 3인(서양철학 전공 2·동양철학 전공 1)[71], 덕성여자대학교 글로벌융합대학 철학전공 교수 3인(서양철학 전공 2·동양철학 전공 1)[72], 동국대학교 불교학부 교수 16인(서양윤리 전공 1·불교 전공 15)[73], 동국대학교 철학과 교수 3인(서양철학 전공 2·동양철학 전공 1)[74], 동국대학교 경주캠퍼스 불교학과 교수 7인(불교 전공)[75], 동아대학교 철학생명의료윤

63) http://phil.gwnu.ac.kr. 20200212 검색
64) http://kwphilo.kangwon.ac.kr. 20200212 검색
65) http://www.konkuk.ac.kr. 20200212 검색
66) http://philosophy.knu.ac.kr. 20200212 검색
67) http://www.gnu.ac.kr. 20200212 검색
68) http://sophia.khu.ac.kr. 20200212 검색
69) http://www.kmu.ac.kr. 20200212 검색
70) http://lib003.korea.ac.kr/lib003/major/ 20200314 검색
71) http://www.dankook.ac.kr. 20200212 검색
72) https://www.duksung.ac.kr/philo. 20200212 검색
73) http://www.dongguk.edu. 20200213 검색
74) https://sophia.dongguk.edu. 20200213 검색

리학과 교수 6인(생명의료윤리학 전공 2·정치철학 전공 1·서양철학 전공 2·동양철학 전공 1)76), 동의대학교 철학상담·심리학과 교수 7인(상담 및 심리 전공 4·정치철학 전공 1·서양철학 전공 1·동양철학 전공 1)77), 명지대학교 철학과 교수 5인(서양철학 전공 4·동양철학 전공 1)78), 부산대학교 철학과 교수 7인(서양철학 전공 5·동양철학 전공 2)79), 서강대학교 국제인문학부 철학 전공 교수 7인(서양철학 전공 6·동양철학 전공 1)80), 서울대학교 철학과 교수 19인(서양철학 전공 13·동양철학 전공 6)81), 서울시립대학교 철학과 교수 8인(서양철학 전공 7·동양철학 전공 1)82), 성균관대학교 유학·동양학과 교수 8인(동서비교철학 전공 1·동양철학 전공 7)83), 성균관대학교 철학과 교수 2인(서양철학 전공)84), 순천대학교 인문학부 철학 전공 교수 5인 (서양철학 전공 3·동양철학 전공 2)85), 숭실대학교 철학과 교수 5인 (서양철학 전공 4·동양철학 전공 1)86), 안동대학교 동양철학과 교수 5인(서양철학 전공 1·동양철학 전공)87), 연세대학교 철학과 교수 7인

---

75) http://web.dongguk.edu. 20200213 검색

76) http://philbioethics.donga.ac.kr. 20200213 검색

77) http://chulhak.deu.ac.kr. 20200213 검색

78) http://www.mju.ac.kr. 20200213 검색

79) https://philosophy.pusan.ac.kr. 20200213 검색

80) http://philosophy.sogang.ac.kr. 20200213 검색

81) http://www.snu.ac.kr. 20200118 검색

82) http://www.uos.ac.kr. 20200213 검색

83) http://www.skku.edu. 20200118 검색

84) https://skb.skku.edu/philosophy. 20200213 검색

85) http://www.scnu.ac.kr. 20200213 검색

86) http://www.ssu.ac.kr. 20190820 검색

(서양철학 전공 5·동양철학 전공 2)[88], 연세대학교 원주캠퍼스 철학과 교수 5인(서양철학 전공 2·동양철학 전공 3)[89], 영남대학교 철학과 교수 4인(서양철학 전공 2·동양철학 전공 2)[90], 울산대학교 철학과 교수 6인(서양철학 전공 4·동양철학 전공 2)[91], 원광대대학교 원불교과 교수 9인(사회학 전공 1·역사학 전공 1·상담심리학 전공 1·서양철학 전공 1·불교학 전공 1·원불교학 전공 4)[92], 원광대학교 철학과 교수 3인(서양철학 전공 2·동양철학 전공 1)[93], 이화여자대학교 인문과학부 철학 전공 교수 5인(서양철학 전공)[94], 인하대학교 철학과 교수 3인(서양철학 전공 2·동양철학 전공 1)[95], 전남대학교 철학과 교수 12인(서양철학 전공 8인·동양철학 전공 4)[96], 전북대학교 철학과 교수 9인(서양철학 전공 7·동양철학 전공 2)[97], 제주대학교 철학과 교수 6인(서양철학 전공)[98], 조선대학교 철학과 교수 3인(서양철학 전공 2·동양철학 전공 1)[99], 중앙대학교 철학과 교수 5인(서양

---

87) http://ephilsm.andong.ac.k. 20200213 검색
88) https://philosophy.yonsei.ac.k. 20200213 검색
89) https://sofia.yonsei.ac.kr. 20200213 검색
90) http://phil.yu.ac.kr. 20200213 검색
91) http://sopia.ulsan.ac.kr. 20200213 검색
92) http://wonbuddhism.wku.ac.kr. 20200213 검색
93) http://philosophy.wku.ac.kr. 20200213 검색
94) http://www.ewha.ac.kr. 20200213 검색
95) https://philosophy.inha.ac.kr. 20200213 검색
96) http://www.jnu.ac.kr. 20200118 검색
97) http://www.jbnu.ac.kr. 20200213 검색
98) http://www.jejunu.ac.kr. 20200213 검색
99) http://www.chosun.ac.kr. 20200213 검색

철학 전공 3·동양철학 전공 2)[100], 창원대학교 철학과 교수 4인(서양철학 전공 3·동양철학 전공 1)[101], 충남대학교 철학과 교수 8인(서양철학 전공 4·동양철학 전공 4)[102], 충북대학교 철학과 교수 7인(서양철학 전공 4·동양철학 전공 3)[103], 한국외국어대학교 철학과 교수 6인(서양철학 전공 4·동양철학 전공 2)[104], 한림대학교 인문학부 철학 전공 교수 5인(서양철학 전공 3·동양철학 전공 2)[105], 한신대학교 인문콘텐츠학부 철학 전공 교수 3인(서양철학 전공)[106], 한양대학교 철학과 교수 4인(서양철학 전공 2·동양철학 전공 2)[107] 등이다.

특이한 것은 일부의 대학들이 철학과를 통폐합의 대상으로 삼은 것과 달리, 단국대학교는 2013년에 철학과를 신설했다. 결국 21세기에 전국 대학은 20세기 말에 비해 14개의 대학에서 철학과를 폐과시켰고, 1개의 대학에서 철학과를 신설했다.

서양철학 전공과 동양철학 전공 가운데, 재단의 특수한 이념을 반영한 동국대학교 불교학과, 성균관대학교 유학·동양학과, 원광대학교 원불교학과에서 동양철학 전공자가 서양철학 전공자보다 많았다. 또한 안동대 동양철학과와 연세대 원주캠퍼스 철학과도 동양철학 전공자가 서양철학 전공자보다 많다.

---

100) http://www.cau.ac.kr. 20200213 검색
101) http://portal.changwon.ac.kr/home/philoso. 20200213 검색
102) https://philosophy.cnu.ac.kr. 20200213 검색
103) http://humanum.chungbuk.ac.kr/philosophy. 20200213 검색
104) http://philosophy.hufs.ac.kr/. 20200213 검색
105) http://www.hallym.ac.kr. 20200213 검색
106) http://www.hs.ac.kr. 20200213 검색
107) http://www.hanyang.ac.kr. 20200213 검색

그리고 강원대 철학전공, 영남대 철학과, 충남대 철학과, 한양대 철학과 등은 서양철학 전공 교수와 동양철학 전공 교수의 비율이 같다.

　　이 외의 대학에서는 대부분 20세기의 상황과 유사하게 여전히 서양철학 전공 교수가 동양철학 전공 교수보다 많다. 또한 한국의 철학계는 현재 대학의 철학과에 소속되어 있지 않지만, 철학계에서 활발하게 활동하는 학자들이 많다. 그들은 여러 대학의 윤리학과와 교양학부 교수, 강사, 연구원, 박사 등의 신분으로 활발하게 활동하고 있다. 그들 가운데에서도 동양철학 전공자보다 서양철학 전공자가 많다.

　　이 때문에 대부분의 대학 철학과에서는 동양철학 교과목보다 서양철학 교과목에 대한 강의가 더 많다. 서울대학교 철학과 30년사와 50년사에서 김태길과 심재룡이 각각 학문의 편향 문제를 비판한 내용이 2020년 현재 많은 대학의 철학과에서 크게 개선되고 있지 않다.

　　이러한 현상은 일제 강점기 주요 대학의 철학과에 개설된 교과목 비율과 큰 차이가 없다. 수업 내용도 우리 민족이 축적한 전통적 사유의 현실화나 우리 사회에 나타난 여러 문제들에 대해 철학적으로 분석하여 해결책을 강구하기보다 서양철학사에 나타난 여러 학설들을 소개하고 전파하는 경우가 많다. 이는 철학함에 대해 자주 현실 문제를 치열하게 고뇌하면서 주체적으로 해결책을 찾기보다 선행철학자들이 제시한 문제의식을 무비판적으로 답습하도록 유도한다. 보편의 이름으로 전해지는 많은 내용이 지금도 여전히 우리에게 왜 필요한지에 대한 물음에 명쾌하게 답을 제공하지 않는다면 그 이론의 생명력은 약화될 수 있다. 이러한 전공 분포의 현상은 학문의 균형 발전과 주체적인 연구 풍토의 확립에 장애가 될 수 있다.

2) 철학연구소의 동향

21세기에 접어들면서 각 대학의 철학 관련 연구소 또한 증가하고
있다. 연구소의 명칭도 종합적인 철학연구소에 한정하지 않고, 그 연
구소만의 구체적인 목적과 지향점을 분명하게 드러내는 다양한 연구
소가 설립되었다.

21세기에 설립된 각 대학의 주요 연구소는 다음과 같다.

창립시기	연구소명	취급 분야
2000	성균관대학교 유교문화연구소	유교철학
2001	서경대학교 철학사상연구소	철학일반, 동양철학, 서양철학
2001	전남대학교 철학연구교육센터	철학일반, 동양철학, 서양철학, 교육철학
2002	가톨릭대학교 가톨릭생명윤리연구소	생명철학, 윤리학
2003	금강대학교 불교문화연구소	불교철학
2003	국제뇌과학대학원대학교 국학연구원	선도仙道문화
2003	순천대학교 철학교육연구소	철학일반, 동양철학, 서양철학, 교육철학
2005	한림대학교 한림철학교육연구소	철학일반, 동양철학, 서양철학, 교육철학
2007	충북대학교 우암연구소	송시열철학
2007	충남대학교 역학연구소	주역철학
2007	전북대학교 비판적사고와논술연구소	비판철학, 논리학, 논술
2008	인제대학교 인간환경미래연구원	인간학, 생태철학
2008	전남대학교 호남불교문화연구소	불교철학, 호남불교
2009	동국대학교 불교학술원	불교철학
2010	성균관대학교 한국유경편찬센터	유교철학, 한국유교철학
2011	계명대학교 계명·목요철학원	철학, 동양철학, 서양철학
2011	숭실대학교 가치와 윤리연구소	가치, 윤리학
2012	이화여자대학교 철학연구소	철학일반, 동양철학, 서양철학

창립시기	연구소명	취급 분야
2013	성균관대학교 동양철학문화연구소	동양철학, 문화철학
2013	성균관대학교 철학과인문교육연구소	철학
2014	동국대학교 인도철학불교학연구소	인도철학, 불교철학
2014	성균관대학교 유가예술문화콘텐츠연구소	유교철학, 예술철학
2014	조선대학교 우리철학연구소	우리철학
2014	글로벌사이버대학교 동양학연구소	동양철학
2015	한국전통문화대학교 한국철학연구소	한국철학
2015	전북대학교 간재학연구소	전우철학
2015	동국대학교 세계불교학연구소	불교철학
2016	동방문화대학원대학교 동양학연구소	동양철학
2016	동의대학교 삶과 죽음연구소	삶철학, 죽음철학
2017	성균관대학교 유교철학·문화콘텐츠연구소	유교철학
2017	성균관대학교 한국철학·인문문화연구소	한국철학

　　특히 이 시기에는 동양철학과 관련된 연구소가 광범위하게 설립되고 있다. 유학의 가치관을 주요 이념으로 하는 성균관대학교에서 2000년이 되자마자 설립한 유교문화연구소, 불교 재단으로서 불교의 문화와 가치를 구현하는 금강대학교의 불교문화연구소, 신선사상을 전문적으로 연구하는 국제뇌과학대학원대학교의 국학연구원, 우암 송시열의 유적이 있는 화양계곡과 가까운 충북대학교의 우암연구소, 주역을 연구하는 충남대학교의 역학연구소, 호남지역의 불교문화를 전문적으로 연구하는 전남대학교의 호남불교문화연구소, 총체적인 불교 연구 기관인 동국대학교의 불교학술원, 한국유교의 경전을 전문적으로 연구하는 성균관대학교의 한국유경편찬센터, 동양철학과 문화 및 유가예술문화콘텐츠를 중점적으로 연구하는 성균관대학교의 동양철학문화연구소와 유가예술문화콘텐츠연구소, 인도철학과 불교

를 전문적으로 연구하는 동국대학교의 인도철학불교학연구소, 우리
철학의 정립 문제를 전문적으로 연구하는 조선대학교 우리철학연구
소, 동양학을 중점적으로 연구하는 동방문화대학원대학교의 동양학
연구소, 한국철학을 본격적으로 연구하는 한국전통문화대학교의 한
국철학연구소, 간재 전우가 머물렀던 계화도와 가까운 전북대학교의
간재학연구소 등은 동양철학의 다양한 내용을 심층적으로 연구하고
있다.

이들 가운데 적지 않은 연구소가 동아시아의 전통적 사유를 맹목적
으로 옹호하지 않고, 그 사유의 허상과 실상을 분석하며, 그것의 현실
적 의의를 구현하기 위해 노력하고 있다. 이러한 연구 경향은 우리철
학의 정립에 기여할 수 있다.

3) 철학회와 학술지의 연구 동향

21세기에 각종 철학회 역시 활발하게 활동하고 있다. 21세기 이전
에 창립된 다양한 철학회가 왕성한 활동을 하고 있을 뿐만 아니라,
21세기에 새로운 문제의식을 담은 여러 철학회가 창립되었다. 특히
21세기에는 동·서양철학을 종합하는 철학회보다 특수한 영역을 전문
적으로 취급하는 철학회가 많이 창립되었다. 이는 한국의 철학계가
종합적인 측면에서 다양한 주제를 광범위하게 연구할 뿐만 아니라,
구체적인 관점에서 특수한 주제를 심층적으로 연구하여 자생 이론의
정립 가능성을 모색하고 있음을 보여주는 것이다.

특히 이 기간에는 다양한 철학회에서 발행하는 많은 학술지가 한국
연구재단의 평가 속에 질적인 수준을 향상시키기 위해 노력하고 있다.

(1) 철학회의 동향

이 기간에 새로 창립된 주요 학회의 상황은 다음과 같다.

창립시기	학회 이름	학술지
2000	민족미학회	민족미학
2000	한국선학회	선학禪學
2000	불교학연구회	불교학연구
2001	윤리철학교육학회	윤리철학교육
2001	한국불교원전연구회	
2001	대승기신론학회	
2001	한국마르크스학회	
2003	한국중세철학회	중세철학
2003	국제실존철학회	
2003	한국역사철학회	
2005	중국현대철학연구회	
2005	한국프랑스철학회	
2005	다석학회	
2006	동아시아불교문화학회	동아시아불교문화
2006	한국의철학회	의철학연구
2007	남명학회	남명학보
2007	한국민족사상학회	민족사상
2008	한국정치철학회	
2009	한국철학상담치료학회	철학실천과 상담
2011	한국효학회	효학연구
2015	한국주자학회	

　　이상의 학회는 대부분 특수한 분야의 전문 연구자들이 연구 주제와
관련된 학회를 구성하고, 그 분야의 연구를 집중적으로 진행하여 새
로운 연구 풍토를 조성하고자 한다.

(2) 학술지의 동태

한국연구재단은 많은 학회 혹은 연구소에서 발행하는 학술지의 무분별한 발행을 방지하고, 수준 높은 학술지의 발행을 통해 연구의 수준을 제고시키고자 학술지에 대한 평가를 진행하고 있다. 학문적인 수준이 높은 것으로 평가받는 철학 관련 주요 '등재학술지'는 다음과 같다.

한국연구재단 등재학술지(2020년 1월 20일 기준)[108]

분야	학술지명	발행기관
기독교신학	기독교사회윤리	한국기독교사회윤리학회
기독교신학	신학사상	한신대학교 신학사상연구소
기타인문학	철학·사상·문화	동국대학교 동서사상연구소
기타인문학	율곡학연구	(사)율곡학회
기타인문학	퇴계학논총	(사)퇴계학 부산연구원
불교학	불교학리뷰	금강대학교 불교문화연구소
불교학	대각사상	대각사상연구원
불교학	불교학보	동국대학교 불교문화연구원
불교학	International Journal of Buddhist Thought and Culture	동국대학교 불교학술원
불교학	동아시아불교문화	동아시아불교문화학회
불교학	불교학연구	불교학연구회
불교학	禪文化研究	한국불교선리연구원
불교학	불교연구	한국불교연구원
불교학	禪學	한국선학회
불교학	정토학연구淨土學研究	한국정토학회
유교학	Journal of Confucian Philosophy and Culture	성균관대학교 유교문화연구소
유교학	퇴계학보	퇴계학연구원

---

108) https://www.nrf.re.kr/biz/journal/20200120 검색

분야	학술지명	발행기관
유교학	孔子學	한국공자학회
유교학	유교사상문화연구	한국유교학회/ 성균관대학교 유교문화연구소
종교학	대순사상논총	대진대학교 대순사상학술원
종교학	Journal of Korean Religions	서강대학교 종교연구소
종교학	원불교사상과 종교문화	원광대학교 원불교사상연구원
종교학	종교문화비평	종교문화비평학회
종교학	도교문화연구	한국도교문화학회
종교학	한국불교학	한국불교학회
종교학	신종교연구	한국신종교학회
종교학	Canon&Culture(캐논앤컬처)	한국신학정보연구원
종교학	한국이슬람학회논총	한국이슬람학회
종교학	종교교육학연구	한국종교교육학회
종교학	종교연구	한국종교학회
철학	인간연구	가톨릭대학교 인간학연구소
철학	인격주의 생명윤리	가톨릭대학교 가톨릭생명윤리연구소
철학	南冥學硏究	경상대학교 경남문화연구원
철학	철학연구	고려대학교 철학연구소
철학	仙道文化	국제뇌교육종합대학원대학교 국학연구원
철학	대동철학	대동철학회
철학	철학연구	대한철학회
철학	동양철학연구	동양철학연구회
철학	범한철학	범한철학회
철학	철학논총	새한철학회
철학	생명연구	서강대학교 생명문화연구소
철학	철학논집	서강대학교 철학연구소
철학	철학사상	서울대학교 철학사상연구소
철학	퇴계학논집	영남퇴계학연구원
철학	생명윤리정책연구	이화여자대학교 생명의료법연구소
철학	인도철학	인도철학회
철학	인간·환경·미래	인제대학교 인간환경미래연구원

분야	학술지명	발행기관
철학	다산학	재단법인다산학술문화재단
철학	철학탐구	중앙대학교 중앙철학연구소
철학	철학연구	철학연구회
철학	유학연구	충남대학교 유학연구소
철학	가톨릭철학	한국가톨릭철학회
철학	과학철학	한국과학철학회
철학	논리연구	한국논리학회
철학	니체연구	한국니체학회
철학	동서철학연구	한국동서철학회
철학	동양철학	한국동양철학회
철학	美學	한국미학회
철학	철학적 분석	한국분석철학회
철학	사회와 철학	한국사회와철학연구회
철학	양명학	한국양명학회
철학	한국여성철학	한국여성철학회
철학	의철학연구	한국의철학회
철학	중세철학	한국중세철학회
철학	시대와 철학	한국철학사상연구회
철학	한국철학논집	한국철학사연구회
철학	철학	한국철학회
철학	칸트연구	한국칸트학회
철학	현대유럽철학연구	한국하이데거학회/한국해석학회
철학	헤겔연구	한국헤겔학회
철학	현상학과 현대철학	한국현상학회
철학	환경철학	한국환경철학회

이상의 학술지는 한국연구재단의 평가에서 우수한 평가를 받은 것으로 각 대학의 연구소나 여러 학회에서 발행하는 학술지로 구성되어 있다. 학술지의 내용은 시대 문제를 취급하는 잡지, 동·서양철학을 종합한 잡지, 동양철학을 전문적으로 취급하는 잡지, 서양철학을 전

문적으로 취급하는 잡지, 특수한 이념과 주제를 취급하는 잡지 등 다양하게 분포되어 있다.

논문의 발행은 1년에 두 차례에서 네 차례까지 발행 기관의 특수한 상황에 따라 다르지만, 대부분 매년 2차례 이상씩 꾸준히 발행한다. 논문의 투고부터 게재 판정까지 엄정한 심사의 절차를 공정하게 수행하기 때문에 많은 학자들은 이러한 학술지에 게재된 논문의 가치를 존중한다.

한국의 철학계는 여기에 수록된 학술지 이외에도 다양한 연구 기관에서 많은 학술지를 발행하고 있다. 이러한 연구 환경은 많은 연구자들에게 왕성한 연구를 진행하도록 유도하여, 매년 여러 분야에서 수많은 논문이 생산되고 있다.

4) 우리철학의 모색

20세기 후반에 한국의 철학계는 무비판적인 서양철학의 전파와 맹목적인 전통철학의 부활을 비판하며, 역동적으로 변화하고 있는 현실의 문제의식을 반영한 주체적인 우리철학의 정립을 필요로 하는 학자들이 증가하였다.

그들에 의하면 철학 이론은 비록 국경을 초월할 수 있지만, 철학자의 문제의식은 그가 발을 딛고 있는 민족의 현실을 반영해야 한다. 따라서 그들은 추상적인 보편을 구체적인 현실에 맹목적으로 적용시키는 방법을 선호하지 않고, 변화하는 구체적인 현실을 토대로 한 특수한 이론을 추상하여 보편적인 이론으로 승화시키는 방법을 선호한다.

이 때문에 그들은 동양의 전통 이론이나 서양의 이론을 무비판적으로 한국 상황에 적용시키기보다 한국의 구체적인 현실에 맞는 이론을 연구하고 생산하여 보편적인 이론으로 승화시키고자 한다.

그런데 이러한 주체적인 우리철학을 정립할 필요성은 20세기 후반에 처음으로 제시된 것이 아니다. 그것은 이미 1930년대 일제강점기 때 박종홍에 의해 제시되었다. 박종홍은 1933년 6월에 "우리의「哲學하는것」의 出發點은「이時代의 이社會의 이땅의 이現實的存在自體에잇지나안는가」하는그것이다. 이現實的地盤을떠나 그의出發點을 取하는哲學은 結局그時代 그社會에對하야何等의現實的意味를가질수업슬뿐안이라 哲學自體에잇어서도 새롭은境地를開拓하기가 困難하지나안을가하는 것이다. 그러나 그런말을大膽히하고잇는 나 自身의粗雜한이小論도 結局 哲學的解明에對한 何等의能力이업섯슴을 스사로부끄럽어한다. 將次 엇더한方法으로엇더케第一步를옴겨나아갈것인가 아니 나는아직여기에서 出發點에對한疑問을 疑問으로提出하얏슬뿐이오 적어도結果에잇서서 非生産的이엿슴을自覺하고잇다 오직不結果로마친 漠然한輪廓이나마 나의게잇서서이것이 나自身의將來에나와야할 엇던새싹을길러주는 基礎가될수잇섯스면하는 조고마한企待나마 업지안타는것만을乃終에적는다."[109]라고 지적하고, 이어서 1934년 1월에 "나는우리의哲學을 찾으려고나서는首途에잇서서 인제겨우 그의對象과方法에對한若干의素描를 하여보데 지나지모하는 것이다."[110]라고 지적하여, 현실을 기반으로 한 우리

109) 박종홍, 昭和八年(1933),「'哲學하는것'의出發點에對한一疑問」,『哲學』創刊號, 哲學研究會, 16쪽.
110) 박종홍, 昭和九年(1934),「'哲學하는것'의實踐的地盤」,『哲學』第一卷 第二號, 哲學研究會, 37쪽.

철학의 정립 필요성을 강조하고 있다.

이처럼 박종홍이 비록 20세기 전반기에 무비판적인 외래사상에 대한 성찰을 통해 주체적인 철학 풍토를 조성하고자 하였지만, 그는 1960~70년대에 많은 민중들의 민주적인 염원과 달리 국수주의적이고 전체주의적인 박정희의 유신 체제를 강화하는 면에 이론적 기여를 하였다.

이러한 독특한 그의 이력 때문에 박종홍철학에 대한 학계의 평가는 엇갈린다. 한편에서는 박종홍의 이력과 그 이력을 가능하게 한 그의 사상에 초점을 두어 그를 국가주의적인 철학자라고 비판하고[111], 다른 한편에서는 동·서양철학을 두루 섭렵하여 우리의 철학을 정립하고자 한 의미 있는 철학자라고 평가한다.[112]

---

111) 여기에 해당하는 대표적인 글은 다음과 같다. 권인호, 2004, 「박종홍의 퇴계 철학 비판 - '황도 유교'와 국가주의 철학의 원류」, 비판철학회 제2회 학술발표회 자료집, 『황도 유교 비판』. 김석수, 2001, 『현실 속의 철학, 철학 속의 현실 : 박종홍 철학에 대한 또 하나의 해석』, 책세상. 김원열, 2004, 「황도 유교의 사유체계와 방법론적 문제점에 대한 비판」, 비판철학회 제2회 학술발표회 자료집, 『황도 유교 비판』. 김원열·문성원, 2006, 「유교 윤리의 근대적 변형에 대한 비판적 고찰 - 박종홍(1903~1976)의 유교 윤리를 중심으로 -」, 한국철학사상연구회, 『시대와 철학』17권 1호. 박영미, 2015, 「박종홍에서 '전통'의 문제 (1) - 전통 인식을 중심으로 -」, 한국철학사상연구회, 『시대와 철학』26권 1호. 양재혁, 2002, 「박종홍과 그의 황국철학」, 비판철학회 제1회 학술발표 자료집, 『박종홍 철학 비판』. 이병수, 2004, 「열암 박종홍의 정치참여의 동기와 문제점」, 한국철학사상연구회, 『시대와 철학』15권 1호.

112) 여기에 해당하는 대표적인 글은 다음과 같다. 열암기념사업회, 1978, 『스승의 길』, 일지사. 열암기념사업회, 2003, 『박종홍철학의 재조명』(『현실과 창조』3), 천지. 이남영, 1996, 「열암철학 - 향내적 철학과 향외적 철학의 집합으로서의 한국철학」, 『해방 50년의 한국철학』, 철학과 현실사. 특히 홍윤기는 「철학함의 철학 - 열암의 철학에서 나타난 자생 철학 담론의 적극적 가능성과 그 발

한국의 철학계는 박종홍 이후에도 우리철학의 정립 문제를 고뇌한 철학자가 끊임없이 이어졌다. 김용옥은 1980년대에 『동양학 어떻게 할 것인가』에서 한국철학을 우리철학으로 규정하고, 철학적 문제의식의 출발을 시공을 초월한 절대보편이 아니라 구체적으로 변화하고 있는 우리의 일상적인 삶으로부터 시작해야 할 것으로 여긴다.[113] 또한 많은 학자들이 참여하여 철학연구 방법론의 한국적 모색을 집중적으로 논의한 1986년의 『한국에서 철학하는 자세들』[114]에서는 한국사상이란 무엇이며, 한국철학이 가능한지의 여부에 대해 집중적으로 논의했다. 그 가운데에서도 이명현의 「한국철학의 전통과 과제」, 이규호의 「한국철학의 정립을 위한 모색」, 신오현의 「한국철학사상 연구의 방법론적 반성」, 김재권의 「한국철학이란 가능한가?」 등은 우리철학의 모색과 깊게 관계된다. 또한 이 책에는 '동양철학 어떻게 할까?'와 '세계 속의 한국철학'의 장이 각각 편성되어 전통철학의 실제적 의미에 대해 논구하고 있다.

이 책에서 이명현은 "한국철학이란 한국 사람이 '발견'하거나 '창출'해낸 것은 물론이려니와 한국인의 '비판적 사유'에 여과되어 한국인의 의식 세계를 지배한 철학 이론을 말한다."[115]라고 지적하여 한

전 -」(『이 땅에서 철학하기 - 21세기를 위한 대안적 사상 모색』, 솔출판사, 1999, 140~172쪽)에서 박종홍철학의 독자성 결여라는 조동일의 비판에 대한 반비판을 통해, 박종홍철학에 대해 '철학하는 자기'로 현실에 투신하는 철학을 함으로써 '우리철학'의 정립을 추구한 것으로 평가한다.

113) 김용옥, 1986, 『동양학 어떻게 할 것인가』, 통나무, 106쪽 참조.
114) 심재룡 외, 1986, 『한국에서 철학하는 자세들』, 집문당.
115) 이명현, 1986, 「한국철학의 전통과 과제」, 심재룡 외, 『한국에서 철학하는 자세들』, 집문당, 21쪽.

국철학에 대한 정의를 시도했다.

또한 이규호는 철학을 시대의 산물로 여기며 한국철학의 정립을 위한 조건을 다음과 같이 제시한다. 그는 "첫째로 한국철학은 역시 우리의 생활세계에서 출발할 수 밖에 없다는 것과, 둘째로 우리의 철학은 그 문제제시를 위해서 철학의 역사에 의존해야 된다는 것과, 세째로 우리의 철학은 그 개념의 표현을 위해서 우리의 일상언어에서 철학의 언어를 개발해야 되겠다는 것과, 넷째로 우리의 철학은 보편적인 진리를 추구하기 위해서 늘 대화의 통로를 거쳐야 된다는 것과, 다섯째로 오늘날의 복잡한 상황 아래서 우리 철학의 길잡이가 되기 위한 철학의 본체성을 살펴보았다."[116]라고 하여, 생활세계와 철학사와 철학적 언어 개발과 소통 등을 우리철학의 정립에 필요한 내용으로 간주했다.

그리고 철학연구회는 1996년에 『해방 50년의 한국 철학』[117]을 발간하여, 해방 후 50년 동안 한국의 철학계에서 이룬 성과와 문제점을 다양한 관점으로 분석하였다. 제1부에서는 '한국 현대 철학의 선각자'를 각 분야별로 취급하였고, 제2부에서는 철학교육에 대해 각 분야별로 취급하였으며, 제3부에서는 한국 철학의 전망에 대해 다양한 관점으로 기술하였다. 이 책의 저자들은 다가올 21세기에 우리의 철학계에서 새로운 사상과 새로운 가치관의 창조가 가능할 것으로 전망한다. 곧 철학연구회의 편집위원들은 "새로운 사상과 새로운 가치관이

---

116) 이규호, 1986, 「한국철학의 정립을 위한 모색」, 심재룡 외, 『한국에서 철학하는 자세들』, 집문당, 57쪽.
117) 철학연구회, 1996, 『해방 50년의 한국 철학』, 철학과 현실사

창조될 가능성이 우리에겐 충분히 있다고 감히 말하고 싶다. 새로운 사상의 창조는 우선은 여러 이질적인 기존의 사상들이 서로 부딪치고 자유롭게 만나면서부터 비롯될 것인바, 이러한 만남의 시장이 한국에 서처럼 다채롭게 선 곳도 별로 없어 보이기 때문이다. 동양의 여러 전통 사상에 대한 지적 탐구와 서양의 다양한 사상들에 대한 연구가 거의 비슷한 양적 결과들을 쌓으면서 동시다발적으로 수행된, 그리고 수행되고 있는 곳은 한국을 제외하곤 세계 어느 곳에서도 찾아보기 힘들지 않나 생각된다.”[118]라고 지적하여, 동양과 서양의 문명이 혼재된 한국에서 21세기에 새로운 사상과 새로운 가치관을 창출할 가능성이 높은 것으로 여긴다.

20세기 말에 한국 철학계의 대표적인 학회로 평가받고 있는 한국철학회 역시 우리철학의 패러다임 형성을 위해 노력했다. 한국철학회는 1999년에 출간된 『철학사와 철학 – 한국철학의 패러다임 형성을 위하여』[119]에서 이와 관련된 다양한 논의를 펼친다. 특히 김남두의 「철학사와 철학 그리고 한국철학의 패러다임」, 길희성의 「철학과 철학사 : 해석학적 동양철학의 길」, 이태수의 「역사 속의 철학」, 박희영의 「서양 고대 철학에서의 철학함과 우리의 철학함의 전형 – 아리스토텔레스의 철학함에 대한 분석을 중심으로」, 허남진의 「최한기의 기학氣學과 한국철학의 정립」 등은 우리철학의 정립 문제와 관련된다.

이 가운데 김남두는 철학의 의의를 논할 때, ‘철학사중심의 철학’

---

118) 철학연구회 편집인 일동, 1996, 「머리글」, 철학연구회, 『해방 50년의 한국 철학』, 철학과 현실사
119) 한국철학회, 1999, 『철학사와 철학 – 한국철학의 패러다임 형성을 위하여』, 철학과 현실사

혹은 '문제중심의 철학'이라는 이분법적 논리를 지양해야 할 것으로 생각한다. 그는 우선 유·불·도를 중심으로 진행되어온 한국의 전통 사상에 서양철학의 조류가 들어와 동·서양의 전통 사상이 각축을 벌였던 지난 한 세기를 한국현대철학사의 특징으로 여긴다. 그리고 그는 철학사 속에 많은 문제들이 담겨 있고, 문제들 속에 많은 철학사의 내용이 담겨있기 때문에 둘의 관계를 배타적으로 여기지 말고, 상호 밀접하게 관련시켜야 할 것으로 생각한다.[120]

또한 길희성은 자연과 초자연의 대립, 존재와 당위, 사실과 가치, 형이상학과 윤리의 대립, 몰가치적 지식 추구, 무제한적 이기주의의 확산, 대립과 투쟁의 만연, 도구적 이성을 통한 이성의 획일적 지배 등이 서구화-근대화-합리화라는 시각을 주축으로 전개되어온 서구 근대화가 초래한 문제라고 지적한다. 그는 이러한 문제를 극복하기 위한 대안으로 공동체적 인간관과 윤리, 기계론적 자연관과 다른 유기체적 세계관을 중시하는 동양철학의 가치를 제시한다. 그러나 그는 이러한 동양철학의 가치 역시 맹목적으로 현실 사회에 적용시키기보다 해석학적 작업을 거쳐야 할 것으로 생각한다.[121]

또한 문학자인 조동일은 『우리 학문의 길』에서 "학문을 수입해서 본뜨려 하지 말고, 스스로 생산하는 주역이 되어, 선진국을 앞질러

---

120) 김남두, 1999, 「철학사와 철학 그리고 한국철학의 패러다임」, 한국철학회, 『철학사와 철학-한국철학의 패러다임 형성을 위하여』, 철학과 현실사, 9~25쪽 참조.
121) 길희성, 1999, 「철학과 철학사: 해석학적 동양철학의 길」, 한국철학회, 『철학사와 철학-한국철학의 패러다임 형성을 위하여』, 철학과 현실사, 29~53쪽 참조.

나가 세계학문의 방향을 바꾸어놓는 것이 마땅한 과업인 줄 알아야 비로소 타개책이 생긴다. 학문의 수입업자나 하청업자 노릇을 하면서 행세하려고 하지 말고, 요즈음 유행하는 국제경쟁력을 가진 자기 상품을 내놓아야 하는 것이, 생각이 깨인 다른 모든 나라에서 함께 채택하고 있는, 재론의 여지가 없는 유일한 노선이다."[122]라고 지적하여, 비주체적인 학문 풍토를 비판하며 주체적인 학문의 필요성을 강조한다.

그의 이러한 지적은 우리 학계에 광범위하게 적용할 수 있는 내용이다. 특히 그는 이러한 관점에서 일본철학사, 중국철학사, 한국철학사 등의 특징을 분석한다. 한국의 적지 않은 철학자들 역시 그의 이러한 문제의식을 비판적으로 수용하고 있다.

한편 보수적 경향을 보인 기존의 많은 철학회와의 차별화를 시도하며 진보적인 이념의 실현과 주체적인 철학 풍토의 조성을 기치로 내걸면서 1989년에 창립된 한국철학사상연구회는 우리철학의 정립 문제를 집중적으로 취급하기 시작하였다.

1989년에 창립하고, 1996년에 사단법인이 된 한국철학사상연구회의 다음과 같은 설립취지서는 이러한 뜻을 잘 드러내주고 있다.

> 철학은 모든 과학과 예술, 그리고 삶의 기초이다. 그러므로 한국 사회의 과학과 예술이 발전하고, 한국 사회의 삶이 더욱 성숙하기 위해서는 철학이 발전해야 한다. 그러나 불행하게도 한국 사회에서 철학은 아직 혼미 속에 있으며, 그 역할 또한 제대로 수행하지 못하고 있다. 이것은 전통적 철학이 무너지고, 해방 이후 급격한 산업화

---

122) 조동일, 1993, 『우리 학문의 길』, 지식산업사, 9쪽.

과정에서 서구 철학을 무비판적으로 수용하는 가운데, 아직 우리의 자주적인 철학을 세우지 못한 데 기인하는 것이라 하겠다. 사단법인 [한국철학사상 연구회]는 이러한 척박한 정황 속에서 우리의 시대 적, 역사적 현실을 냉철하게 직시하고, 우리의 고유하고도 자주적인 철학을 모색코자 하는 철학자들의 모임이다. 사단법인 [한국철학사 상연구회]는 창립 이래 10년 가까이 한국 철학의 진보적 지평을 열 어젖히는 데 헌신해 온 [한국철학사상연구회]의 전통을 이어받아, 그 간의 활동을 더욱 심화 발전시켜 한국 사회의 공동체적 삶과 유 대를 향한 자주적인 철학과 사상의 구축에 혼신의 노력을 다하고자 한다. 이를 위해 [한국철학사상연구회]는 앞으로 회원들의 철학적 연구 증진을 위한 지원은 물론 대내외적 철학교육 활동의 활성화, 철학 연구지 발간, 외국 철학 서적 번역 및 철학 관련 정보망의 구 축 등 철학적 연구 역량의 강화 및 저변확대를 위한 배전의 노력을 기울여 나갈 것이다. 이에 우리는 오늘 [한국철학사상연구회]가 장 차 한국철학의 자주적 위상과 역할을 정립하는 데 견고한 초석이 될 것임을 굳게 믿으면서 그에 헌신하고자 하는 마음으로 그 설립 의 취지를 밝힌다. 1996년 3월 30일, 사단법인 한국철학사상연구회 창립총회[123]

이러한 취지문에서 알 수 있듯이, 한국철학사상연구회는 철학을 관 념의 유희가 아니라 당면한 시대의 문제를 주체적으로 탐구하여 바람 직한 '시대정신의 정화' 역할을 하는 것으로 생각한다. 이는 연구자들 의 주체적인 문제의식의 발현을 통해 진정한 우리철학의 정립을 지향 하는 것이다.

또한 한국의 철학계는 20세기 후반에 그동안 주류를 이루었던 서양

---

123) <사단법인 한국철학사상연구회 설립취지서>
(http://www.hanphil.or.kr/20160928검색) 참조.

철학 편중의 철학 연구 풍토를 개선하기 위해 동양철학연구회, 한국동양철학회, 한국유교학회, 한국철학사연구회를 비롯한 많은 동양철학 관련 학회가 잇따라 창립되면서 왕성한 활동을 하고 있다. 특히 이들 학회는 매년 정기적인 학술회의를 개최하여 동양철학의 내용을 분석할 뿐만 아니라, 각각 『동양철학연구』, 『동양철학』, 『유교사상문화연구』, 『한국철학논집』 및 각 학회의 성격에 맞는 다양한 학술지를 정기적으로 발행하여 우리철학을 포함한 동양철학의 의의를 드러내고 있다.

이는 근대 서구 문명 중심의 산업화가 한국 사회에 무비판적으로 적용되면서 나타나는 다양한 갈등과 비주체적인 철학 풍토에 대해, 각 대학 철학과가 본질적으로 해결하는 면에 한계가 있음을 자각한 많은 철학자들의 문제의식이 반영된 결과다.

곧 많은 철학자들은 한편으로 척박한 한국의 상황에 다양한 서양철학을 소개하고 발전시킨 선배 학자들의 공헌을 인정하면서도, 다른 한편으로 당면한 우리의 현실과 무관한 관념적인 서양철학을 무비판적으로 확산시킨 비주체적인 자세를 반성하고자 한다.

그들은 우리의 현실 문제를 주요 사유 대상으로 삼아 생산적인 이론의 창출과 우리 민족의 고귀한 가치가 배태된 전통철학의 현실화를 통해 주체적인 철학 풍토를 복원하고자 한다. 이러한 그들의 태도는 학문의 균형 발전과 활기 있는 철학 풍토의 조성에 기여할 수 있다.

이러한 우리철학의 정립에 대한 열기는 21세기에 더욱 확산된다. 이 분야에 관심을 기울이는 학자들은 우리철학을 한국철학과 긴밀하게 관계시킨다. 그런데 그들은 한국철학을 편협한 국수주의에 한정시키지 않는다. 그들은 한국철학을 토대로 하는 우리철학에 대해, 한국의 고유 사상은 물론 한국에 수용된 외래사상 가운데 한국화된 것을 포함한다.

김교빈은 이에 대해 비교적 자세하게 설명한다. 그에 의하면 유·불·도를 제외한 단군 신화와 무속신앙 같은 것만을 우리철학이라고 하는 견해는 편협한 국수주의로 빠질 수 있다. 그는 또한 철학이란 보편을 추구하는 학문이므로 동양철학이나 서양철학으로 분류하지 말고 단지 철학이라고 부르자는 주장에 대해, 특수한 역사적인 경험과 그를 바탕으로 한 사유 체계의 차이를 무시한 허구적인 논리가될 수 있을 것이라며 경계한다.[124]

그는 한국철학에 대해 한국 민족이 만들어낸 보편적 사유체계라고 생각한다. 그에 의하면 한국철학이란 고유사상과 외래사상을 포함하여 한국적 특징을 지니고 있어야 하고, 한국인의 삶에 기초해야 하며, 민족의 삶에 발전적으로 작용해야 한다.[125]

이러한 인식을 바탕으로 하여 그는 우리철학을 추구할 때 갖추어야할 바른 자세에 대해 언급한다. 그것은 첫째, 우리 자신이 살고 있는 현실에 대한 역사의식, 시대의식, 사회의식을 가져야 한다. 둘째, 우리 철학에 대한 주체의식과 열린 마음의 자긍심을 가져야 한다. 셋째, 지금 우리 현실에 맞게 철저히 비판하고 개조할 수 있는 창의적 자세를 갖출 필요가 있다.[126]

---

124) 김교빈, 2000, 「우리 철학의 길」, 한국동서철학회, 『동서철학연구』19권, 7쪽 참조.

125) 김교빈, 2000, 「우리 철학의 길」, 한국동서철학회, 『동서철학연구』19권, 8~9쪽 참조.

126) 김교빈, 2019, 「우리 철학의 길」, 조선대 우리철학연구소, 『오늘의 한국철학,

이처럼 그는 한국철학을 토대로 하는 우리철학의 정립을 중요하게 생각한다. 왜냐하면 한국 사람들에게 우리철학에 대한 탐구는 수단이 아니라, 목적이기 때문이다. 곧 외국 사람이 한국철학을 연구하는 것은 수단이지만, 한국 사람이 우리철학을 연구하는 것은 우리 사회의 발전에 사상적으로 기여하고자 하는 목적이 있기 때문이다.

이기상 또한 우리철학 정립의 필요성을 강조한다. 특히 이기상은 우리말로 철학하는 것의 중요성을 지적한다. 그는 우리에게 '철학이 없다'고 한탄한 함석헌의 지적을 새겨야 할 것으로 생각한다. 특히 그는 철학을 현실 문제를 자양분으로 하여 자라나는 것으로 생각하며, "우리는 사람들이 강단 철학을 외면하는 이유가, 이 강단 철학이 자신들의 삶과는 아무런 관련이 없는 이야기로 세월을 허비하고 있기 때문은 아닌지 반성해보아야 한다. 역사를 되돌아볼 때, 현실을 떠난, 현실과 괴리된 철학은 살아남을 수 없었다. 현실의 문제로 괴로워하는 사람들에게 아무런 힘이 되어주지 못하는 철학은 최소한 자신의 존재 이유를 변론해야 한다."[127]라고 지적하여, 현실에 뿌리를 둔 철학의 중요성을 강조한다.

그에 따르면 우리는 그동안 이론 만들기를 포기하고 외국의 발달된 이론을 수입해 쓰기에만 급급했다. 이 때문에 우리는 순발력과 상상력 분야에 뛰어날지 몰라도, 자기성찰 능력과 자기비판 능력이 부족하다. 그리고 총론은 난무하지만 그 총론을 뒷받침할 각론이 결여되

그리고 우리철학』, 학고방, 393~396쪽 참조.

[127] 이기상, 1999, 「이 땅에서 철학하기, 탈중심 시대에서의 중심잡기」, 우리사상 연구소, 『이 땅에서 철학하기 - 21세기를 위한 대안적 사상 모색』, 솔출판사, 25쪽.

어 있다.[128]

따라서 그는 이 땅에서 철학하기 위해 철학함의 주체성, 철학함의 공간성, 철학함의 역사성, 철학함의 보편성 등을 갖추고[129], 우리말로 철학하는 것의 중요성을 강조한다.[130]

또한 강영안은 철학 용어의 성립 배경과 활용 등의 연구를 통해 우리철학의 흐름과 의의를 파악하고자 한다. 특히 그는 강대국 사이에 처해 있는 우리가 우리의 고유한 언어와 역사적 전통을 가지고 있는 것을 소중하게 생각하며, 우리철학의 정립을 위해 섣불리 서두르기보다 지속적으로 우리의 삶을 성찰할 것을 제안한다.[131]

한편 김재현은 오늘날 한국 철학계의 문제에 대해, 대학제도를 중심으로 한 전문적인 강단철학 영역, 문화운동(사상, 비판, 현실적 힘)으로서의 철학 영역, 삶(생활)의 철학과 지혜의 철학과 철학의 대중화 영역 등의 문제점을 제시하고, 이러한 문제를 극복하기 위한 방안을 제시한다.

그는 『한국 근현대 사회철학의 모색』의 제5부 「한국 철학계 무엇이 문제인가」에서 이러한 문제점에 대해 다음과 같이 구체적으로 언급

---

128) 이기상, 1999, 「이 땅에서 철학하기, 탈중심 시대에서의 중심잡기」, 우리사상 연구소, 『이 땅에서 철학하기 - 21세기를 위한 대안적 사상 모색』, 솔출판사, 28쪽 참조.

129) 이기상, 1999, 「이 땅에서 철학하기, 탈중심 시대에서의 중심잡기」, 우리사상 연구소, 『이 땅에서 철학하기 - 21세기를 위한 대안적 사상 모색』, 솔출판사, 37~38쪽 참조.

130) 이기상, 2003, 『이 땅에서 우리말로 철학하기』, 살림.

131) 강영안, 2002, 『우리에게 철학은 무엇인가 - 근대, 이성, 주체를 중심으로 살펴본 현대 한국 철학사』, 궁리, 13~14쪽 참조.

하고, 그 원인을 분석한다.[132]

(1) 강단철학 영역의 문제와 그 원인

① 여러 분과철학의 전문가가 아니라, 근현대 한국사회에서 우리 자신의 문제를 철학적으로 해명한 주체적이고 창조적인 철학자의 부재이다. 이러한 문제의 궁극적인 원인은 근대전환기와 일제강점기 때 전통 학문을 제대로 계승하지 못했을 뿐만 아니라 주체적으로 서구의 근대적 학문을 수용하지 못했기 때문이다. 또한 해방 후에도 일제강점기 때의 대학 제도와 철학 교육의 계승 및 관념적인 서양철학 중심의 교육이 대세를 형성함으로 인해 철학의 현실성과 주체적인 연구의 풍토가 강화되지 못했기 때문이다.

② 다양한 전공 분야의 영역이 심화됨에 따라 각 영역 사이의 대화와 소통이 활발하지 못하다. 곧 국내 학자들은 상호 소통, 학문적 토론, 상호 읽기, 연구사 검토, 인용 등이 활발하지 못하다. 왜냐하면 철학연구자들 사이에 나타나는 전공의 폐쇄성, 철학하는 방법의 문제, 현실적 능력의 한계, 제도적인 문제 때문이다.

③ 철학연구자들의 재생산이 순조롭지 못하다. 왜냐하면 자본의 논리와 시장의 논리가 신자유주의적 대학 정책에 의해 대학에 확산되고 있을 뿐만 아니라, 대학의 서열화와 외국 박사의 선호로 인해 다양한 학문후속세대들의 폭넓은 연구 의욕을 약화시키기 때문이다.

④ 한국의 환경에서 자신의 철학적 문제의식을 토대로 연구한 전문

---

132) 김재현, 2015, 『한국 근현대 사회철학의 모색』, 경남대학교출판부, 437~460쪽 참조.

적인 텍스트가 드물다. 국가의 교육 정책, 연구자 개인들의 문제의식과 역량의 한계, 학계와 대학 내에서의 연구 업적 평가 제도와 시스템의 문제, 한국연구재단의 평가 제도와 연구비 지원 등의 문제가 복합적으로 산재해 있기 때문이다.

⑤ 실용주의적인 대학 정책으로 인해 대학에서 철학 교육이 제대로 이루어지지 않고 있다. 왜냐하면 대학 교과 과정의 문제, 철학 교재의 문제, 철학 교수의 문제, 입시 위주의 중·고등학교 교육 문제, 아카데미 철학계의 문제의식 결여, 철학적 용어의 추상성과 철학 개념과 해석의 어려움 등이 중층적으로 혼재되어 있기 때문이다.

(2) 문화운동 영역의 문제와 그 원인

전통과 단절되어 있는 한국에서 철학이 어떻게 개입할 것인지에 대한 문제가 있다. 왜냐하면 한국에서는 철학의 사회적 역할과 영향력이 높지 않은데, 철학이 한국 사회의 현실과 밀접한 연관을 갖지 못하고, 서구의 철학적 문제의식을 무비판적으로 수용했기 때문이다. 곧 한국 현실이 의미 있는 철학적 연구와 콘텍스트가 되지 못했기 때문이다. 또한 전통과의 단절, 식민지적 근대성, 분단, 압축 성장 등을 통해 변화하고 발전한 한국근현대사에 대한 전체적인 철학사적 해석이 결여되었기 때문이다.

(3) 삶(생활)의 철학과 지혜의 철학과 철학의 대중화 영역의 문제와 그 원인

일반 대중들에게 철학이란 점치는 것이고, 재미가 없을 뿐만 아니라 어려우면서도 비현실적이며, 실용성이 없는 것으로 비쳐진다. 따라서 철학의 필요성이 약하다. 대중들의 삶과 밀접하게 관련되는 철학 연구를 하지 않았기 때문이다.

이와 같은 문제를 해결하기 위해서는 그 문제의 원인을 제거해야 한다. 김재현은 이에 대해 주체적, 창조적, 통합적인 사유를 통한 새로운 철학의 정립을 주장한다. 그는 이를 위해 전문철학자들에게 문제의식의 변형과 창조적인 모험의 자세를 요청한다.

21세기에 한국의 철학계는 이들 이외에도 적지 않은 학회와 연구소 및 학자들이 우리철학의 정립에 관한 의견을 제시한다.[133] 철학연구회가 주관하고, 한국철학회, 대한철학회, 범한철학회, 새한철학회, 한국동서철학회 등이 주최한 '제13회 한국철학자연합대회 2000'은 인간·사회·자연에 대한 새로운 성찰을 통해 21세기의 철학적 화두에 대해 심층적인 논의를 전개했다.[134] 21세기의 철학적 화두를 고뇌한 이

---

133) 박동환의 「비교철학의 길 - 비극의 역사의식과 우리철학의 비전 - 서양철학사를 어떻게 볼 것인가」(한국철학회, 『철학』29권, 1988), 최봉익의 『또 하나의 우리철학사』, 온누리, 1989), 계명대학교 인문과학연구소의 『새로운 우리철학의 모색: 회고와 전망』(계명대학교 출판부, 2000), 윤천근의 『이 땅에서 우리 철학하기』(예문서원, 2001), 이철승의 「'임중(任重)'의 시대정신 발현과 '도원(道遠)'의 '우리철학' 정립문제 - 『시대와 철학』제1호(1990)~제19권4호(2008)에 게재된 동양철학 논문을 중심으로 - 」(『시대와 철학』제20권3호, 한국철학사상연구회, 2009), 이병태의 「서평 - 우리 철학사의 창으로 본 미래 철학의 풍경 - 『한국현대철학사론』(이규성 지음, 이화여자대학교 출판부, 2012) - 」(『시대와 철학』24권4호, 2013) 등이 여기에 해당한다. 또한 우리사상연구소는 『이 땅에서 철학하기 - 21세기를 위한 대안적 사상 모색』(솔출판사, 1999)를 출간하여, 우리철학 정립의 필요성을 역설했다.

134) 철학연구회 주관, 한국철학회·대한철학회·범한철학회·새한철학회·한국동서철학회 주최, 2000년 11월 24일~25일, 『'제13회 한국철학자연합대회 2000,

학술대회에서 발표한 주요 논문 제목은 다음과 같다. 이명현의 「이 격변의 시대에 철학적 항해는 어디로」, 신승환의 「생명과학 시대의 철학과 인간의 자기 정체성」, 이종관의 「사이버문명, 포스트휴먼, 인간의 운명」, 이상훈의 「사이버 공동체와 테크노 철학 : 사이보그를 통한 디지털사회 존재론」, 홍윤기의 「정보화 조건하에서 자유와 공동체 : 주체들의 자기분화, 다양화」, 박정순의 「세계시장과 인간 삶의 조건」, 이삼열의 「세계화 시대의 삶과 윤리적 과제」, 임화연의 「문화적 세계화와 정체성」, 한승완의 「통일 국가 형성을 위한 시론」, 선우현의 「주체철학과 인간 중심 철학 : 차이성과 대립성」, 이유선의 「자문화 중심주의와 문화적 정체성」, 김세정의 「생명위기하의 동·서양의 공조 모색 : 생태철학과 한몸철학을 중심으로」, 강신익의 「앎과 삶으로서의 몸 - 동양과 서양의 의학에서 바라본 몸」, 구인회의 「유전자 조작의 윤리적 문제점과 과학자의 책임」, 유호종의 「죽음의 의미와 죽임의 기준 : 뇌사론 논박」, 황종환의 「생태적 위기와 현대윤리학의 시도」, 유권종의 「퇴계학, 구성주의, 인공지능 : 도덕 심성모델의 새로운 시도」 등이다. 이상의 논의들은 21세기의 한국 사회는 물론 지구상에서 전개될 수 있는 여러 상황에 대한 철학적 문제의식의 반영이라고 할 수 있다.

또한 한국철학회는 2005년에 '철학의 눈으로 한국의 오늘을 본다' 라는 주제의 학술대회를 개최하여 한국의 현실을 철학적으로 분석하였다. 철학자들의 이러한 작업은 우리철학을 정립하는 면에 크게 기여할 수 있다. 성진기는 이 학술대회의 대회사에서 "철학의 눈은 당면

21세기를 향한 철학적 화두 - 인간·사회·자연에 관한 새로운 성찰 -」 자료집

한 문제적 현실을 회피하거나 타협을 배격하고 시비를 가리는 눈입니다. 철학자들의 시비가 겨우 호루라기를 불어대는 정도를 넘어 환부를 터뜨려 치유하는 수준으로 이어져야 할 것입니다. 한국철학계는 2008년 서울에서 열리는 제22차 세계철학자대회를 앞두고 있습니다. 오늘의 철학을 다시 생각해보자는 주제 하에 열리는 철학올림픽과 같은 국제학술대회입니다. 이 자리에서 한국의 철학자들은 한국의 철학을 말해야 합니다. 반세기 동안 쌓아 온 우리들의 내공을 과시할 수 있어야 할 것입니다. 그러기 위해서 우리들이 다듬어 온 구슬들을 꿰매는 훈련이 필요하며, 오늘의 이 학술대회가 좋은 계기가 되겠습니다."[135]라고 하여, 한국인으로서 한국철학을 해야 할 당위성을 강조하고 있다.

이 학술대회에서 발표된 주요 논문의 발표자와 제목은 다음과 같다. 홍윤기의 「정치적 미성숙을 가로지르는 시민적 역동성의 방향 - 한국 국가 정치의 사회적 위상과 지구적 전망 - 」, 김상봉의 「윤리적 인간의 탄생 도덕교육의 교과과정에 대한 철학적 성찰」, 홍원식의 「한국인의 관계 맺기 - 우리 속의 나 - 」, 양명수의 「한국 기독교의 특징에 관한 신학적, 철학적 고찰」, 최봉영의 「한국인의 윤리적 심성」, 민주식의 「한국예술의 고유성」, 최영진의 「한국사회의 유교적 전통과 가족주의 - 담론 분석을 중심으로 - 」, 박성수의 「한국문화와 영화 - 프랙탈 이론을 통해 본 한국문화의 해석과 영화분석」 등이다.

이때 발표된 논문은 대부분 한국의 현실에 나타난 다양한 문제를

---

135) 한국철학회, 2005년 5월 28일, 『철학의 눈으로 한국의 오늘을 본다』 「대회사」, '2005년 한국철학회 춘계학술회의' 자료집

여러 관점에서 철학적으로 분석한 것으로, 우리철학의 정립에 의미 있는 자료가 될 수 있다.

한편 조선대학교 우리철학연구소는 21세기형 우리철학의 정립을 기치로 내걸고, 2014년에 설립되었다. 이 연구소는 그해 5월 24일에 조선대학교에서 대동철학회와 공동으로 '우리철학 어떻게 할 것인가? - 수입철학과 훈고학을 넘어서 - '라는 주제의 창립 기념 학술대회를 개최하면서 "근대전환기 '철학' 개념이 소개된 이래 100여 년 동안 한국의 철학계는 외적으로 많은 발전을 하였습니다. 초기에 비해 다양한 사조가 수용되었을 뿐만 아니라, 연구자의 증가와 함께 연구의 폭이 확장되었습니다. 그러나 반성할 부분도 있습니다. 오랫동안 이른바 '동양철학'과 '서양철학'이란 영역으로 구분되어 상호 유기적인 교류가 적었을 뿐만 아니라, 연구자들 역시 각자의 영역에 안주하여 이론 창출을 등한시하였습니다. 특히 '서양철학' 전공자 가운데 일부는 서양의 이론을 무비판적으로 수입하고 소개하는데 치중하였고, '동양철학' 전공자 가운데 일부는 원전을 맹목적으로 숭상하였습니다. 이러한 비주체적인 철학 활동은 대부분 건조한 수입철학으로 전락하거나, 복고적인 훈고학의 울타리를 벗어나지 못했습니다. 이러한 철학 활동은 시대 문제를 해결하기 위해 창의적인 사유를 통한 생명력 있는 이론을 생산하고 발전시키는 면에 제한적입니다. 이것은 시대정신에 대한 통찰력이 약할 때 나타나는 현상입니다. 이러한 현상은 '철학의 실제화'와 '현실의 철학화'에 제약이 됩니다. 이 때문에 대동철학회와 조선대학교 인문학연구원 우리철학연구소는 공동으로 이번 학술대회를 통해 이러한 비주체적인 철학풍토를 비판적으로 분석함과 아울러, 통일 시대를 대비하여 보편성을 담보한 우리철학의 정립과 방향을 진지하게 모색하고자 합니다."[136]라는 취지의 뜻을 밝혔다.

이 학술대회는 권인호의 「한국철학의 현황과 반성 및 향후 과제」, 홍윤기의 「서양철학 수입 후 철학수요의 폭증과 철학교육의 폭락」, 홍원식의 「동양철학 연구방법론의 궁핍과 문제점, 그리고 모색」, 이병수의 「북한철학의 패러다임 변화와 사상적 특징」, 김상봉의 「20세기 한국철학의 좌표계-'우리철학 어떻게 할 것인가'라는 물음에 대한 답변」 등 5편의 논문이 발표되었다. 그리고 이들 논문에 대해 각각 최영진, 설헌영, 이승환, 김재현, 김교빈 등이 논평하였다.[137] 이 학술대회는 한국 철학계의 현주소를 확인하는 자리임과 동시에 앞으로의 방향 등을 심도 있게 토론하는 자리였다. 이 때문에 발표자와 논평자뿐만 아니라, 학술대회에 참여한 많은 학자들의 열띤 토론이 진행되었다. 이 학술대회의 주제에 대해서는 철학계뿐만 아니라, 언론에서도 관심을 많이 가졌다.[138] 이는 한국의 철학계에 우리철학 정립의 공감대가 광범위하게 형성되었음을 의미한다.

이 연구소는 2015년 한국학중앙연구원의 '2015년도 한국학총서' 사업에 '우리철학, 어떻게 할 것인가? - 근대전환기 한국철학의 도전과 응전 - '라는 주제가 선정되어, 우리철학의 정립에 관해 집중적인 연

---

136) 조선대학교 인문학연구원 우리철학연구소 창립 기념 대동철학회와 공동학술대회, 2014년 5월 24일, 〈모시는 말씀〉.

137) 조선대학교 인문학연구원 우리철학연구소 창립 기념 대동철학회와 공동학술대회 자료집, 2014년 5월 24일, 『우리철학 어떻게 할 것인가? - 수입철학과 훈고학을 넘어서 - 』.

138) 〈한겨레신문(2014년 5월 22일)〉, 〈교수신문(2014년 6월 17일)〉 등 참조.

구를 진행하였다.[139] 조선대학교 우리철학연구소의 이 사업 연구팀은 2016년 7월에 연구의 중간성과를 반영한 학술대회를 개최하였다. 이 학술대회는 '우리철학 어떻게 할 것인가? – 근대 전환기 전통철학의 계승과 변용 – '라는 대주제 아래, 이철승의 「우리철학의 현황과 과제 (1) – 근대전환기 '철학' 용어의 탄생과 외래철학의 수용 문제를 중심으로 – 」, 김윤경의 「정인보와 장병린의 주체론 비교」, 김현우의 「황성신문의 실학인식」, 김형석의 「근대전환기 도교 전통의 모색 – 전병훈의 『정신철학통편』에 보이는 근대적 문제의식을 중심으로 – 」, 이종란의 「기독교철학에 대한 최한기의 비판적 수용」, 홍정근의 「인물성동이론의 계승과 변용 – 이간, 한원진, 홍대용, 정약용의 학설을 중심으로 – 」 등의 논문이 발표되었다.[140] 이 학술대회에서 발표한 논문은 근대전환기에 서구 문명을 수용하는 과정에 우리의 전통철학이 어떻게 계승되고 변용되는지를 분석한 것으로, 우리철학의 정립 근거를 밝히는 면에 유효하다.[141]

또한 이 연구팀은 2017년 5월에 '근대 전환기 한국종교철학의 현황과 실제 – 불교·동학·대종교·증산교·원불교를 중심으로 – '라는 대주제의 학술대회를 개최하였다. 이때 발표된 소주제로는 최성렬의

---

139) 이 사업에 대해 〈국제뉴스〉(2016년 1월 4일), 〈한국일보(2016년 1월 4일)〉, 〈대학저널(2016년 1월 4일)〉 등의 언론이 관심을 기울였다.
140) 2016년도 조선대학교 우리철학연구소 학술대회 자료집, 2016년 7월 1일, 〈우리철학 어떻게 할 것인가? – 근대 전환기 전통철학의 계승과 변용 – 〉.
141) 〈교수신문〉은 이 학술대회의 내용을 비중 있게 보도하고, 기조발제문인 이철승의 「우리철학의 현황과 과제(1) – 근대전환기 '철학' 용어의 탄생과 외래철학의 수용 문제를 중심으로 – 」의 내용을 2회(2016년 7월 6일, 2016년 7월 14일)에 걸쳐 상세하게 보도하였다.

「근대 한국불교의 100년, 회고와 바람」, 김형석의 「근대전환기 한국불교의 모순과 반응」, 김윤경의 「일제강점기 불교와 양명학의 교섭」, 이철승의 「동학사상에 나타난 도덕의식」, 김현우의 「대종교의 민족정체성 인식」, 이종란의 「강증산 사상의 철학적 특징」, 이난수의 「원불교 은恩사상에 나타난 근대적 효孝개념」 등이다.

조선대학교 우리철학연구소는 이 외에도 해마다 우리철학의 정립과 관련되는 주제의 학술대회를 정기적으로 진행하고 있다.[142] 특히

---

142) 예컨대 2015년 6월 26일에 '선비정신과 풍류사상'이라는 대주제 아래, 김성기의 「선비정신의 연원과 한국선비정신」, 권윤희의 「풍류가 빚어낸 이상향 – 강암의 풍죽을 중심으로 – 」, 신정근의 「한국 풍류와 미학의 연관성」, 김재경의 「선비의 리더십」 등의 논문이 발표되었다. 이 학술대회에서 취급한 선비정신과 풍류사상은 전통 시대에 외국에서 전래되어온 철학을 한국화한 우리철학의 주요 내용에 해당한다. 2015년 11월 6일에는 중국 호남성 선산학연구기지와 공동으로 '한국사상과 선산철학'이라는 국제학술대회를 개최하였다. 이 학술대회에 취급한 논문은 이영란의 「조선시대 여성상의 재해석 – 『소학』을 중심으로」, 彭巧燕의 「从《诗广传》看王夫之的士人精神」, 이용윤의 「정약용의 이기론적 패러다임의 대안 모색」, 陳楊의 「論王夫之的處世哲學與風流思想」, 朱迪光의 「王船山春秋大义价值观与社会评判」, 이선경의 「이원구 '산업'론의 역학적 체계」 등이다. 특히 한국학자들은 한국철학의 주요 내용을 발표하였다. 또한 이 연구소는 2016년 11월 11일에 (사)주자문화보존회와 '주자사상의 현실적 의의'라는 대주제의 공동 학술회의를 개최하였다. 한국의 전통철학에 지대한 영향을 끼친 주자철학의 현실적 의의를 분석하는 이 학술대회에서 발표된 논문은 소현성의 「주자 세계관의 현실적 의의」, 정상봉의 「주자 욕망관의 현대적 의의」, 강진석의 「주자 윤리관의 현대적 의의」, 김재경의 「주자 예술론의 현대적 의의」, 홍원식의 「주자학과 현대의 가족」, 안재호의 「주자학과 마음치유」 등이다. 또한 2017년 11월 10일에 한국유교학회 및 전남대학교 철학연구교육센터와 공동으로 주최한 학술대회의 대주제는 '4차 산업혁명과 유학프로그램'이고 소주제로는 원용준·길훈섭의 「성(性): 두뇌 시스템의 윤리 모듈–성리학의 도덕 본성에 대한 새로운 접

2018년 5월과 2019년 5월에 각각 '서양철학의 한국화 및 우리철학의 성찰과 전망' 및 '우리철학 100년의 현황과 과제 - 20세기 한국 사상계의 고민과 도전 - ' 등의 학술대회는 이 분야의 관계자들에게 관심을 집중시켰다.[143] 이들 학술대회에서는 한국에 수용된 서양철학의 다양한 분야가 우리철학과 어떻게 관련이 되고 있는지, 그리고 근대전환기 한국사회에서 유통된 여러 전통철학에 배태된 우리철학의 특징 등을 분석하였다.

조선대학교 우리철학연구소는 그동안 학술대회에서 발표한 일부의 내용을 재구성하여 2019년에 『오늘의 한국철학, 그리고 우리철학』을 출간하였다. 이 책은 이철승의 「머리말 - 한국에서 철학하기」, 최영성의 「동양철학 연구현황과 과제 - 동양철학연구 50년사(1945 - 2000)」, 홍원식의 「동양철학 연구방법론의 궁핍과 문제점, 그리고 모색」, 이철승의 「중국 전통철학의 연구 의미」, 이병수의 「북한철학의 패러다임 변화와 사상적 특징」, 장영란의 「서양고대철학의 수용과 한국화의 전망」, 나종석의 「독일철학의 한국적 수용을 위한 시도 - 헤겔과 함께 헤겔을 넘어서」, 류종렬의 「서양철학의 수용과 프랑스 철학의 위상」, 이유선의 「영미철학의 수용방식과 우리철학의 가능성」, 송

근 - 」, 김재경의 「공자의 사유방식과 창의성의 관계」, 유권종의 「초연결사회와 유교적 진실의 재구성」, 진성수의 「대학 교양교육으로 본 유학 교육 - 교과 · 비교과 프로그램을 중심으로 - 」 등이다.

143) 특히 2018년의 학술대회에 대해 〈교수신문〉은 "양분된 전통철학과 서양철학 넘어 합리적인 '우리철학' 재정립 시급"이라는 제목으로 장문의 참관기를 게재했다. 김현우, 〈조선대 우리철학연구소 「우리철학 어떻게 할 것인가?」 학술대회 참관기〉, 2018년 5월 28일, 교수신문 http://www.kyosu.net/news, 20190111 검색.

명철의 「기독교 토착화의 필요조건과 충분조건」, 김재현의 「마르크스주의철학과 나」, 김교빈의 「우리 철학의 길」 등으로 구성되어 있다.[144]

이상에서 살펴본 바와 같이 한국인의 정서와 의식 및 한국의 역사와 현실을 반영하고, 특수와 보편의 유기적인 통일을 지향하는 우리 철학의 정립은 일제강점기인 1930년대부터 산업사회의 시기인 20세기 후반을 거쳐 지식정보사회인 21세기가 진행되고 있는 현재까지 의식 있는 많은 철학자들에 의해 추구되어왔다. 그리고 그 주제는 현재 한국의 철학계에서 많은 학자들에 의해 심층적으로 연구되고 있다. 이러한 현대 한국 철학계의 연구 풍토는 근대전환기와 근대화가 진행되던 지난 100여 년 동안 굴절되고 왜곡되었던 철학 풍토에 대한 깊은 반성에서 비롯되었다.

따라서 이러한 성찰은 근대전환기에 굴절된 철학 개념의 출현과 일제강점기와 산업화시기의 특수한 시대적 배경에서 형성된 서양철학 중심의 편향된 연구 풍토를 개선하고, 동·서양철학의 균형적인 발전과 우리의 구체적인 현실을 바탕으로 한 우리철학의 정립에 대한 강한 열망이 반영된 상황이라고 할 수 있다.

한국의 철학계는 앞으로 이러한 문제의식을 심화·확산시켜 진정한 우리철학의 정립에 박차를 가할 필요가 있다.[145]

---

144) 조선대 우리철학연구소, 2019, 『오늘의 한국철학, 그리고 우리철학』, 학고방, 참조.
145) 한국철학사상연구회의 『길 위의 우리철학』(메멘토, 2018)은 이러한 연구 동향을 반영하는 연구 가운데 일부이다.

제3장
우리철학 정립의 이론적 토대

　철학은 시대문제를 해결하기 위한 사유체계이며 실천 활동이라고
할 수 있다. 이는 철학의 성립이 시대정신과 괴리될 수 없음을 의미한
다. 인간은 역사가 진행되는 동안에 그 시대를 사는 사람들에 의해
그 시대에 부합하는 보편적인 의식을 공유해왔다. 한국인들 역시 역
사의 진행 과정에서 각 시대에 부합하는 사회적 환경을 조성하였을
뿐만 아니라, 많은 사람들이 공유할 수 있는 이론적 토대를 구축해왔
다. 우리철학은 이러한 이론적 토대에 대한 성찰을 통해 정립될 수
있다.[1]

　특히 오랜 역사 과정에서 형성된 한국인들의 고유의식, 다양한 외
래철학의 한국화, 전통철학에 대한 비판과 계승과 변용과 발전, 창의
적 문제의식을 통해 형성된 자생철학 등은 21세기형 우리철학을 정립
하는 이론적 토대가 될 수 있다.

---

1) 이철승, 2019, 「21세기 우리철학의 현황과 과제 – 제도권의 철학 풍토와 우리철
학의 연구 동향을 중심으로 – 」, 『유학연구』제49집, 충남대, 149쪽 참조.

1 고유의식[2)]

한국인들은 한국의 역사가 진행되는 동안에 각 시대마다 그 시대에 보편적으로 정립된 고유한 정신을 공유해 왔다. 한국의 고유한 철학은 이러한 역사 과정에서 형성된 시대적인 산물이다.

한국의 고유한 시대정신은 시대에 따라 공통점과 차이점이 공존해 왔다. 어느 경우에는 시대와 시대 사이에 공통점이 있고, 어느 경우에는 시대와 시대 사이에 차이점이 있다. 그리고 내용에 따라 어느 경우에는 수명이 오래가는 것도 있고, 어느 경우에는 수명이 짧은 것도 있다.

그런데 고대로 거슬러 갈수록 이러한 보편의식은 종교적인 신앙에 의지하는 경우가 많다. 이러한 종교적인 신앙은 비판적인 사유에 의해 합리적으로 정립된 이성의 산물이 아니라, 무비판적으로 감성에 호소하는 신념인 경우가 많다.

고조선 시대에는 농경사회를 배경으로 하여 형성된 하늘에 대한 경외심, 자연과 함께 하는 물활론적인 토템의식이나 정령 신앙, 범신론적인 샤머니즘 등이 광범위하게 형성되었다. 이러한 종교적인 신앙은 신화, 제천의식, 무속 등을 통해 일반인들에게 전파되었고, 그 시대에서 생활하는 백성들의 삶과 밀접하게 관계했다. 특히 단군신화는 많은 사람들에 의해 우리민족 고유의 신화로 여겨져 왔다. 단군신화에 등장하는 널리 인간세상을 이롭게 하는 '홍익인간弘益人間'의 신념

---

2) 이 절은 이철승의 「21세기 우리철학의 현황과 과제 - 제도권의 철학 풍토와 우리철학의 연구 동향을 중심으로 - 」(『유학연구』제49집, 충남대, 2019)의 내용 가운데, 필요한 부분(150~152쪽)을 발췌하여 인용했음을 밝힌다.

은 많은 사람들에 의해 우리민족을 상징하는 고유한 사상으로 자리매김해왔다. 그런데 홍익인간관에 담긴 이러한 인본주의적인 관점은 인간을 도덕적 존재로 여기는 주나라의 가치관과 그 가치관을 적극적으로 계승하고자 하는 초기 유학의 내용과 유사하다.[3] 이는 홍익인간관이 외래사상의 영향을 전혀 받지 않고 우리의 토양에서 자생적으로 형성된 고유사상인지에 대해 엄밀한 분석을 요구한다.

　홍익인간관에 대한 이러한 논란에도 불구하고, 고조선 시대에 형성된 대부분의 신화와 제천의식과 무속 등의 종교적인 신념은 많은 백성들에게 영향을 크게 미치면서 백성들의 일상적인 삶의 방향을 설정하는 가치의 기준 역할을 했다. 당시의 백성들은 대부분 이러한 종교적인 신념을 대상화시키거나 주체적으로 성찰하지 않고, 맹목적으로 수용하였다. 그들에게 이러한 종교적 신념은 거부할 수 없는 이데올로기로 작용했다. 이 때문에 그 시대에는 주술을 담당하는 무속인의 위상이 높았다. 특히 제정일치의 사회에서 무속인은 통치자와 함께 막강한 권력을 행사했다.

　그런데 이러한 맹목적인 종교의식은 비록 당시의 사람들에게 보편적으로 공유되었을지라도, 철학에서 중시하는 합리적인 이성을 토대로 하여 형성된 시대정신과 차이가 있다. 합리적인 이성이 배제된 상태에서 형성된 감성적인 공유의식은 주관적이고 부분적이어서 본질적인 인식에 도달할 수 없을 뿐만 아니라, 구성원들의 다양한 사고를 체계적으로 종합할 수 없다.

---

3) 최영성, 2017, 「한국사상의 원형과 특질 - 풍류사상, 민족종교와 관련하여 - 」, 『한국철학·인문문화』, 성균관대학교 한국철학·인문문화연구소, 60쪽 참조.

따라서 무비판적으로 수용된 고조선 시대의 이러한 종교적 신앙은 철학적 사유를 구축하는 면에 기여할 수 있지만, 비판적 사유에 의해 합당하게 정립된 시대정신으로서의 철학적 내용과 차이가 있다.

곧 고조선 시대에 많은 사람들에게 보편적으로 수용된 종교적 신념은 그 신앙의 대상에 대한 반성을 통해 형성된 성찰적 인식에 의해 수용된 것이 아니고, 주어진 대상에 대한 감성적 의존의 결과물로서의 신념이다. 이는 인식 대상에 대해 비판적 성찰을 통한 감성적 인식과 이성적 인식의 통일 상태에서 정립된 신념 체계로서의 시대정신과 구별된다.

그러나 고조선 시대에 한국의 토양에서 자생적으로 성립된 이러한 종교적 신념으로서의 고유한 의식은 역사가 진행되면서 외래사상과의 조우를 통해 새로운 형태로 변화하였다. 이러한 신념은 다양한 외래사상과 교유하면서 적합한 사유의 틀을 형성하기 시작했다. 특히 이러한 신념은 삼국시대에 유학, 불교, 도교 사상 등 외래사상의 영향력이 확대되는 것과 비례해 그러한 외래사상과 유기적인 관계를 형성하면서 체계적이고 합리적인 이론 시스템을 구축하기 시작하였다.

2 외래철학의 한국화

인류는 오랜 역사 과정을 통해 문화를 형성해 왔다. 역사의 진행 과정에 각 민족과 국가는 자생적인 고유한 문화를 형성하기도 하고, 다른 민족이나 국가와의 왕성한 교류를 통해 융합의 문화를 형성하기도 했다.

철학 역시 어느 한 민족이나 국가의 이념에 묶여있지 않고, 다른 민족이나 국가와 교류하는 가운데 내용을 수정하고 보완하면서 이론의 완성도를 높여갔다. 이는 철학의 번성이란 반드시 철학의 발생지에서만 이루어지는 것이 아님을 말한다. 곧 어떤 철학의 내용이 어느 한 문화권에서 형성될지라도, 역사의 진행 과정에서 그 철학의 내용은 다른 문화권에서 확장될 뿐만 아니라 이론의 심층화도 이루어 질 수 있음을 의미한다.

예컨대 플라톤의 철학은 고대 아테네에서 시작했지만, 역사가 진행되면서 유럽의 전역에서 연구되고 발전되었으며, 20세기에는 아시아의 철학계에서 활발하게 연구되었다. 중세의 교부철학 역시 기독교의 전파가 확장되면서 유럽뿐만 아니라, 기독교를 신뢰하는 세계의 많은 사람들에 의해 연구가 진행되었다. 칸트철학과 헤겔철학 역시 독일에서 시작했지만, 현재 세계 곳곳의 철학계에서 연구되고 있다.

이는 철학이 시작할 때에 어느 한 민족이나 문화의 고유한 의식을 반영할지라도, 역사의 진행과정에서 상호 교류의 확산에 따라 연구의 폭이 확장되고, 그 내용 역시 보편성을 확보할 수 있음을 의미한다.

또한 철학은 외국으로부터 전해진 내용을 수용하는 사람이나 민족이 어떤 자세로 그 철학을 받아들이고 연구하는지에 따라 성격이 달라질 수 있다. 특히 외국철학을 주체적으로 수용하고 자기화한다면 그 철학은 더 이상 외래철학의 범주에 묶이지 않는다.

외래철학을 주체적으로 자기화하는 이러한 현상은 중국에서 발전하였다. 예컨대 불교는 인도에서 발생했지만, 중국은 인도 불교를 맹목적으로 전파하지 않고 그 내용을 중국의 실정에 맞게 변형하여 중국식 불교를 정립하였다. 또한 중국은 유럽으로부터 수용한 마르크스주의철학을 중국의 실정에 맞게 주체적으로 변형시켜 마르크스주의 철학의 중국화를 이루었다.

이처럼 외국으로부터 전해진 철학의 내용을 대상화시키지 않고 무비판적으로 수용하고 전파한다면 그것은 여전히 외래철학으로 남을 것이다. 그러나 철학이 비록 외국으로부터 전해질지라도, 각 민족이나 국가의 특수성을 반영하여 주체적으로 연구하고 이론을 재구성한다면 그 철학은 외래철학이 아니라, 그 민족이나 국가의 철학으로 여겨질 수 있다.

한국의 철학사를 살펴보면 외국으로부터 전해진 철학을 무비판적으로 수용하고 전파한 경우도 있고, 외래철학을 한국의 특성을 고려하여 주체적으로 변형시켜 한국화한 경우도 있다. 외래철학을 한국화한 경우는 우리철학의 범주에 해당한다.

외래철학의 한국화는 우리철학을 정립할 때에 중요하게 여겨지는 영역이다. 이것은 외래철학의 토착화가 우리철학의 토대를 구축하는 면에 중요함을 의미한다. 그렇다면 외래철학의 한국화를 실현하기 위한 방법은 무엇일까? 우선 외래철학에 대해 정확한 이해가 있어야 하고, 다음으로 외래철학을 수용해야 할 필요성을 제시해야 한다. 이러한 과정을 거쳐 외래철학을 수용하고 전파하는 가운데 그것을 한국의 실정에 부합하도록 연구해야 한다.4)

---

4) 이 절의 시작부터 여기까지는 이철승의 「21세기 우리철학의 현황과 과제 - 제도권의 철학 풍토와 우리철학의 연구 동향을 중심으로 - 」(『유학연구』제49집, 충남대, 2019)의 내용 가운데, 필요한 부분(152~154쪽)을 발췌하여 인용했음을 밝힌다.

1) 외래철학의 정확한 이해

외래철학은 외국에서 발생하거나 유행한 철학이 한국으로 수용된 것을 의미한다. 한국의 철학사에서 외국으로부터 전해진 철학의 내용은 풍부하다. 고대에 중국으로부터 전해진 유학, 불교, 도교 등은 대표적인 외래철학이다. 이러한 철학 가운데 일부는 역사의 진행 과정에서 한국의 실정과 유기적으로 결합하여 한국화를 이루었다. 조선 시대에 서양으로부터 전해진 기독교 사상과 일부의 서양철학, 일제 강점기에 전해진 여러 서양 관념론과 마르크스주의철학 등도 외래철학에 해당한다.

그런데 외래철학을 수용하고자 하는 사람들은 먼저 그 철학의 원형을 바르게 이해해야 한다. 만일 그 철학의 내용을 바르게 이해하지 않고 오해하거나 왜곡된 상태에서 그 이론을 수용한다면 그 철학의 정체성을 유지하기가 어려울 수 있다.

외래철학의 원형을 바르게 이해하려면 우선 그 나라의 언어를 제대로 알아야 한다. 외국어로 기술된 원전을 독해할 수 있는 능력이 결여된 상태에서 그 철학의 원형을 바르게 이해하는 것은 불가능하다. 따라서 외국어 능력의 제고는 외래철학을 이해하기 위해 갖추어야 할 중요한 과정이다.

또한 외래철학의 성립 배경에 대한 이해 역시 외래철학의 원형을 바르게 파악하기 위해 필요한 과정이다. 어느 한 철학적 내용이 정립될 때에는 반드시 그 철학의 시대적 배경과 사상적 배경이 있기 마련이다. 그러한 시대적 배경과 사상적 배경에 대한 이해의 결여는 그 철학의 본질을 파악하는 면에 장애가 될 수 있다. 따라서 그 철학이

성립될 수밖에 없는 시대적 배경과 사상적 배경에 대한 연구를 소홀히 해서는 안 된다.

외래철학을 알기 위해 매우 중요한 것은 외래철학 그 자체의 내용이다. 원전 해독 능력과 철학의 성립 배경에 대한 이해가 풍부하더라도 그 철학의 본질을 제대로 파악하지 못한다면 그 철학을 바르게 이해할 수 없다. 따라서 그 철학의 허상과 실상을 정확하게 파악해야 한다.

2) 외래철학의 수용 배경과 필요성

외국의 철학을 한국에 소개할 때에는 반드시 그 철학을 수용해야 하는 배경과 필요성이 합당하게 설명되어야 한다. 만약 타당한 이유 없이 그 철학을 맹목적으로 소개하고 수용한다면 그것은 학문의 사대주의로 흐를 수 있다.

곧 소개하고자 하는 외국철학이 한국인들에게 어떤 면에서 의의가 있는지에 대한 냉철한 분석이 있어야 한다. 어떤 철학이 외국에서 많은 사람들에게 호응을 받으며 인기가 있을지라도, 그것이 한국인들에게도 동일한 정도의 인기가 있어야 할 타당한 이유가 되는 것은 아니다. 왜냐하면 외국의 상황과 한국의 상황은 공통점도 있을 수 있지만 차이점도 있을 수 있기 때문이다. 양국 사이에 충분한 교류가 이루어지면서 공통의 공감대를 형성할 수 있는 상황을 반영하지 않은 상태에서 일방적으로 수용된 이론은 적용의 측면에 문제가 발생할 수 있다. 비록 이러한 공감대가 형성되기 전에 그 이론을 통해 서로의 공감대를 견인할 수 있을 것으로 예측할지라도, 그 이론이 이러한 역할을 할 수 있는지의 여부에 대한 철저한 분석이 필요하다.

곧 외국에서 발생한 어떤 이론을 한국의 특수성을 배제한 채 무비판적으로 수용하여 한국 사회에 맹목적으로 적용시킨다면 문제가 될 수 있다. 한국인의 삶과 무관한 그 이론은 한국 사회에서 발생하는 구체적인 문제를 근원적으로 해결할 수 없을 뿐만 아니라, 한국인의 삶에 도움이 되지 않을 수 있기 때문이다.

특히 그 이론이 선험적인 관념을 절대화하면서 시간과 공간을 초월하는 불변의 보편성을 확보한 것이라고 주장한다면 그 이론에 대한 검증을 더욱 철저히 해야 한다. 이러한 이론을 검증 없이 타당한 것으로 여겨 무비판적으로 소개하고 수용한다면 우리는 그 이론에 종속되어 사상적인 식민 생활을 할 수 있기 때문이다.

또한 실천을 강조하며 외국의 특수한 사례를 일반화하면서 그 이론의 한국적 수용을 정당한 것으로 여긴다면 그 이론도 철저히 검증해야 한다. 정치한 논증이 결여된 상태에서 충동적인 실천만 강조한다면 그 실천은 오히려 역사의 방향을 왜곡시키는 역할을 할 수 있기 때문이다.

이처럼 실천이 배제된 이론의 허구성이 문제가 되는 것과 같이, 이론이 배제된 실천의 맹목성 역시 합당한 사회를 구축하여 건강한 삶을 추구하고자 하는 사람들에게 생산적인 도움이 되지 않는다.

따라서 외국철학을 수용할 때에는 수용해야 하는 목적이 분명하게 제시되어야 한다. 그런데 그 목적은 일부 사람들의 사적인 이익에만 부합하는 목적이 되어서는 안 된다. 그것은 한국인의 삶에 보편적으로 기여할 수 있을 뿐만 아니라, 한국 사회와 한국의 철학 발전에 생산적인 기여를 할 수 있어야 한다. 이러한 목적과 필요성이 공유된 상태에서 외국철학이 수용되고, 그것이 활발하게 전개되면서 수준 높은 발전이 이루어질 수 있다.

3) 외래철학의 수용과 전파

한국철학사에 등장하는 외래철학은 풍부하다. 이전 시대 한국의 학자들은 외국에서 발생한 철학을 적극적으로 수용하고 전파시켜 한국철학을 풍부하게 하였고, 일부의 외래철학은 우리철학의 범주에 속하였다.

삼국 시대에 수용된 불교철학은 고구려, 백제, 신라를 포함하여 고려시대에 풍부하게 발전하였다. 이 불교철학은 억불정책을 펼쳤던 조선시대에도 연구되었고, 일제 강점기를 거쳐 현대에까지 많은 사람들에게 영향을 미치고 있다. 원효, 의상, 의천, 지눌 등은 불교철학을 발전시킨 대표적인 스님이자 학자들이다.

특히 현재의 동국대학교는 불교 재단의 학교로서 불교 전파에 앞장서고 있고, 동국대학교 불교학과는 불교를 전문적으로 연구하는 학과로서 불교철학의 이론을 심층적으로 연구할 뿐만 아니라, 교육하는데 앞장서고 있다.

고대에 수용된 도가철학 역시 역사의 진행 과정에서 끊임없이 전개되고 발전되었다. 이 철학은 고려시대와 조선시대를 지나 현대에까지 연구되고 있다. 오늘날 한국의 철학계, 특히 동양철학계에서 도가철학이 차지하는 비중은 적지 않다. 도가철학을 전공하는 학자도 많을 뿐만 아니라, 이에 관한 연구도 풍부하게 진행되고 있다.

오래 전에 중국으로부터 전해진 유학은 한국철학사에서 중요한 역할을 해왔다. 유학은 조선시대에 국가의 핵심적인 이념의 역할을 했다. 유학 가운데 성리학은 고려말기에 수용된 이후 고려말기 사대부들의 정신적인 지주 역할을 했고, 조선시대에는 초기부터 말기까지 국가의 주요 이념 역할을 했다.

이황, 기대승, 이이, 성혼, 김장생, 송시열, 한원진, 이간, 김창협, 이진상, 기정진, 이항로, 박문호, 전우를 비롯한 수많은 학자들이 성리학을 발전시켰다.

중국 명나라 때 성립된 양명학도 조선에 수용된 이후 정제두, 박은식, 정인보 등에 의해 한국 사회에서 발전을 하였고, 현대에는 한국양명학회가 설립되어 활발한 연구 활동을 하고 있다.

중국으로부터 수용된 기철학 역시 조선시대 서경덕과 최한기 등에 의해 발전을 하였다. 현재 한국의 철학계에서 기철학을 연구하는 학자들이 적지 않고, 기철학을 종합한 것으로 평가받는 왕부지철학을 연구하는 왕부지사상연구회도 설립되어 이 분야에 대한 연구를 활발하게 진행하고 있다.

조선시대에 서양으로부터 수용된 기독교철학에 대한 연구도 왕성하게 전개되고 있다. 이 기독교는 조선시대 정부로부터 핍박을 받기도 했지만, 20세기 이후 한국에서 활발하게 연구되었고, 21세기인 현재 이 분야에 대한 연구가 광범위하게 진행되고 있다. 한국의 많은 신학대학교는 이 분야를 전문적으로 연구하고 보급하는 교육기관이다.

19세기 말부터 20세기에 대량으로 소개되고 수용된 서양의 각종 철학도 한국에서 활발하게 연구되고 있다. 예컨대 서양 고대의 자연철학, 소피스트철학, 소크라테스철학, 플라톤철학, 아리스토텔레스철학, 중세 교부철학, 영국경험론, 대륙합리론, 칸트철학과 헤겔철학 등 독일관념론, 니체철학, 생철학, 포스트모더니즘, 논리실증주의, 영미 분석철학, 실용주의, 실존주의, 심리철학, 프랑스철학, 마르크스주의 철학 등 서양으로부터 전해진 다양한 분야의 철학이 현재 한국에서 왕성하게 연구되고 있다.

실제로 현재 한국의 철학계에서 서양철학은 한국 철학계의 주류를 이루고 있을 뿐만 아니라, 서양철학을 연구하는 학자들의 수도 동양 철학을 연구하는 학자들보다 많다. 이는 근대 이후 서양의 문화가 광 범위하게 한국에 수용되고 전파되면서 형성된 상황이다. 특히 이러한 현상은 일제 강점기에 우리의 의지에 관계없이 일본의 식민 정책이 반영된 결과이다. 또한 해방 이후 미국의 영향력이 확대되면서 이러 한 서양문화 중심의 이데올로기는 더욱 강화되었다.

이는 한국에 수용된 서양철학 내용 가운데 상당 부분을 우리민족이 주체적인 성찰을 통해 합리적으로 수용한 것이 아니라, 당시의 시대 적인 상황에서 무비판적으로 받아들인 것도 있음을 의미한다.

이제 21세기가 진행되고 있는 오늘날 한국의 철학계는 이러한 무비 판적으로 수용된 외래철학의 실상과 허상을 냉철하게 분석하고, 알곡 과 찌꺼기를 분별해야 한다.

4) 외래철학의 토착화

외국으로부터 전래된 철학이 보편이란 이름으로 한국에서 한국인 의 삶과 무관하게 전파된다면 그 철학은 우리에게 큰 의미가 될 수 없다. 철학은 국적이 있는 것도 있고 국적이 없는 것도 있을 수 있지만, 철학자는 국적이 있고, 철학을 연구하는 사람들의 삶은 그가 속한 나라의 문화나 가치와 무관할 수 없다. 우리가 어떤 철학에 대해 어떤 나라의 이름을 부여하여 어떤 나라 철학이라고 하는 것은 이러한 상황을 반영하기 때문이다.

어떤 철학적 내용도 발생할 때에 그곳의 시대상황을 반영할 수밖에 없다. 시대상황을 초월하여 그 시대상황과 무관한 철학이 형성되기란 어렵다. 그렇게 형성된 철학이 어느 시기에 어느 지역에서 발전하고, 그 내용이 다른 시기에 다른 지역으로 확장되면서 그 철학은 보편성을 확보해간다. 그것이 많은 사람들에 의해 보편성이 있는 것으로 여겨질지라도, 모든 시대와 모든 지역을 초월하여 보편성을 확보했다는 증거가 되는 것은 아니다.

이는 보편성의 확보가 특수성을 초월하여 선험적으로 주어지기보다 특수성과 유기적으로 관계하면서 특수성과 특수성을 아우르면서 확보될 때, 그 의의가 더욱 클 수 있음을 말한다.

따라서 외래철학은 외래철학으로 머무르기보다 그 철학이 수용된 그 지역의 특수성과 유기적으로 결합하여 새로운 형태의 이론으로 구성될 때 그 철학이 더 발전할 수 있다. 칸트가 자신의 시대적인 문제의식을 반영하여 영국 경험론과 대륙합리론을 종합하여 새로운 이론 체계를 정립한 일, 주희가 당시의 시대적인 상황을 반영하여 불교철학과 도가철학의 형이상학적인 내용을 추출하여 유학의 새로운 이론 체계를 정립한 일, 왕부지가 당시의 시대 문제를 해결하기 위해 서양의 과학적 방법을 도입하여 성리학과 양명학의 문제를 극복하며 기철학의 체계를 새롭게 구축한 일, 모택동이 마르크스주의철학을 중국의 고유철학 및 현실의 문제와 결합하여 새롭게 구성한 사상체계

등은 자기화를 이룬 주요 철학 내용 가운데 일부이다.

이처럼 외래철학의 자기화는 철학의 발전에 기여하는 중요한 과정이다. 이것은 외국으로부터 무비판적으로 수입하여 사용하는 비주체적인 철학적 태도와 다르다. 이는 필요에 의해 외국의 선진적인 이론을 수용하는 과정에 주체적인 자세로 그 이론을 치밀하게 연구하여 자기화의 단계에 이르는 지난한 과정의 산물이다. 이러한 외래철학의 자기화는 그 이론을 연구하는 후진들에게 긍정적인 영향을 미친다.

한국의 철학사에서도 외래철학의 토착화를 이룬 학자는 적지 않다. 화쟁사상和諍思想의 논리 체계 위에서 불교를 새롭게 연구하여 대중 불교의 길을 개척한 원효, 교종과 선종의 갈등 문제를 정혜쌍수定慧雙修의 관점에서 새롭게 종합했던 지눌, 중국 성리학과 구별되는 사단칠정논쟁四端七情論爭을 통해 성리학의 새로운 지평을 열었던 이황과 기대승, 같음과 다름의 측면에서 인간과 사물의 본성 문제를 치밀하게 연구했던 인물성동이논쟁人物性同異論爭의 주역인 이간과 한원진, 성기호설性嗜好說을 통해 인간의 본성 문제에 대해 새로운 연구 지평을 개척한 정약용, 유학과 불교와 도가와 천주교 사상을 한국적 토양 위에서 새롭게 정립한 최제우와 최시형의 동학사상 등 많은 한국의 철학자들이 외래철학의 토착화를 이루었다.5)

오랜 한국의 철학사에서 이들 이외에도 외래철학의 한국화를 실현하기 위해 노력한 학자들은 적지 않다. 그들의 연구 성과는 한국의 철학을 발전시켰을 뿐만 아니라, 세계철학사의 발전에 적지 않은 기

---

5) 이철승, 2019, 「21세기 우리철학의 현황과 과제 - 제도권의 철학 풍토와 우리철학의 연구 동향을 중심으로 -」, 『유학연구』제49집, 충남대, 153쪽 참조.

여를 했다. 이 때문에 이들의 연구 태도와 성과는 후학들에게 중요한 이정표가 되고 있다.[6]

이처럼 외래철학의 한국화는 한국의 철학 수준을 향상시킬 뿐만 아니라, 인류의 많은 사람들에게 삶의 지혜 역할을 할 수 있다. 결국 외래철학의 한국화는 우리철학을 견고하게 할 뿐만 아니라, 우리철학과 외국철학의 유기적인 관계를 통해 새로운 세계철학의 발전에 기여할 수 있는 사상적 토대의 역할을 할 수 있다.

③ 전통철학의 비판·계승·변용[7]

전통철학은 우리의 토양 위에서 우리의 정서와 정신을 반영하여 형성된 철학이다. 전통철학에 영향을 준 것은 다양하다. 전통철학 가운데 우리의 고유한 의식을 반영한 것도 있고, 외래철학의 한국화를 통해 우리철학으로 자리매김한 것도 있으며, 특정한 시대의 독창적인 아이디어를 결집한 것도 있다. 이는 전통철학의 내용 역시 다양할 수 있음을 의미한다. 이 때문에 전통철학 가운데 일부는 일정한 시기 동안 당시의 사람들에게 많은 관심을 받으며 발전하였다. 또한 일부의 전통철학은 한 시대를 넘어 여러 시대에 걸쳐 많은 사람들의 사상적

---

6) 이철승, 2019, 「21세기 우리철학의 현황과 과제 - 제도권의 철학 풍토와 우리철학의 연구 동향을 중심으로 - 」, 『유학연구』 제49집, 충남대, 153쪽 참조.

7) 이 절은 이철승의 「유교, 비판과 계승과 변용의 삼중주 - 유교부흥의 문제를 중심으로」(『유교사상문화연구』 68집, 2017)의 내용을 발췌하여 인용했음을 밝힌다.

지주 역할을 하기도 했다. 이는 전통철학 가운데 수명이 짧은 것도 있고, 수명이 긴 것도 있음을 의미한다.

따라서 전통철학은 오늘날에도 여전히 많은 사람들에게 의미 있게 적용될 수 있는 내용도 있고, 오늘날의 시대정신에 부합하지 않는 것도 있으며, 오늘날의 시대정신에 부합하도록 내용을 수정하여 활용할 수 있는 것도 있다.

이처럼 한국의 전통철학 가운데 비판과 계승과 변용의 측면에 해당하는 내용이 적지 않다. 오늘날 우리는 전통철학을 엄밀하게 분석하여 비판할 것과 계승할 것과 변용시켜야 할 것을 분별해야 한다.

1) 비판과 지양

합리적인 물음을 동반한 비판적 사고는 철학에서 중요하다. 만약 어떤 철학자가 합리적인 물음과 비판적 사고를 동반하지 않은 상태에서 타인의 사상을 맹목적으로 수용하고 지지하며 전파한다면 그의 철학적 아이디어는 쉽게 고갈될 수 있다. 왜냐하면 철학은 능동적인 배움과 주체적인 사유와 깊은 성찰을 통해 문제점을 비판하고, 숙성된 삶이 반영된 타당한 이론을 생산할 때 활력이 넘칠 수 있기 때문이다.

일찍이 공자는 "배우고 생각하지 않으면 어둡고, 생각하고 배우지 않으면 위태롭다."[8]라고 지적하였다. 이는 공자가 공부할 때에 수동적으로 배우고 독선적으로 사유하는 태도의 문제점을 지적하는 내용이다. 곧 공자는 수동적으로 배우기만 하고 주체적으로 생각하지 않

---

8) 『論語』, 「爲政」: "學而不思則罔, 思而不學則殆."

는 태도와 독단적으로 생각하고 능동적으로 배우지 않는 태도를 좋지 않은 공부 방법으로 여겼다. 학문 탐구 자세에 대한 공자의 이러한 지적은 전통철학을 연구하는 오늘날의 학자들에게도 여전히 의의가 있다. 우리는 전통철학을 연구할 때에 맹목적인 옹호나 무조건적인 비난의 극단적인 태도를 지양하고, 비판적인 사유를 통해 그 속에 담긴 알곡과 찌꺼기를 분별해야 한다.

전통철학을 연구할 때에 비판하는 주체가 어떤 관점을 가지고 연구 대상을 비판하는지도 중요하다. 만약 비판하는 주체의 관점이 모호하다면 그가 비판하는 내용 역시 명료하지 않을 수 있다. 그리고 비판하는 주체의 관점에 따라 평가 대상에 대한 평가의 내용이 달라질 수 있다. 곧 평가자들마다 평가 기준에 차이가 있기 때문에 동일한 평가 대상에 대해, '갑'은 옹호하지만 '을'은 비판하고, '갑'은 비판하지만 '을'은 옹호할 수 있다.

특히 이전 시대 철학자의 철학 내용을 평가할 때에 평가자의 평가 기준은 매우 중요하다. 만일 평가자가 자신이 살고 있는 시대의 주요 정신인 시대의식을 방기하고, 평가 대상이 살았던 시대의식의 기준으로만 그 내용을 평가한다면 그 평가 내용은 역사적 자료의 가치를 밝히는 면에 도움이 될 수 있다. 그러나 그 평가 대상의 내용이 오늘날 어떤 의미가 있는지와 같은 현실적 의의를 밝히는 면에 문제가 발생할 수 있다. 또한 평가 대상의 시대의식을 방기한 채, 평가자의 시대의식만을 기준으로 하여 평가 대상을 평가한다면 평가 대상이 함축하고 있는 그 내용의 현실적 의의를 드러내는 면에 도움이 될 수 있다. 그러나 평가자가 평가 대상을 제대로 이해했는지의 문제가 발생할 수 있다.

이처럼 평가 대상과 평가자 사이에는 항상 긴장 관계가 존재한다. 평가 대상의 시대의식과 평가자의 시대의식 가운데 어느 하나를 소홀히 한 채 일방적으로 평가를 진행한다면 체계적이고 종합적인 평가 아니라, 산만한 상태의 부분적인 평가에 머무를 수 있다. 이는 평가자가 평가 대상을 제대로 평가하기 위해 반드시 평가 대상의 시대의식과 평가자의 시대의식을 유기적으로 결합시킬 필요가 있음을 의미한다.

그러나 오늘날 우리가 전통철학을 평가할 때에 평가 대상의 시대의식과 평가자의 시대의식을 결합하는 것이 중요할지라도, 평가 대상에 대한 평가자의 관점이 우선될 수밖에 없다. 왜냐하면 평가자의 관점이 배제된 상태에서 '평가'의 행위란 성립될 수 없기 때문이다. '평가'라는 개념 속에는 이미 평가자의 관점이 전제되어 있고, 평가자의 관점은 그가 살던 시대정신으로부터 영향을 받아 형성된다. 따라서 전통철학에 대한 평가를 바르게 하기 위해 평가자는 반드시 정확한 시대정신에 입각하여 자신의 고유한 관점을 정립해야 한다.

평가자의 관점과 관련되는 이러한 평가 기준은 한국의 전통철학을 평가하는 면에도 적용될 수 있다. 특히 우주론, 인식론, 가치론을 포함한 거의 모든 철학의 영역에서 이러한 면이 적용될 수 있다. 예컨대 우주론의 방면에서 세계의 기원을 정신으로 여기는 관점과 물질로 여기는 관점 사이에 차이가 있다. 인식론 방면에서도 앎의 궁극적 대상과 방법과 과정에 대해 관점 차이가 있을 수 있고, 앎과 행함의 관계에서도 선후先後와 경중輕重과 난이難易 등의 문제에 대한 관점 차이가 있을 수 있다. 가치론의 영역에서도 도덕의 기원에 대해 선험론과 경험론이 있을 수 있고, 삶의 목적에서도 차이가 있을 수 있다.

특히 사회적 불공정성과 불평등으로 인해 나타나는 온갖 소외 현상에 대한 철학적 대안 모색의 방면에 평가자들마다 관점 차이가 있을 수 있다. 이러한 문제에 대해 평가자가 어떤 관점을 가지고 있는지에 따라 평가대상에 대한 평가의 내용이 달라질 수 있다.

그러나 존재론의 측면에서 리理와 기氣의 선후 문제와 같은 주제의 관점 대립은 화해하기 어렵다. 왜냐하면 이것은 서로 양보할 수 없는 철학의 근본 문제이기 때문이다. 각자의 세계관을 토대로 하는 이러한 평가에 대한 문제는 어느 한쪽이 양보하지 않으면 타협점을 찾기 어렵다.

이 때문에 철학사에 등장하는 철학자들은 한편으로 각자의 주장을 정당화하기 위해 심층적인 연구를 통한 논리적인 정합성을 확보하고자 하였고, 다른 한편으로 상대 진영에 대해 날카롭게 비판하며 사상 투쟁을 전개하기도 했다. 그러나 이러한 철학의 근본 문제를 제외하고 관념론자들과 유물론자들이 항상 치열하게 논쟁만 하는 것은 아니다. 어느 경우에는 유물론 내부나 관념론 내부에서 각각 견해 차이가 나타나기도 한다. 우주의 운행이 진행되고, 인간의 삶이 진행된 이후에는 정신과 물질이 선후로 분리되기보다 공존하며, 서로를 견인하여 각자가 목표로 하는 삶의 가치를 추구하기 때문이다.

2) 계승과 지향

철학에서 계승은 후대의 사람들이 선대의 사상 가운데 간직하고 싶은 가치 있는 내용을 중단시키지 않고 이어가는 것을 의미한다. 그리고 지향은 현재에 가치 있는 것으로 여기거나 여기고 싶은 내용을 앞으로도 추구하고자 하는 심리 상태이다.

이는 계승과 지향의 대상이 모두 현재의 관점에서 판단한 결과물임을 의미한다. 곧 계승이란 현재의 관점에서 과거의 내용을 긍정적으로 평가한 결과이고, 지향이란 현재의 관점에서 미래의 내용을 긍정적으로 바라는 것이다.

이처럼 계승과 지향의 대상은 모두 현상적으로 과거나 미래에 해당하는 것처럼 여겨질 수 있지만, 실제로 현재의 판단을 기준으로 하여 설정한다. 이는 현재의 시점에서 판단한 사유작용의 결실이다. 따라서 현재에 대한 평가와 판단은 과거와 미래 못지않게 중요하다.

이는 오늘날의 시대적 특징을 무엇으로 여기느냐에 따라 계승과 지향의 대상에 차이가 있을 수 있음을 의미한다. 곧 오늘날의 시대적 흐름에 대한 평가는 계승할 것과 지향할 것의 내용과 무관하지 않다. 이는 우리가 계승해야 할 전통철학과 지향해야 할 철학 내용 역시 현대 한국 사회를 풍미하고 있는 주요 이념에 대한 규정과 평가의 내용과 무관할 수 없음을 의미한다.

오늘날 세계는 이기심을 적극적으로 권장하는 신자유주의 이념의 확산에 근거한 배타적 경쟁의 만연으로 인해 인간성 파괴 현상이 광범위하게 발생하고 있다. 이 신자유주의 이념은 도구적 이성에 기초한 도구적 인간관을 선호하기 때문에 인간을 목적이 아니라 수단으로 대하도록 유도한다. 이 때문에 이 이념이 확산되는 곳에는 경쟁력이 강한 소수와 경쟁력이 약한 다수 사이에 소외를 비롯한 사회적 갈등이 증폭되고 있다. 이러한 사회에서는 승자 중심의 문화가 형성되어 혜택을 많이 받은 특권층에 의해 보통 사람들의 인권이 침해되는 경우가 자주 발생한다.

이는 도구적 이성에 기초한 도구적 인간관에 의한 인간의 수단화 현상에 많은 문제가 있음을 드러내는 것이다. 이러한 인간의 수단화는 배타적 경쟁력이 강한 소수의 인간이 경쟁력이 약한 다수의 인간을 지배할 수 있는 구조를 형성하기 때문에 모든 인간이 추구할만한 보편적 가치로 인정받기 어렵다.

인간이 인간을 지배하는 권위주의적인 질서의식을 비판하고, 그 사회의 구성원들이 서로 평화롭게 어울리는 건강한 공동체 사회의 건설을 추구하는 사람들은 도구적 인간관을 지향의 대상이 아니라, 지양의 대상으로 여긴다. 그들에 의하면 인간은 수단이 아니라 목적이며, 그 자체로 존엄한 존재이다. 인간과 인간의 관계는 권위주의적인 위와 아래의 질서체계에 종속되지 않고, 서로 균등하게 소통하는 수평적인 관계이다. 이러한 인간관은 많은 사람들에 의해 21세기의 시대정신으로 여겨지고 있는 민주주의의 이념에 부합할 뿐만 아니라, 앞으로도 지속적으로 발굴하고 발전시켜야 할 인간관이다.

한국의 전통철학 가운데 불교와 유학은 이러한 도구적 인간관의 문제에 대한 대안의 역할을 할 수 있다. 특히 인간을 도덕적 존재로 여기는 유학은 이러한 도구적 인간관의 문제에 대해 근원적인 해결책을 제시할 수 있다.

유학은 인간과 짐승 사이를 구분하는 특징을 이성 및 도덕성의 유무에 있는 것으로 판단한다. 또한 인간과 기계 사이의 차이를 감성 및 도덕성의 유무에 있는 것으로 여긴다. 이처럼 도덕성은 유학에서 중시하는 인간의 정체성이다. 전통의 농경사회에서 형성된 유학은 봄·여름·가을·겨울 등 사계절의 변화와 그 변화의 일정한 흐름을 인간의 자율적인 의지와 결합하여 삶의 중요한 원리로 여긴다. 곧 유학은 자연의 본질을 생명의 흐름으로 여기고[9], 세계의 운행 질서인 천도天道(元亨利貞)를 본받는 삶[10]을 인간이 추구해야 할 궁극적인 이상이라고 생각한다.

그런데 유학은 의식주 생활을 통해 기본적인 삶을 유지해야 하는 인간이 삶의 터전인 자연의 성질과 특징을 이해하고, 자연의 운행에 적응하여 살아야 하는 생물학적인 존재라는 사실을 인정한다. 그리고 이러한 생물학적인 활동은 21세기가 진행되고 있는 오늘날에도 여전히 유효하다. 그러나 유학은 인간이 생물학적인 존재인 것은 맞지만, 인간의 특징을 생물학적인 존재에 국한시키지 않는다. 인간이 생물학적인 존재에 국한된다면 인간은 약육강식弱肉强食의 법칙에 의해 먹이사슬의 희생물이 될 수 있다. 유학은 인간이 비록 하늘로부터 나왔지만, 하늘과 구별되는 인간의 고유한 특징이 있음을 주장한다. 유학은 대부분 세계의 운행 원리인 원형이정의 법칙을 자각적으로 본받아 형성된 인의예지仁義禮智를 식물이나 짐승들에게 없는 인간의 고유한 정체성으로 여긴다. 유학은 이러한 인도人道를 외부로부터 주어지는

---

9) 『周易』, 「繫辭下」: "天地之大德曰生." 『周易』, 「繫辭上」: "生生之謂易."

10) 『周易』, 「乾卦」: "乾, 元·亨·利·貞." 『周易』, 「序卦」: "有天地然後有萬物, 有萬物然後有男女, 有男女然後有夫婦, 有夫婦然後有父子, 有父子然後有君臣, 有君臣然後有上下." 『周易』, 「說卦傳」: "是以立天之道曰陰與陽, 立地之道曰柔與剛, 立人之道曰仁與義." 『周易』, 「繫辭下」: "天地絪縕, 萬物化醇; 男女構精, 萬物化生." 『周易』, 「乾卦·象傳」: "乾道變化, 各正性命. 保合大和, 乃利貞. 首出庶物, 萬國咸寧." 『中庸』제22장: "唯天下至誠, 爲能盡其性; 能盡其性, 則能盡人之性; 能盡人之性, 則能盡物之性; 能盡物之性, 則可以贊天地之化育; 可以贊天地之化育, 則可以與天地參矣." 王夫之, 『周易外傳』卷二, 「无妄」: "是故聖人盡人道而合天德. 合天德者, 健以存生之理; 盡人道者, 動以順生之幾."

타율적인 대상이 아니라, 내부에서 형성되는 자율적인 도덕성11)의 핵심 내용으로 여긴다.

인간을 도구가 아니라 도덕적인 존재로 여기는 전통유학의 이러한 관점은 오늘날에도 유효하게 적용될 수 있다. 인仁으로 대표되는 유학의 도덕관은 많은 사상을 내부에 함유하며, 도덕적 인간관을 종합적으로 정리하고 있다.

오직 자기만 이로움을 추구하는 이기주의의 편협함을 극복하여 사회 구성원들의 보편적 질서의식을 회복하는 일, 충실함과 신의를 바탕으로 한 효도와 공손함을 통해 가족의 화목을 유지하는 일, 개인과 사회의 유기적인 관계 윤리를 통한 옳은 사회 구현, 명분을 바르게 하여 옳은 가치관을 확립하는 일, 사회적 약자들에게 조건 없이 베푸는 따뜻한 온정 등은 인간의 수단화 현상으로 인해 비일비재하게 발생하는 현대 사회의 불평등하고 불합리한 구조를 해결하는 면에 사상적으로 기여할 수 있다. 따라서 유학의 이러한 관점은 오늘날에도 여전히 의의가 큰 우리가 계승하고 지향해야 할 내용이다.

3) 변용과 발전

변용과 발전은 원형에 대한 수정을 의미한다. 모델이 될 만한 철학

---

11) 『論語』,「衛靈公」: "人能弘道, 非道弘人." 『孟子』,「離婁下」: "人之所以異於禽於獸者幾希, 庶民去之, 君子存之." 王夫之, 『四書訓義(上)』卷二,「中庸一」: "陰陽五行之氣化生萬物, 其秀而最靈者爲人, 形旣成而理固在其中. 於是有其耳目, 則有其聰明; 有其心思, 則有其智睿; 智足以知此理·力足以行此理者曰'人道.'" 『孟子』,「離婁上」: "誠者, 天之道也; 思誠者, 人之道也." 『中庸』20章: "誠者, 天之道也; 誠之者, 人之道也."

에 대해 수정할 필요가 없다면 그 이론의 생명력은 지속될 수 있다. 그러나 원형 그대로 유지할 수 없다면 그 이론에 대해 변화를 주어야 한다. 철학사에서는 원형의 이론에 대해 변용을 가한 경우도 있고, 원형의 이론을 왜곡시킨 경우도 있으며, 변용을 통해 발전한 경우도 있다.

그런데 이러한 행위는 대부분 역사의 진행 과정에서 형성되었다. 철학에서 역사를 바라보는 시각은 다양하다. 복고사관, 순환사관, 발전사관 등은 오늘날 많은 사람들이 선호하는 대표적인 역사관이다. 복고사관은 역사가 진행될수록 문제가 많이 발생하기 때문에 새로운 내용을 창출하기보다 과거의 가치관으로 회귀하기를 주장한다. 순환사관은 역사란 돌고 도는 것이기 때문에 좋은 사회라고 해서 지나치게 기뻐할 필요도 없고, 어지러운 사회라고 해서 너무 실망할 필요도 없다고 주장한다. 발전사관은 일직선의 발전사관과 나선형의 발전사관으로 나뉜다. 일직선의 발전사관은 쉼이 없이 지속적으로 발전한다는 사관이고, 나선형의 발전사관은 일부의 시기에 퇴보가 있을지라도 전체적으로 꾸준히 발전한다는 사관이다. 발전사관을 지지하는 사람들 가운데 상당수는 나선형의 발전사관을 옹호한다.

현대사회에서 많은 문제가 발생하고 있기 때문에 그것을 해결하기 위해 이전 시대로 돌아가야 한다고 주장하는 사람들은 대부분 복고사관의 관점이 강하다. 그리고 어느 한 철학의 내용이 역사의 진행 과정에서 번성할 때도 있었고 쇠퇴할 때도 있었기 때문에 오늘날 그 철학의 발전을 위해 굳이 노력할 필요가 없다고 생각하는 사람들은 순환사관의 관점이 강하다.

또한 어느 한 전통철학에 대해 각각 장점과 단점이 있음을 인정하고, 오늘날 많은 사람들이 중요하게 생각하는 보편적 가치에 부응할 수 있는 전통철학의 이론을 발굴하여, 현대의 시대정신에 기여할 수 있도록 이론 체계를 새롭게 구성하고자 하는 관점은 나선형의 발전사관에 해당한다.

　나선형의 발전사관에 의하면 인간은 역사적인 존재이다. 인간은 역사적인 존재이기 때문에 누구나 시간과 공간의 제약에서 벗어날 수 없는 시대적 한계를 안고 산다. 따라서 역사를 초월하는 변하지 않는 절대보편의 이론이란 성립하기 어렵다. 이 관점에 의하면 비록 어떤 이론이 일정한 시간과 공간 속에서 보편성을 획득했을지라도, 그 이론이 모든 역사를 초월하여 절대보편의 이론으로 정립되기는 어렵다. 만약 그 부분에 대한 종교적인 신념이 개입된다면 초시공의 절대보편을 인정할 수 있겠지만, 발전사관에 입각하여 철학을 하는 사람들은 이러한 절대주의적 신념에 동의하기 어렵다.

　이러한 관점에 의하면 전통철학 가운데 현대사회의 시대정신에 부응하도록 새롭게 변용하여 발전시켜야 할 부분이 있다. 이러한 관점은 보편으로부터 특수로의 논리 전개가 아니라, 특수를 통한 보편성의 논리 정립을 필요로 한다. 곧 선험적인 도덕성을 중시하는 이론은 시공을 초월하는 보편을 상정한다. 그런데 이러한 보편은 인간이 시간과 공간의 흐름 속에서 만들어가는 보편이 아니라 외부로부터 주어진 무결점의 절대보편이다. 이러한 보편은 당위적인 성격이 강하기 때문에 인간에게 이러한 보편의 명령을 따를 것을 요구한다.

　그러나 이러한 고정된 이치로서의 보편은 당위적인 측면에서 신념으로 작용할 수 있지만, 변화하는 구체적인 현실에서 생활하는 모든 사람들에게 적용시키는 면에 한계를 드러낼 수 있다. 시간과 공간의 제약 속에서 운동과 변화에 익숙한 사람들은 이치 역시 시간과 공간을 초월하는 절대적인 것이 아니라, 시공의 제약을 받는 조리로 생각할 수 있기 때문이다.

다원성이 중시되고 있는 현대 사회에서 시공을 초월하는 고정된 보편의 원리가 변화하는 현실의 특수한 모든 상황을 규정할 수 있다는 논리는 실제에 부합하기 어렵다. 오히려 특수와 특수의 유기적인 관계를 통해 형성되는 공속의식으로서의 작은 보편과 이러한 작은 보편들끼리 상호 결합하여 더 큰 보편을 형성할 때에야 비로소 그 사회의 구성원들이 그 보편을 적극적으로 수용할 수 있다. 이는 외부로부터 주어진 수동적인 보편이 아니라, 주체성이 강한 역사의 주역들이 능동적으로 만들어가는 보편이다. 이러한 보편은 역사의 진행 과정에서 수명이 짧기도 하고, 수명이 길기도 하다. 인간은 끊임없이 각자의 자율적인 의지를 발현하여 일정기간 유지될 수 있는 보편을 만들 수 있다. 만일 최소한의 보편조차 만들지 않고 각자의 특수만 고집한다면 원만한 관계의 상호 교류가 어려울 수 있다. 이러한 사회는 배타적 경쟁의식에 의한 배제의 원리나 상대를 일방적으로 귀속시키는 획일적인 전체주의 원리가 작동되어 건강한 공동체 사회의 구축이 어렵게 된다. 따라서 이러한 사회는 상대주의나 회의주의가 만연할 수 있다.

이처럼 사회적 존재인 인간에게는 평화로운 어울림의 건강한 공동체 생활을 위해 구성원들이 동의하는 보편이 필요하다. 그러나 그 보편은 선험적인 초시공의 절대보편이 아니라, 시간과 공간의 제약을 받는 시한부 보편 혹은 제한된 보편이다. 이러한 시한부 보편의 논리는 인간이 스스로 한계가 있음을 인정함과 아울러, 그 한계를 극복할 수 있는 존재임을 인정한다. 따라서 이러한 논리를 수용한다면 인간의 한계에 대한 인식과 더불어 그 한계를 극복하기 위해 끊임없이 노력하는 능동성이 지속적으로 발현될 수 있다. 이러한 특수와 보편의 변증법적 관계는 삶의 내용을 활력 있게 구성하므로 이전과 구별되는 변화와 발전의 방향으로 유도할 수 있다.

이러한 관점은 전통철학의 현대화에 기여할 수 있다. 예를 들면 전통의 유학에서 중시하는 민본사상에 대해, 이론적 보완을 통해 민주주의정신을 함양하는 면으로 안내할 수 있다. 곧 민본사상의 보완을 통해 민주적인 시민의식을 확보할 수 있다.

오늘날 많은 사람들에 의해 시대정신으로 여겨지고 있는 민주주의는 고대 아테네의 데모크라티아demokratia에서 유래한 것으로 백성demos의 지배kratia를 뜻한다. 그러나 이 민주주의는 고대 아테네에서 소수의 자유민 중심으로 실현되었고, 중세에는 실현되지 못하다가 근대 시민혁명을 계기로 소수의 부르주아 중심으로 구현되었다. 그리고 마르크스주의를 채택한 사회주의 국가에서는 프롤레타리아 중심의 민주주의를 추구하였다. 현대사회에서 이 민주주의는 '주권재민主權在民'의 관점에 입각하여 자유주의의 이념을 반영하는 자유민주주의, 마르크스주의의 이념을 반영하는 인민민주주의, 수정자유주의의 이념을 반영하는 사회민주주의 등으로 구분되고 있다.

오늘날 민주주의의 정신이 비록 다양한 정치제도를 통해 여러 나라에서 서로 다른 방식으로 실현될지라도, 민주주의는 '백성의 백성에 의한 백성을 위한' 이념으로서 집단으로부터 독립된 개인의 주체적인 판단과 결정을 우선적으로 존중한다.

전통의 유학은 왕도정치王道政治관에 입각하여 군주가 백성을 위하는 이른바 '위민爲民' 사상을 중시한다. 비록 군주가 크게 잘못을 저지를 경우에 '역성혁명易姓革命'을 통해 군주를 교체할 수 있는 명분을 제공할지라도, 집단으로부터 독립된 개인의 주권을 완벽하게 인정하여 그들로 하여금 정치에 직접 참여하는 것을 용인한 것은 아니다. 곧 전통의 유학은 역성혁명 이외의 시기에 군주가 백성을 사랑하는 마음이 풍부할지라도, 구체적인 역사에서 백성을 의사결정의 주체가 아니라 군주의 은혜를 받는 수동적인 대상으로 여겼다.

따라서 높은 도덕성을 갖춘 군주에 의해 백성을 하늘처럼 받들어야 한다는 유학의 이러한 민본사상이 현대의 시대정신에 부합하기 위해서는 위기상황이 아닌 평상시에도 백성을 역사의 객체가 아니라 주체로 상정하고, 백성들의 자율적인 의지에 의한 나라의 중요한 정책 결정을 존중하는 방향으로 이론을 보완할 필요가 있다.

4 자생철학의 모색

자생철학은 창의적인 문제의식과 주체적인 사유를 바탕으로 하여 우리의 현실 문제를 반영한 철학을 말한다. 이는 한국인이 역사의 진행과정에 적극적으로 참여하여 그 시대의 정신과 사회의식을 주체적으로 탐구하여 정립한 이론으로 한국철학의 발전에 기여할 수 있는 지적 활동을 의미한다.

이때 '고유의식'과 '외래철학의 한국화' 역시 '자생철학'의 범주에 해당한다. 그럼에도 여기에서 이들 범주를 구별한 이유는 다음과 같다. '고유의식'은 주로 과거에 한국 사회에서 형성된 의식이고, '외래철학의 한국화'는 외국으로부터 전해진 철학을 한국의 실정에 맞도록 재구성한 이론이다. 그러나 그러한 이론들은 역사의 흐름 속에서 나타나고 있는 현실적인 문제를 모두 해결할 수 있는 면에 제한적이다. 역동적으로 출렁이고 있는 지금 이곳은 과거에 정립된 가치관이나 외국에 기원을 둔 사유의 모형과 본질적으로 구별되는 새로운 문제가 발생할 수 있기 때문이다. 따라서 여기에서 말하는 '자생철학'은 시대 문제를 해결하기 위해 역사 과정을 통해 한국의 토양에서 이미 정립한 '고유의식'과 '한국화한 외래철학'을 포함할 뿐만 아니라, 끊임없이 변화하고 있는 현재에 직면하거나 미래에 경험할 수 있는 새로운 문제에 대해 창의적인 아이디어와 주체적인 사유를 반영하여 생산한 이론체계를 의미한다.

그런데 이러한 자생철학을 토대로 하는 우리철학의 정립 주체가 반드시 한국인이어야만 하는 것은 아니다. 비록 외국인일지라도 한국의 현실적인 문제의식을 자신의 문제의식으로 삼고, 한국철학의 발전을 수단이 아니라 목적으로 생각하며 정립한 이론은 여기에 해당한다.

이처럼 자생철학을 정립하기 위해 필요한 것은 창의적인 문제의식과 주체적인 사유가 기본이 되면서 한국의 현실 문제와 괴리되지 않아야 한다. 그런데 한국에서 그동안 이러한 자생철학이 발달하지 못한 이유는 적지 않다. 그것은 시대적인 상황일 수도 있고, 개인적인 상황일 수도 있으며, 시대적인 상황과 개인적인 상황의 중첩일 수도 있다.

이에 대해 최종욱은 "우리의 경우 그러한 수준을 넘어서 아예 현실을 무시하거나 현실을 거론하는 것을 '비학문적인 태도' 혹은 정치적 의도를 가진 '불온한 것'으로 터부시하였다. 그리고 그러한 터부는 '가치중립'이라는 미명하에 또는 '반공'이라는 허울 아래 정당화되었다. 이러한 정당한 터부는 '비판'을 생명으로 하는 인문과학의 자기존립의 토대 자체를 해체하였고, '시대비판'을 철학의 임무로 규정한 헤겔의 주장을 사문화시켰다. 현실의 외면 내지 암묵적인 침묵을 통해 억압적 현실을 호도하거나 정당화하는 데 앞장섰던 한국의 인문과학이 한국의 현실로부터 외면을 당하게 된 것은 어쩌면 당연한 귀결일지도 모른다. 이러한 현상은 철학자들의 목소리가 당당한 현실적인 힘을 가지고 있는 서구의 경우와는 판이하게 다르다."[12]라고 지적한다. 이는 그가 20세기 후반기 군사 독재 시절에 철학을 포함한 한국의 인문학이 현실 문제에 깊게 개입할 수 없는 암울한 시대 배경이 있을 수 있음을 지적하는 것이다.

그러나 그는 이러한 시대 배경에도 철학자는 현실 문제에 깊게 개입하여 자신의 주체적인 관점을 반영한 이론을 제시할 수 있어야 할 것으로 생각한다. "한국의 인문과학자들은 이러한 현실에 안주하면서 치열한 문제의식과 성실한 연구자세도 없이 자신들의 전공으로 간주되는 사상가에 대한 독점권을 행사하면서 그들의 사변적인 사상과 이론에 매달려 왔다. 서양학을 하는 연구자들은 서구의 현실과 괴리된 서구 사상의 추상적 관념과 논리 속에서, 동양학을 전공하는 연구자들 또한 우리의 현실과의 연관성은 물론이고 고전 사상을 배태했던 시대적 상황과의 연관성을 상실한 채 고전의 폐쇄적인 훈고학적 해석에만 집착하고 있었다."[13]라고 지적한다. 이는 그동안 서양철학 전공

---

12) 최종욱, 2002, 『이 땅에서 철학하는 자의 변명』, 사회평론, 7쪽.

자와 동양철학 전공자가 각자 자신의 전공이라는 협소한 기득권에 안주하여 현실과 괴리된 사변적 이론 탐구와 훈고학적 해석에 몰두한 문제점을 지적하는 것이다.

계속해서 그는 "이러한 탈맥락적이고 탈역사적인 연구와 교육은 전문화라는 미명하에 스스로에 대한 자기반성의 길을 봉쇄하고 관행화되었다. 이러한 관행은 급기야 학문과 현실, 학문과 실천의 합일을 목표로 하는 동양학의 이념마저 해체하는 결과를 가져왔다. 이런 점에서 한국사회에서 인문과학은 철두철미 현실과 괴리된 사변적 학문으로 전락하고 말았다. 물론 현실을 개념적으로 파악하려는 학문의 성격상 피할 수 없는 사변성과 추상성을 부정할 수는 없다."14)라고 지적한다. 이러한 그의 지적은 철학이 비록 사변성과 추상성을 중시하는 학문일지라도, 그것이 변화하고 있는 구체적인 현실의 문제와 괴리된 상태로 연구되어서는 안 된다는 점을 강조한다.

이처럼 자생철학을 정립하기 위해 현실을 토대로 하는 창의적인 문제의식과 주체적인 사유, 한국인의 정신과 정서를 담아내는 한국문화권의 통용어 사용, 다양한 연구 방법 개발, 연구 내용의 특수성과 보편성의 유기적인 연계, 삶의 철학을 위한 앎과 행함의 통일 등을 이루어야 한다.15)

---

13) 최종욱, 2002, 『이 땅에서 철학하는 자의 변명』, 사회평론, 6~7쪽.
14) 최종욱, 2002, 『이 땅에서 철학하는 자의 변명』, 사회평론, 2002, 7쪽.
15) 이 절의 시작부터 여기까지는 이철승의 「21세기 우리철학의 현황과 과제 – 제도권의 철학 풍토와 우리철학의 연구 동향을 중심으로 –」(『유학연구』제49집, 충남대, 2019)의 내용 가운데, 필요한 부분(154~155쪽)을 발췌하여 인용했음을 밝힌다.

1) 창의적인 문제의식

창의적인 문제의식은 연구자가 왜 철학을 연구하는지에 대한 주체적인 사유가 반영될 때 형성된다. 연구자가 철학을 연구하겠다면서 자신이 무엇 때문에 그 철학을 연구하는지에 대한 명확한 관점이 서 있지 않다면 그 공부는 방향이 없이 남의 이론을 단순하게 섭취하는 결과를 초래할 뿐이다. 비주체적이며 창의적인 문제의식이 결여된 이러한 연구 자세는 소비적인 자기만족에 기여할 수는 있어도, 그 연구 결과를 철학적 의의와 사회적인 가치를 향상시킬 수 있도록 활용하는 방면에 제한적이다.

그동안 한국의 철학계에서는 이처럼 창의적인 문제의식이 결여된 상태에서 비주체적인 자세로 철학을 연구한 경향이 있었다. 특히 외국철학을 무비판적으로 수입하여 소개하거나 전통철학을 맹목적으로 부활시키려는 풍토가 있었다.

이러한 두 연구 경향은 선진국에서 형성된 철학 이론을 한국의 특수한 상황에 대한 고려 없이 한국 사회에 주입하고자 하는 학문적 사대주의의 산물이거나, 현실에 대한 엄밀한 고찰 없이 전통철학이 현재에도 여전히 유효하게 적용될 수 있을 것으로 생각하는 복고주의의 산물이다.

이처럼 무비판적인 학문의 사대주의는 그 이론의 합리성과 타당성을 따지지 않고 체계적으로 분석하지 않은 상태에서 기계적으로 수입하여 적용시키는 이론의 식민지 역할을 할 수 있다. 이론의 식민지는 이론의 노예로 전락하여 이론의 소비 역할을 담당할 뿐이다. 따라서 이러한 토양에서는 우리의 현실에 대한 관심을 외면하도록 유도하기

때문에 직면한 문제를 해결하기 위한 실제적인 이론 창출을 어렵게
한다.

또한 맹목적인 복고주의는 그 이론이 형성될 때의 상황과 현재의
상황 사이에 어떤 차이가 있는지에 대한 성찰과 분석을 생략한 채
현재의 삶의 방향을 과거의 가치로 되돌리고자 한다. 이러한 태도는
역사의 진행 과정에서 양적인 측면과 질적인 측면에서 이전 시대와
확연한 차이가 있는 것조차 인정하지 않는 지적 게으름을 조장한다.
따라서 이러한 연구 풍토에서는 직면한 문제에 대한 실제적인 대안을
통해 새로운 비전을 제시할 수 있는 이론 창출을 어렵게 한다.

이러한 두 연구 태도의 문제는 수입하고자 하는 이론이나 부활시키
고자 하는 이론이 생성될 때의 시대 배경이나 그 이론을 정립한 철학
자의 문제의식에 대한 물음과 탐구가 생략된 채, 그 이론을 무조건적
으로 수용할 것을 강조한다. 곧 이러한 연구 태도는 그 이론이 우리의
현실과 어떻게 유기적으로 연계되고, 우리의 현실 문제를 지혜롭게
해결하는 면에 어떻게 기여할 수 있는지 등에 대한 예리한 통찰을
방해하도록 유도한다.

따라서 이러한 연구 태도는 철학사에 등장하는 수많은 학설과 학설
들 사이의 인과 관계를 통해 역사 속에서 철학이 어떻게 발전해왔는
가에 대한 고찰을 소홀히 하기 때문에 직면한 문제 해결과 인류 미래
의 발전에 어떤 철학이 어떻게 기여할 수 있는지와 같은 문제에 관심
을 기울이지 않는다. 이러한 연구 태도는 단지 철학사에 등장하는 수
많은 이론을 암기하여 소개하는 것으로 만족한다. 이는 철학사에 등
장하는 수많은 이론이 나의 철학적 문제의식과 어떻게 조응될 수 있
는지에 대한 물음이 생략되기 때문에 새로운 이론 생산은 이루어지지

않고 단지 이전 사람들이 정립한 이론의 소비자로 전락할 뿐이다.

우리는 이러한 비주체적인 사유에 의한 창의적인 문제의식의 결여가 빚어내는 게으른 연구 태도를 지양해야 한다. 우리는 변화하고 있는 현실의 문제에 대한 적극적인 참여와 예리한 통찰을 통해 어제의 현실과 오늘의 현실 및 내일의 현실 사이의 유기적인 관계에서 형성되는 새로운 이론 정립의 타당성 문제를 심층적으로 연구해야 한다. 이러한 문제의식으로 현실들 사이의 공통점과 차이점에 대한 철학적 성찰과 치밀한 연구를 통해 시대에 필요한 이론을 창출할 때, 그 이론은 특수성과 보편성의 변증법적인 통일을 지향할 수 있다.

이러한 창의적인 문제의식과 시대정신을 반영하여 생산한 이론은 자생철학의 중요한 기초이자 21세기의 우리철학을 정립하기 위한 과정이다.

2) 한국문화권의 통용어와 글

언어와 글은 사상을 드러내는 중요한 도구이다. 인간은 말과 글을 통해 자신의 감정과 생각과 의지를 드러낸다. 몸은 말과 글을 잉태하고 배양하는 집이다. 따라서 인간은 몸이라는 종합적인 구성체로부터 도출되는 말과 글을 통해 자신의 뜻을 드러내고, 그 드러낸 뜻은 다른 사람들에게 전달되어 상호 교류를 통해 공통의 문화를 형성한다. 상호 소통을 통한 특정한 문화의 형성은 시간의 흐름과 공간의 확장에 비례하여 공감대가 형성되면서 더 넓은 범위로 문화의 이동이 전개된다.

그러나 모든 문화가 평등하게 교류되는 것은 아니다. 인류 역사에서 문화의 이동은 주로 선진 문화가 후진 문화를 견인해왔다. 인류 역사는 후진 문화가 선진 문화의 영향을 더 받으며 선진 문화를 추종하는 경향이 많았다. 서로의 문화 교류가 왕성하게 이루어지면서 서로의 영향을 받기도 하지만, 한 문화가 다른 문화를 강제로 흡수하기도 하고, 한 문화가 다른 문화에 자연스럽게 흡수되기도 한다. 또한 상호 문화충돌도 발생하고, 상호 교류를 통해 질적으로 다른 새로운 문화가 형성되기도 한다.

이처럼 문화는 인류 역사에서 다양한 형태로 전개되어 왔다. 이는 역사 과정에서 어느 한 문화가 정체되기도 하고, 퇴보되기도 하며, 발전하기도 하고, 변형되기도 한다는 것을 의미한다. 이러한 문화의 변화 과정에 언어와 글은 중요한 역할을 한다. 특히 어느 한 문화의 특징을 드러낼 때 그 문화권의 언어와 글은 그 특징을 구성하는 중요한 요인이다.

일제강점기에 일본이 한국어를 사용하지 못하게 하고, 일본어를 전용시키려고 했던 것은 이러한 언어와 글의 중요성을 알았기 때문이다. 일본은 식민 통치를 강화하기 위해 한국의 정서와 정신을 내포하는 한국어의 사용을 금지시켰다. 한국인의 이름까지 일본식으로 개명시키고자 했던 것은 일본이 한국어와 한글을 한국의 정신을 담는 한국문화의 산실로 판단했기 때문이다.

이처럼 한국어와 한글은 한국문화를 구성하는 중요한 요인이다. 이는 한국철학을 발전시키는 면에 한국어와 한글이 매우 중요함을 말하는 것이다. 이 때문에 이기상은 우리철학을 발전시키기 위해 우리말을 사용해야 한다고 강조한다. 그는 "우리말만을 연구해도 우리만의 독특한 '한국철학'을 재구성할 수 있건마는 소위 지식인이라는 사람들은 남의 것에 눈이 팔려 우리 것을 못보고 있는 실정이다. 자기 것을 소중히 여기지 않는 자에게 미래는 없다는 것을 명심해야 할 것이다."[16]라고 지적하며, 우리말을 소홀히 여기는 지식인들의 비주체적인 태도를 비판한다.

그는 "포스트모더니즘이 우리에게 던지고 있는 메시지는 다른 것이 아니라, 우리의 세계를 우리의 언어로 보고 말하며, 우리의 언어로 이론을 정립하고, 우리의 언어로 사유를 하라는 것이다. 언어는 세계를 보는 눈이다. 그간 우리는 남의 눈을 빌려다가 우리의 세계를 보려고 안간힘을 쏟으며 많은 시행착오를 저질렀다. 이제라도 우리는 우리의 눈으로 세계를 보려고 노력해야 한다. '하나의' 유일한 세계는 획일성이 그 세계를 지배하기 마련이다. 그 세계에서는 문화, 종교, 언어 등이 하나로 단일화될 수밖에 없다. 그러나 중심이 여럿임을 인정하게 되면, 각자의 자율성과 자주성 아래 각자의 고유성과 특수성을 인정하게 된다. 그러면 거기에서부터 획일성의 세계가 아니라 다양성의 세계가 열리게 된다. 포스트모더니즘에서 이야기되고 있는 것도 바로 이러한 다양성의 추구와 예찬이라 할 수 있다. 생산 과정의 근대적 특징은 모든 것을 획일화시켜 많이 만들어내는 대량생산체제였지만, 이제 탈근대 시대에 이르면 차이와 멋을 강조하는 생산체제가 전면에 부각된다.…… 21세기 문화의 시대에는 획일적인 문화가 아니라 각각의 문화권이 스스로 중심이 되어서 자립적으로 만들어내는 다양한 문화가 꽃을 피우게 될 것이다. 따라서 이제 우리도 우리가 중심이 되어 우리만의 독특함, 우리만의 색깔을 찾아 우리의 고유한 문화를 꽃피워 세

---

16) 이기상, 2003, 『이 땅에서 우리말로 철학하기』, 살림, 53쪽.

계를 아름답게 수놓을 준비를 해야 한다."[17]라고 지적한다.

이처럼 이기상은 21세기를 포스트모더니즘의 시대로 명명하고, 포스트모더니즘 시대에 획일적인 모더니즘의 문제를 극복하고 다양한 문화를 꽃피우는 과정에 우리도 우리말로 철학을 하며 우리의 고유한 문화를 구축해야 할 것으로 생각한다.

이기상의 지적처럼 우리의 말과 글은 우리철학을 정립할 때에 매우 중요하다. 그러나 우리철학을 정립할 때에 반드시 우리말만 사용해야 한다는 주장은 무리가 있다. 왜냐하면 지금 우리철학을 정립한 대표적인 철학자로 인정받고 있는 원효, 지눌, 이황, 기대승, 이이, 이간, 한원진, 정약용, 최한기 등 많은 전통철학자들의 글이 한문으로 구성되어 있고, 한국의 문제의식을 반영한 한국철학의 내용을 영어와 중국어 등 다른 외국어로 작성한 내용 역시 적지 않기 때문이다. 또한 우리말의 정의에 대해 아직 학계에서 통일된 견해가 존재하지 않는 상황도 고려해야 한다. 예컨대 많은 철학적 표현은 개념어로 구성되어 있는데, 적지 않은 우리철학의 개념어가 한자漢字에서 기원하거나, 근대 전환기 일본인 서주의 번역어에 기원한다. 이러한 개념이 순 우리말에 해당하는지의 여부에 대해 학계의 통일된 의견이 존재하지 않고 있다.

이러한 한국철학의 정체성과 한국어로 철학하는 문제에 대해 백종현은 문화권의 공유의식의 문제로 접근한다. 백종현은 우선 "한국 철학이란 '한국 사람이 한국에서 통용되는 언어로 자연 및 한국 사회 문화 제 영역의 최고 원리와 제 영역의 통일 원리를 반성적으로 탐구

---

17) 이기상, 2003, 『이 땅에서 우리말로 철학하기』, 살림, 30~32쪽.

하는 지적 활동 또는 그 결실'이라고 포괄적으로 규정해도 무방할 것이다."[18)]라고 지적하고, 또 "플라톤과 아리스토텔레스는 고대 그리스 철학의 축이며, 칸트와 헤겔의 철학은 근대 독일 철학의 핵이고, 퇴계 이황李滉(1501~1570)과 이이의 성리학은 근세 조선의 철학을 대표하며, 열암 박종홍朴鍾鴻(1903~1976)의 철학은 1950~60년대 한국철학의 일면을 분명하게 대변한다. 김재권Jaegwon Kim이 한국인의 한 혈족이라 하더라도 그가 미국 사회 문화 속에서 생긴 철학적인 문제를 미국에서 통용되는 말로 쓰고 생각하고, 그 결과가 미국에서 논쟁거리가 된다면 그의 철학적 작업은 '미국적'이라고 평가함이 합당할 것이다. 독일 철학계를 정원으로 비교할 때, 한국인 백 아무개가 독일에서 독일말로 칸트 철학에서 제기된 문제를 철학적으로 논의했다면, 그의 작업은 독일 철학계에서 자라난 초목 가운데 하나이고, 그런 뜻에서 '독일의' 것이다. 그러나 그가 거기에서 한국적인 '임 - 있음'의 문제 시각에서 '존재자의 본질 - 존재' 해명을 시도했다면 그의 작업은 '한국적'이다. 더구나 그가 한국에서도 이 작업을 한국의 문화 의식 속에서 한국어로 계속하여 결실을 본다면, 그것은 한국 철학의 일부라고 해야 할 것이다."[19)]라고 지적한다.

이것은 백종현이 한국철학을 논의하는데 한국어와 한글의 사용이 중요하지만, 오직 한국어와 한글만을 사용해야한다는 논리를 강조하는 것은 아니다. 그는 한국철학을 논할 때 한국인의 문제의식을 가지고 연구를 진행한다면 그 내용을 외국어로 표현할지라도, 그 철학을

18) 백종현, 2007, 『철학의 개념과 주요 문제』, 철학과 현실사, 74쪽.
19) 백종현, 2007, 『철학의 개념과 주요 문제』, 철학과 현실사, 62쪽.

한국철학의 범주에 해당하는 것으로 생각한다.

이처럼 21세기 우리철학의 정립은 우리민족의 정서와 정신을 바탕으로 하는 문화의식을 공유하는 국내·외 사람들이 그 내용을 오늘날 우리민족이 보편적으로 사용하는 한국어와 한글을 통해 표현하는 것뿐만 아니라, 외국어로 표현하는 것을 아우른다.

결국 이는 한국어와 한글이 21세기형 우리철학을 정립할 때에 중요한 역할을 할 수 있는 언어와 글이지만, 모든 철학적 내용을 반드시 한국어와 한글로만 표현해야 한다는 논리는 아니다. 왜냐하면 국제적인 관계가 빈번해지고 있는 21세기의 상황에서 한국철학의 발전을 위해 영어와 중국어를 비롯한 여러 외국어로도 우리민족의 고유한 문화의식을 표현할 수 있기 때문이다. 실제로 오늘날 한국철학을 수단이 아니라 목적으로 여기는 외국인들이 적지 않고, 외국어를 자유롭게 사용할 수 있는 한국인들 역시 적지 않다. 그들은 필요에 따라 한국어와 외국어를 사용하여 한국인의 문제의식과 한국의 문화의식에 담긴 철학적 내용을 자유롭게 표현한다. 이러한 시대정신에 부합하는 내용은 외국철학이 아니라 한국철학이고, 이러한 한국철학은 특수성에 묶여 있는 우리철학이 아니라 특수성을 통해 보편성을 지향하는 우리철학이다.

3) 다양한 연구방법

오늘날 한국에서 철학을 연구하는 분야는 다양하다. 학계에서는 크게 동양철학과 서양철학으로 구분하고, 각 분야마다 세분화한 영역으로 나눈다. 그러나 세밀한 부분에서 학자들마다 의견이 다르게

나타난다. 이러한 혼란을 방지하기 위해 한국연구재단에서 학문분야
를 새롭게 분류하였는데, 많은 학자들이 이러한 분류 방식을 수용하
고 있다.

2020년 1월 현재, 한국연구재단에서 분류한 철학 분야의 영역은 다
음과 같다. 철학일반, 한국철학, 동양철학, 서양철학, 미학·예술학 등
이다.[20] 그런데 일부 철학자들은 종교학으로 분류된 내용 가운데 일
부를 철학의 영역으로 여긴다. 그들은 또한 기독교신학, 가톨릭신학,
유교학, 불교학의 내용 가운데 적지 않은 부분을 철학의 영역으로 생
각한다. 특히 유교학 가운데 유교철학과 유교윤리학 및 불교학의 많
은 내용(근본불교, 천태학, 화엄학, 유식학 중관학 등)을 철학의 영역
으로 여긴다.

이 재단은 철학일반의 영역에 형이상학, 인식론, 윤리학, 정치·사회
철학, 논리학·논리철학, 언어철학, 역사철학, 과학·자연철학, 문화·기
술철학, 종교철학, 동서비교철학, 여성철학, 철학적방법론, 철학사 등
을 포함시키고, 한국철학의 영역에 한국철학일반, 한국전통철학, 한국
불교철학, 한국유가철학, 한국도가철학, 한국근대철학, 한국현대철학
등을 포함시켰다. 그리고 동양철학의 영역으로 동양철학일반, 중국철
학, 인도철학, 일본사상, 중동철학, 동남아철학 등을 포함시키고, 서양
철학의 영역으로 서양철학일반, 서양고대철학, 서양중세철학, 서양근
대영국철학, 서양근대독일철학, 서양근대프랑스철학, 현상학, 해석학,
구조주의, 철학적인간학, 언어분석철학, 심리철학, 응용윤리학 등을 포

---

20) 한국연구재단, 〈학술연구분야분류표(2020년 1월 현재)〉, https://www.nrf.re.kr
참조. 20200121 검색.

함시켰다.[21] 또한 미학·예술학 분야에는 미학일반, 예술철학, 비평철학 및 비평론, 응용미학, 예술사론, 비교미학 등을 포함시켰다.[22]

이것을 구체적인 도표로 표현하면 다음과 같다.[23]

대분류	중분류	소분류	세분류	Philosophy
인문학	철학	철학일반		Philosophy in general
인문학	철학	철학일반	형이상학	Metaphysics
인문학	철학	철학일반	인식론	Epistemology
인문학	철학	철학일반	윤리학	Ethics
인문학	철학	철학일반	정치/사회철학	Political and Social Philosophy
인문학	철학	철학일반	논리학/논리철학	Logic/Logic in philosophy
인문학	철학	철학일반	언어철학	Philosophy of Language
인문학	철학	철학일반	역사철학	Philosophy of History
인문학	철학	철학일반	과학/자연철학	Philosophy of Science / Philosophy of Nature
인문학	철학	철학일반	문화/기술철학	Philosophy of Culture / Technology
인문학	철학	철학일반	종교철학	Philosophy of Religion
인문학	철학	철학일반	동서비교철학	Comparative Philosophy (Eastern and Western)
인문학	철학	철학일반	여성철학	Feminist Philosophy

---

21) 한국연구재단, 〈학술연구분야분류표(2020년 1월 현재)〉, https://www.nrf.re.kr 참조. 20200121 검색.

22) 한국연구재단, 〈학술연구분야분류표(2020년 1월 현재)〉, https://www.nrf.re.kr 참조. 20200121 검색.

23) 한국연구재단, 〈학술연구분야분류표(2020년 1월 현재)〉, https://www.nrf.re.kr 참조. 20200121 검색.

대분류	중분류	소분류	세분류	Philosophy
인문학	철학	철학일반	철학적방법론	Methodology in philosophy
인문학	철학	철학일반	철학사	History of Philosophy
인문학	철학	철학일반	기타철학일반	Other Philosophy in general
인문학	철학	한국철학		Korean Philosophy
인문학	철학	한국철학	한국철학일반	Korean Philosophy in general
인문학	철학	한국철학	한국전통철학	Korean Traditional Philosophy
인문학	철학	한국철학	한국불교철학	Korean Buddhist Philosophy
인문학	철학	한국철학	한국유가철학	Korean Confucian Philosophy
인문학	철학	한국철학	한국도가철학	Korean Taoist Philosophy
인문학	철학	한국철학	한국근대철학	Modern Korean philosophy
인문학	철학	한국철학	한국현대철학	Contemporary Korean philosophy
인문학	철학	한국철학	기타한국철학	Other Korean Philosophy
인문학	철학	동양철학		Eastern Philosophy
인문학	철학	동양철학	동양철학일반	Eastern Philosophy in general
인문학	철학	동양철학	동양철학사	History of Eastern Philosophy
인문학	철학	동양철학	중국철학	Chinese Philosophy
인문학	철학	동양철학	인도철학	Indian Philosophy
인문학	철학	동양철학	일본사상	Japanese Thoughts
인문학	철학	동양철학	중동철학	Middle Eastern Philosophy
인문학	철학	동양철학	동남아제국철학	Philosophy of Southeast Asian Countries

대분류	중분류	소분류	세분류	Philosophy
인문학	철학	동양철학	기타동양철학	Other Eastern Philosophy
인문학	철학	서양철학		Western Philosophy
인문학	철학	서양철학	서양철학일반	Western Philosophy in general
인문학	철학	서양철학	서양고대철학	Ancient Western philosophy
인문학	철학	서양철학	서양중세철학	Medieval Western philosophy
인문학	철학	서양철학	서양근대영국철학	Modern British philosophy
인문학	철학	서양철학	서양근대독일철학	Modern German philosophy
인문학	철학	서양철학	서양근대프랑스철학	Modern French philosophy
인문학	철학	서양철학	현상학	Phenomenology
인문학	철학	서양철학	해석학	Hermeneutics
인문학	철학	서양철학	구조주의	Structuralism
인문학	철학	서양철학	철학적인간학	Philosophical Anthropology
인문학	철학	서양철학	언어분석철학	Analytic Philosophy / Philosophy of Language
인문학	철학	서양철학	심리철학	Philosophy of Mind
인문학	철학	서양철학	응용윤리학	Applied Ethics
인문학	철학	서양철학	기타서양철학	Other Western Philosophy
인문학	철학	미학/예술학		Aesthetics / Art
인문학	철학	미학/예술학	미학일반	Aesthetics in general
인문학	철학	미학/예술학	예술철학	Philosophy of Art
인문학	철학	미학/예술학	비평철학및비평론	Philosophy of Criticism and Art Criticism
인문학	철학	미학/예술학	예술학	Art

대분류	중분류	소분류	세분류	Philosophy
인문학	철학	미학/예술학	응용미학	Applied Aesthetics
인문학	철학	미학/예술학	예술사론	History of Arts
인문학	철학	미학/예술학	비교미학	Comparative Aesthetics
인문학	철학	미학/예술학	기타미학/예술학	Other Aesthetics / Arts
인문학	철학	기타철학		Other Philosophy
인문학	종교학			Religious Studies
인문학	종교학	종교철학		Philosophy of Religion
인문학	종교학	종교심리학		Psychology of Religion
인문학	종교학	종교현상학		Phenomenology of Religions
인문학	종교학	종교사회학		Sociology of Religion
인문학	종교학	종교사		History of Religions
인문학	종교학	신비주의		Mysticism
인문학	종교학	비교종교학		Comparative Religious Studies
인문학	종교학	도교		Taosim
인문학	종교학	유대교		Judaism
인문학	종교학	이슬람		Islam
인문학	종교학	무巫교		Shamanism(巫)
인문학	종교학	한국자생종교		Korean Native Religions
인문학	종교학	중국종교		Chinese Religions
인문학	종교학	인도종교		Indian Religions
인문학	종교학	중동종교		Middle Eastern Religions
인문학	종교학	서양종교		Western Religion
인문학	종교학	한국종교		Korean Religion
인문학	종교학	한국종교	한국종교일반	Korean Religion in general
인문학	종교학	한국종교	원불교학	Won Buddhist Studies
인문학	종교학	기타종교학		Other Religious Studies
인문학	기독교신학			Christian Theology
인문학	기독교신학	구약학		Old Testament
인문학	기독교신학	신약학		New Testament

대분류	중분류	소분류	세분류	Philosophy
인문학	기독교신학	교회사		Church History
인문학	기독교신학	조직신학		Systematic Theology
인문학	기독교신학	기독교윤리		Christian Ethics
인문학	기독교신학	기독교교육		Christian Education
인문학	기독교신학	실천신학		Practical Theology
인문학	기독교신학	여성신학		Feminist Theology
인문학	기독교신학	선교신학		Mission Theology
인문학	기독교신학	교회음악		Church Music
인문학	기독교신학	목회상담학		Pastoral Counseling
인문학	기독교신학	문화신학		Culture Theology
인문학	기독교신학	기타 기독교신학		Other Christian Theology
인문학	가톨릭신학			Catholic Theology
인문학	가톨릭신학	기초신학		Basic Theology
인문학	가톨릭신학	교의신학		Dogmatic Theology
인문학	가톨릭신학	전례신학		Liturgical Theology
인문학	가톨릭신학	영성신학		Spiritual Theology
인문학	가톨릭신학	윤리신학		Moral Theology
인문학	가톨릭신학	선교신학		Mission Theology
인문학	가톨릭신학	사목신학		Pastoral Theology
인문학	가톨릭신학	교회사		Church History
인문학	가톨릭신학	교부학		Patrology
인문학	가톨릭신학	성서학 (신/구약)		Biblical(New/Old)
인문학	가톨릭신학	교회법		Church Law
인문학	가톨릭신학	교리교육학		Doctrine Education
인문학	가톨릭신학	일치신학		Match Theology

대분류	중분류	소분류	세분류	Philosophy
인문학	가톨릭신학	동방교회신학		Orthodox Theology
인문학	가톨릭신학	기타 가톨릭신학		Other Catholic Theology
인문학	유교학			Confucian Studies
인문학	유교학	유교철학		Confucian Philosophy
인문학	유교학	유교윤리학		Confucian Ethics
인문학	유교학	유교교육학		Confucian Pedagogy
인문학	유교학	유교사회학		Confucian Sociology
인문학	유교학	유교정치학		Confucian Politics
인문학	유교학	기타유교학		Other Confucian Studies
인문학	불교학			Buddhist Studies
인문학	불교학	근본불교		Fundamental Buddhism
인문학	불교학	천태학		T'ien-t'ai Studies
인문학	불교학	화엄학		Hua-yen Studies
인문학	불교학	유식학		Vijnaptimatra Studies
인문학	불교학	정토학		Pure Land Studies
인문학	불교학	계율학		Precept Studies
인문학	불교학	중관학		Madhyamika Studies
인문학	불교학	밀교		Esoteric Buddhism
인문학	불교학	선학		Seon Studies
인문학	불교학	불교윤리		Buddhist Ethics
인문학	불교학	불교교육		Buddhist Education
인문학	불교학	불교문헌학		Buddhist Literature Studies
인문학	불교학	지역불교및불교사연구		Regional Buddhism and Buddhist History Research
인문학	불교학	응용불교학		Applied Buddhist Studies
인문학	불교학	기타불교학		Other Buddhist Studies

이러한 분류 방법에 대해 동의하지 않는 철학자도 있지만, 많은 철학자들은 방법적으로 이러한 분류를 활용한다. 특히 한국연구재단에서 주관하는 등재지에 해당하는 학술지에 논문을 투고할 경우, 많은 학회가 이러한 한국연구재단의 분류 방법을 수용하고 있다.

이처럼 현재 한국의 철학계에서 사용하는 철학분야의 분류는 다양하다. 이 가운데 어떤 분야는 많은 철학자들이 관심을 가지고 폭넓게 연구하고 있지만, 어떤 분야는 소수의 학자들만 관심을 가지고 있다.

한국 철학계의 이러한 상황을 반영하여 철학을 연구하는 방법 역시 다양하다. 철학자들은 각각 자신이 선호하는 방법을 동원하여 관심 있는 주제를 탐구한다. 비교철학적 방법, 해석학적 방법, 훈고학적 방법, 논리적인 분석 방법, 통시적인 관점에서 전통 철학을 현대에 대입하는 방법, 복고주의적 역사관에 입각한 연구방법, 평면적인 나열식의 서술 방법, 인물 또는 학파 중심의 연구 방법, 학설사 탐구 방법, 보편성 중심의 연구 방법, 종합적인 연구 방법 등이다.[24]

이러한 연구 방법이 전혀 의미 없는 것은 아니다. 오히려 이러한 연구 방법들 가운데 어느 것은 연구하는데 필요할 뿐만 아니라 중요하다. 하지만 우리는 더 많은 연구 방법을 발굴해야 한다. 통시적인 방법과 종합적인 방법은 구체적인 내용을 정확히 파악하고, 치밀한 분석을 통해 진행해야 한다. 분석이 결여된 상태로 종합하는 방법은 실상을 제대로 파악할 수 없다. 따라서 비교 대상이 되는 내용을 철저히 분석한 다음, 핵심적인 내용을 종합하는 것이 낫다. 또한 복고주의

---

24) 이철승, 1999, 「오늘날 '중국 전통 철학'을 연구하는 '한국인'의 의미에 대해」, 『시대와 철학』제10권1호, 한국철학사상연구회, 276~277쪽 참조.

적인 역사관도 하나의 사관이지만, 그것의 문제는 인류 문명의 발전 이론과 충돌을 빚으면서 인류사의 발전 부분에 대한 설명의 불명확성에 있다. 그리고 평면적인 나열식의 서술 방법은 연구 대상에 담긴 풍부한 생명력을 경감시키며 단조로움으로 안내한다. 이러한 문제를 해결하기 위해 문제의식이 담긴 주제 중심의 입체적인 비교 방법이 필요하다.[25]

곧 인물이나 학파 중심의 연구를 진행할 때 입체적인 구성을 한다면 생동감이 있을 뿐만 아니라, 계승과 단절과 변용과 발전 등의 사상적 연계를 확인할 수 있다. 또한 선험적인 보편성의 강요가 아니고, 구체적인 내용을 추상하여 보편성을 찾음으로써 연구의 폭을 확장할 수 있다.[26]

학문 영역 간의 교류도 중요하다. 동양철학 전공자와 서양철학 전공자 및 인접 학문 분야의 연구자들이 공동으로 연구하는 융합의 방법이 필요하다. 곧 현대는 인문학과 자연과학 및 여러 영역들 사이의 학문이 융합하여 새로운 영역을 도출하는 경향이 확대되고 있다. 따라서 현대는 한편으로 각 전공 영역이 전문화되어 가는 부분도 있지만, 다른 한편으로는 각 전공 영역들끼리 상호 교류를 통한 공유의식이 확산되고 있다. 곧 현대는 인접 학문 간의 교류를 통해 자신의 연구 폭을 확장함과 아울러 자신의 전문적인 연구 분야도 확보해야 하는 시대이다.[27]

---

25) 이철승, 1999, 「오늘날 '중국 전통 철학'을 연구하는 '한국인'의 의미에 대해」, 『시대와 철학』제10권1호, 한국철학사상연구회, 277쪽 참조.

26) 이철승, 1999, 「오늘날 '중국 전통 철학'을 연구하는 '한국인'의 의미에 대해」, 『시대와 철학』제10권1호, 한국철학사상연구회, 277쪽 참조.

특히 동양철학과 서양철학에 대해 각각 동양철학은 신비적이고 직관적이지만, 서양철학은 과학적이고 합리적이라는 식의 이분법으로 두 철학을 규정하는 태도를 경계해야 한다. 이러한 기계적인 분류 방식은 사실이 아닐 뿐만 아니라, 두 철학의 소통 가능성을 배제시키는 결과를 초래하기 때문이다.

그런데 동양철학과 서양철학에 대한 이러한 분류 방식은 노스롭(F.S.C. Northrop, 『동양과 서양의 만남』, 1946)과 중촌원中村元(나까무라 하지메, 『동양인의 사유 방식』, 1964)의 분류 방식에 연원한다. 그들에 의하면 서양철학은 과학적·경험적·합리적·실제적·현세적인 특징이 있고, 동양철학은 시적·직관적·신비적·몽상적·초월적인 특징이 있다.28)

그러나 이러한 이분법적인 구도는 동양철학과 서양철학 각각의 내부에 형성된 다양한 특징과 동양철학과 서양철학의 중첩된 특성을 고려하지 않고 단순화시키는 오류를 범했다. 그런데 이후의 철학자들은 각각의 특성을 보충하거나 생략하고, 내포와 외연을 보완하고 확장하면서 한국의 철학계에 영향을 미쳤다. 그리고 이러한 이분법적 구도는 학자들에게 자신의 목적에 따라 자의적으로 해석할 수 있는 빌미를 제공해 주었다.29)

이는 동양철학을 경시하는 서양철학 전공자들에게 그들의 입맛대

---

27) 이철승, 1999, 「오늘날 '중국 전통 철학'을 연구하는 '한국인'의 의미에 대해」, 『시대와 철학』제10권1호, 한국철학사상연구회, 277쪽 참조.
28) 심재룡, 「동양철학을 하는 두 자세」(『한국에서 철학하는 자세들』, 집문당, 1986, 244쪽 참조)와 「서양에서 본 동양철학의 모습」(『한국에서 철학하는 자세들』, 집문당, 1986, 339쪽 참조)에서 재인용.
29) 이철승, 2002, 「'세계화' 시대 '동양 철학' 담론과 연구 의미」, 『동서철학』제25호, 동서철학연구회, 226쪽 참조.

로 동양철학을 재단하는 무기로 활용되기도 하였고, 이들의 비난에 대한 반론의 임무를 자임하는 동양철학 전공자들에게 서양철학과 동양철학은 다르기 때문에 서양철학의 기준으로 동양철학을 재단해서는 안 된다는 방어적 논리로 활용되기도 했다.30)

동양철학을 경시하는 사람들은 동양철학에 대해 비논리적이고 신비적이며 모호한 방식으로 일관하기 때문에 무슨 말을 하는지 모르겠다는 식의 비판을 가하기 일쑤다. 그러나 이에 대해 반론을 제기하는 사람들은 서양철학을 도구적 이성 중심주의로 인해 나타나는 소외 등 온갖 사회적 갈등 문제의 사상적 원인이라고 생각한다.31)

이처럼 동양철학과 서양철학을 배타적으로 여기는 논리는 표면적으로 공간적인 차이와 문명의 차이를 존중하는 듯하지만, 서로에게 나타나는 공통점이나 각각의 내부에 존재하는 다양한 이론 편차를 소홀히 여기도록 유도한다. 동양철학과 서양철학은 형성될 때에 각각의 고유한 특성이 있을지라도, 시간의 흐름과 함께 서로의 교류를 통해 구성된 새로운 이론 체계 속에 공통점과 차이점이 공존할 수 있다.

이와 같이 동양철학과 서양철학 사이의 공통점이나 각각의 내부에 형성된 다양한 관점의 차이는 동양철학과 서양철학의 특징을 기계적인 이분법에 의해 단순하게 비교하고 평가하는 태도에 문제가 있음을 드러내준다.

따라서 다양한 철학 분야를 정확하게 이해하고 의미 있게 활용하기

---

30) 이철승, 2002, 「'세계화' 시대 '동양 철학' 담론과 연구 의미」, 『동서철학』제25호, 동서철학연구회, 226쪽 참조.
31) 이철승, 2002, 「'세계화' 시대 '동양 철학' 담론과 연구 의미」, 『동서철학』제25호, 동서철학연구회, 226쪽 참조.

위해 구체적인 부분에서부터 추상적인 영역까지 아우를 수 있는 체계적인 연구 방법을 강구해야 한다. 이를 위해 요소주의적인 접근 방법이 아니라, 변증법적인 연구 태도가 필요하다.

4) 앎과 행함의 통일

앎과 행함의 문제는 철학에서 중요한 영역일 뿐만 아니라, 삶에서도 중요하다. 앎과 행함을 어떻게 설정하느냐에 따라 삶의 방향과 내용이 달라진다. 앎과 행함의 이러한 특징 때문에 우리철학의 토대를 구축하는 방면에서도 이 주제를 중요하게 취급한다.

일반적으로 앎[知]이란 대상을 파악하는 주관적인 사고 작용을 말하고, 행함[行]이란 감각기관을 활용하여 몸으로 활동하는 것을 말한다. 앎이란 대상의 성질과 구조와 법칙을 경험적, 이론적 이해라는 형태로 인간의 의식 속에 적합하게 반영하는 것이다. 인간은 이 대상의 실재를 이론적으로 파악하여 자기 것으로 만들고, 행함을 통해 이러한 앎의 정당성을 확인한다.[32]

곧 앎이란 대상을 파악하는 주관적인 사고 작용인데, 인간은 이 대상을 파악한 사고 작용을 다시 문제 삼고 자기성찰을 통해 참된 깨달음을 추구한다. 이 때문에 앎은 대상을 파악하는데 그치지 않고, 파악한 내용에 대한 성찰을 통해 다시 이해하려고 하므로 '앎의 앎'이다.[33] 그런데 이때 앎의 대상은 다양하다. 철학에서는 앎의 궁극적인

---

32) 이철승, 2007, 『마오쩌둥(毛澤東) : 현대중국의 초석과 철학사상』, 태학사, 114쪽 참조.
33) 소광희·이석윤·김정선, 1986, 『철학의 제문제』, 지학사, 42쪽 참조.

대상에 대한 관심과 이해의 정도에 따라 관점이 나누어지고 학파가 형성된다. 따라서 앎은 대상을 파악하기 위해 인간의 사고 작용을 통한 이론적 '앎'과 그 '앎'이 '참된 앎'인지를 다시 '아는' 것이라고 할 수 있다.[34)

행함이란 인간의 감각기관을 통해 몸이 움직이는 것을 말한다. 철학에서는 이 행함을 개인의 단순한 감각 활동으로 제한하지 않고, 인간의 의지가 반영된 사회적 활동으로 여긴다. 이 때문에 이 행함은 앎과 밀접하게 관계한다. 곧 행함은 행하는 주체의 가치관을 적극적으로 반영한다. 따라서 앎의 궁극적인 대상과 의지에 따라 행함의 내용이 다르다. 예컨대 생물학적인 욕망을 해결하기 위한 활동, 사물의 이치를 파악하기 위해 실험하고 연구하는 행위, 경제적인 생산 활동, 개인의 인격을 닦기 위한 수양, 건강한 사회를 만들기 위한 도덕적 행위 등은 모두 행함의 영역에 해당한다. 많은 철학자들은 이러한 다양한 행함의 영역 가운데, 공공선公共善의 실현을 통한 평화로운 사회 건설을 위한 활동을 중요하게 취급한다.

(1) 앎의 형성과 방법

그런데 앎에는 그 앎을 이루는 과정이 있고, 방법이 있다. 그것은 감각과 지각에 의존하는 감성적 앎과 개념·판단·추론에 의존하는 이성적 앎이다. 이 두 종류 가운데 어느 것이 앎의 시작인지에 따라 앎의 기원에 관한 견해가 달라진다.

첫째, 감성적 앎이란 시각·청각·촉각·후각 등의 감각이나 지각을

---

34) 이철승, 2002, 『유가사상과 중국식 사회주의 철학』, 심산, 43~44쪽 참조.

통해 아는 것이다. 곧 어떤 사물을 안다는 것은 어떤 사물의 현상이 감각 기관을 통하여 두뇌 속에 반영되는 것이다. 그런데 이 반영은 거울에 비치는 외부 사물과 같이 정지된 상태에서 수동적으로 이루어지는 것이 아니라, 감각 기관의 활동을 통해 능동적으로 형성된다. 이는 앎이 고도의 추상적인 이성으로부터 시작하지 않고, 감각 기관의 실천 활동을 통해 시작하는 것임을 밝히는 것이다. 곧 앎은 오관이 직접 받아들인 외계의 인상으로부터 시작하는 것이기 때문에 감각은 앎의 기점으로서 주관으로 하여금 직접 외부 현상에 접촉한다. 이것은 외계 사물이 인체 외부의 기관에서 작용한 결과이다. 결국 인간의 앎은 외부 사물에 대한 주관의 작용으로부터 시작하는 것이기 때문에 직접 외계에 반영하는 감각이 앎을 이루는 시초이다.[35]

그러나 감각에 반영된 외부의 사물은 형상에 가까울 수 있지만, 완전하면서도 정확한 것이라고 단정 지을 수 없다. 왜냐하면 감각에 반영된 내용이 비록 외부 사물의 투사로부터 왔을지라도, 인간의 감각 기관이 작용을 발생시킨 후에야 비로소 그 내용이 형성될 수 있기 때문이다. 이는 반영이 한편으로 인간의 의지에 관계없는 객관 세계에 의존하면서도, 다른 한편으로 인간의 감각 기관이라는 주관에 의존하는 것임을 말해 준다. 이는 객관 세계가 주관적인 앎의 기초임과 동시에, 객관 세계의 영상이 주관적인 활동으로부터 반작용을 받을 수 있음을 지적하는 것이다.[36]

---

35) 이철승, 2007, 『마오쩌둥(毛澤東) : 현대중국의 초석과 철학사상』, 태학사, 116~117쪽 참조.
36) 이철승, 2007, 『마오쩌둥(毛澤東) : 현대중국의 초석과 철학사상』, 태학사, 117쪽 참조.

이러한 이론은 주관은 단지 객관 세계를 수동적으로 반영할 뿐이라는 기계론적 인식론과 객관 세계와 관계없이 오로지 주관 자체에 의해 알 수 있을 것으로 생각하는 주관주의적 인식론과 구별된다.

그런데 행함의 매개를 필요로 하지 않는 감성적 직관은 직접 외계의 감상으로부터 획득할지라도, 인상이 표면적·분열적·개별적인 현상이기에 보편적이고 종합적인 면을 알 수 없다. 그리고 단순한 감각이나 혼잡한 인상은 앎의 기점으로서 앎의 첫 번째 단계이기는 하지만, 앎 자체는 아니다. 앎은 인상이 투입된 후에 반성 작용을 통하여 개별적인 인상이 서로 연결되어 각종의 일반적 개념을 이루면서 성립한다.[37]

앎의 진정한 임무란 감각을 경유하여 사유에 도달하고, 점점 객관사물의 내부 연계와 원리를 이해하는 데 있다. 이는 감각과 지각에 의존하는 감성적 앎만으로는 본질적 앎에 도달할 수 없음을 지적하는 것이다. 감각은 단지 현상 문제를 해결할 뿐이고, 감성적 앎은 사물의 부분적이고 현상적이며 외부 연계에 속한 것이기 때문에 사물의 전체적이며 본질적인 내부 연계에 대해 알 수 없는 한계를 지닌다. 곧 현상적이고 국부적인 앎에 머무르는 감성적 앎은 사물의 본질적인 내용을 파악하지 못하고, 결국 이성적 앎으로 승화될 때에야 비로소 본질을 정확하게 파악할 수 있다.[38]

이처럼 감성적 앎은 비록 모든 앎의 기초가 될지라도, 그것 자체가

---

37) 이철승, 2007, 『마오쩌둥(毛澤東) : 현대중국의 초석과 철학사상』, 태학사, 118쪽 참조.

38) 이철승, 2007, 『마오쩌둥(毛澤東) : 현대중국의 초석과 철학사상』, 태학사, 118쪽 참조.

사물의 현상이나 부분만 파악할 수 있기 때문에 사물의 전체나 본질을 파악하기 위해 이성적 앎이 필요하다.

둘째, 이성적 앎이란 현상적 앎에 머무르는 감성적 앎의 한계를 극복하기 위해 개념·판단·추리를 토대로 하는 앎이다. 개념은 사물의 본질과 전체와 내부 연계를 개괄하는 것으로, 감각과 양적인 측면뿐만 아니라 질적인 측면에서도 차이가 있다. 판단은 개념이 발전하여 형성된 것으로, 개념과 개념 사이의 관련 및 한 개념이 어떻게 다른 개념으로 전환되는지를 파악한다. 판단의 형식은 두 개념과 관련되지만, 내용적인 면에서 객관 사물 사이의 반영이다. 판단의 내용이 객관 사물의 반영이므로 판단의 형식 또한 객관 사물에 대한 앎의 변화에 의해 변화한다. 이는 한 사물에 대한 앎이 발전할 때 반영을 사용하는 판단 또한 발전하는 것으로 앎을 판단의 기초 속에서 성립하는 것으로 여기는 것이다. 이러한 판단은 특수와 일반 및 연속과 비연속의 결합으로 구성된다.[39]

또한 이성적 직관은 추리의 매개 작용을 빌리지 않고도 직접적으로 알 수 있는 '자명한 이치'로서 '두 점 사이의 직선이 가장 짧다.'라는 명제와 '삼각형의 내각의 합은 180도이다.'와 같은 공리가 여기에 해당한다. 그런데 이 명제에 대해 데카르트의 영향을 깊게 받은 사람들은 이것을 이성 속에서 '명석판명明晳判明'한 것으로 여기며 진리로 생각하지만, 마르크스주의자들은 이러한 이성적 직관을 추리와 다른 것으로 여긴다. 마르크스주의자들은 '직선 최단'이나 '삼각형의 내각

---

39) 이철승, 2007, 『마오쩌둥(毛澤東) : 현대중국의 초석과 철학사상』, 태학사, 122 ~123쪽 참조.

의 합은 180도'와 같은 공리가 비록 지구의 평면에서 사물의 진리로 여겨질 수 있을지라도, 이성적 진리는 아니라고 한다. 우주의 공간과 같은 곡면에서 이 공리는 더 이상 자명한 이치로 성립될 수 없기 때문이다. 그들은 이성적 직관은 이성적 진리가 아니라, '추리에 대한 기초이며 가정'이고, 감각과 추리 사이의 '마디'일 뿐이라고 생각한다.[40]

그들에 의하면 추리의 형식은 판단이 두 개념의 관계에서 생성되는 것과 같이 두 판단의 관련 속에서 생성된다. 그리고 판단의 내용이 객관 사물을 반영하는 것과 같이 추리 역시 객관 세계의 사물 관계를 반영하며, 앎의 발전에 의해 발전한다. 그들은 추리의 최고 단계를 질적인 추리로부터 반성적인 추리를 거쳐 필연적인 추리에 도달하는 것으로 여긴다. 그들에 의하면 이러한 필연적인 추리는 구체적이며 실천을 떠날 수 없다.[41]

이처럼 이성적 앎은 인간의 두뇌 속에서 개념을 운용하여 판단하고 추리하는 것으로 앎의 두 번째 단계이다. 이러한 이성적 앎은 사물의 내부 연계와 본질을 파악할 수 있다.

또한 감성적 직관은 감각 기관을 통해 외부 대상에 대한 이해를 할 수 있지만, 이성의 역할이 존중되지 않을 뿐만 아니라 실천을 매개로 하지 않기 때문에 외부 사물에 대해 정확하게 이해할 수 없다.

감성적 직관은 인간보다 동물이 뛰어나다. 동물은 본능적으로 생존을 위한 최소한의 지각 능력을 태어나면서부터 갖추고 있다. 그러

---

40) 이철승, 2007, 『마오쩌둥(毛澤東) : 현대중국의 초석과 철학사상』, 태학사, 123 ~124쪽 참조.
41) 이철승, 2007, 『마오쩌둥(毛澤東) : 현대중국의 초석과 철학사상』, 태학사, 124 쪽 참조.

나 동물들의 이러한 능력이 인간보다 발달했을지라도, 종합적인 측면에서 동물들의 인식 능력은 인간의 인식 능력보다 낮은 단계에 머무를 수밖에 없다. 왜냐하면 동물들에게는 감성적 직관에 의한 감성적인 앎의 능력이 있을지라도, 개념과 판단과 추리 등이 동원되어 사태를 분석하고 종합하는 고도의 이성적 앎의 능력이 인간보다 낮기 때문이다.[42]

곧 동물들은 감성적 직관에 기초하므로 사물 전체를 체계적으로 파악하거나 사물의 본질을 이해하지 못하고, 즉자적이며 현상적이고 부분적인 이해에 머무른다. 그러나 인간은 이성적 앎에 기초하므로 사물의 본질을 체계적으로 분석할 뿐만 아니라, 종합적으로 이해할 수 있다.

셋째, 감성적 앎과 이성적 앎은 통일되어야 한다. 철학에서는 감성적 앎과 이성적 앎의 관계에 관해 서로 다른 관점이 있다. 곧 감성적 앎과 이성적 앎을 긴밀하게 관계하는 것으로 생각하는 이론이 있고, 이성적 앎은 감성적 앎과 직접적으로 관계하지 않는 것으로 생각하는 이론이 있다.

이성적 앎을 감성적 앎의 토대 위에 형성되는 것으로 생각하는 이론은 경험론이다. 경험론에 의하면 감성은 이성으로부터 연유하지 않고 이성이 확립되기 전에 이미 형성되는 것으로 여긴다. 따라서 감각 경험이 앎의 첫 번째 단계이다.

그러나 관념론은 이와 다르다. 관념론은 이성의 실재성을 승인하면

---

42) 이철승, 2007, 『마오쩌둥(毛澤東) : 현대중국의 초석과 철학사상』, 태학사, 124 ~125쪽 참조.

서 경험의 실재성을 승인하지 않는다. 이러한 사조에서는 이성적 앎은 처음부터 감성적 앎에 의존하지 않은 상태에서 주어지고, 감성적 앎도 이성적 앎으로부터 연유하는 것으로 여긴다.

이러한 두 관점은 앎을 종합이 아니라, 부분적으로 취급한다. 종합적인 관점에서는 감성적인 앎과 이성적인 앎을 통일의 관계로 여긴다. 이 관점은 이성적 앎이 감성적 앎의 토대 위에서 형성되지만, 감성에 반작용할 수 있는 것으로 여긴다. 이러한 관점에 의하면 만약 감성적 앎에 머무른다면 협애한 경험론에 빠지고, 이성적 앎만 추구한다면 구체성이 결여된 공허한 관념의 세계에 빠진다. 따라서 진정한 앎은 감성적 앎을 토대로 하여 감성적 앎과 이성적 앎이 유기적으로 통일된 상태에서 이루어진다.

이와 같이 앎의 형성과 방법에 대해, 분석을 통한 종합적인 관점이 결여된다면 앎의 진정한 의의를 찾기 어렵다. 따라서 앎에 관한 이러한 관점은 자생철학을 튼튼하게 구축하는 기초가 될 수 있다.

(2) 앎과 행함의 관계

앎과 행함의 관계를 바르게 규명하는 것은 우리철학을 정립하는 면에 매우 필요할 뿐만 아니라 중요하다. 철학에서는 이 부분에 대해 주로 '앞과 뒤[先後]', '가벼움과 무거움[輕重]', '어려움과 쉬움[難易]' 등의 범주로 구분하는데, 학파나 학자에 따라 다양한 관점이 나타난다.

첫째, 앎과 행함의 앞과 뒤의 관계는 앎과 행함의 근거를 해명하기 위한 것이므로, 세계의 기원을 규명하는 것만큼 철학에서 중요한 주제이다. 따라서 앎과 행함 가운데 어느 것이 먼저인지에 따라 관점이 확연히 구별된다. 기원의 측면에서 관념론자들은 앎이 행함보다 먼저

라고 주장하고, 경험론자들은 행함을 앎보다 앞서는 것으로 생각한다.

둘째, 앎과 행함의 가벼움과 중요함의 문제는 활동의 과정에 해당하는 주제이다. 앎과 행함의 앞과 뒤의 문제에서 일부의 학자들이 비록 '앎의 앞섬'을 주장했을지라도, 가벼움과 중요함의 문제에서 관점 차이가 발생한다. 예컨대 공자와 주희는 앎을 행함보다 앞서는 것으로 생각하지만, 가벼움과 중요함의 문제에서 그들은 앎보다 행함을 더 중시한다. 그러나 정이는 앎을 행함보다 앞서는 것으로 생각하지만, 가벼움과 중요함의 문제에서 앎을 행함보다 가벼운 것으로 생각하지 않는다. 또한 왕부지는 행함을 앎보다 앞서는 것으로 여길 뿐만 아니라, 중요한 것으로 생각한다.

이처럼 철학사에서는 앎과 행함의 기원 문제에서 공통점을 보인 학자들이 가벼움과 중요함의 문제에서 차이를 드러내기도 하고, 앎과 행함의 기원 문제에서 차이를 드러냈던 학자들이 가벼움과 중요함의 문제에서 공통점을 드러내기도 한다.

셋째, 앎과 행함의 어려움과 쉬움의 문제 역시 많은 철학자들이 관심을 기울였다. 예컨대 정이와 손문(孫文)을 제외한 대부분의 유학자들은 행함을 중시하는 관점에서 행함이 어렵고 앎은 쉬운 것이라고 했다. 그런가 하면 유물론자들은 특별한 조건을 살펴보지 않고 단순하게 어느 것이 쉽거나 혹은 어렵다고 해서는 안 된다는 관점이다. 이러한 관점에 의하면 어느 경우에는 앎이 어렵고 행함은 쉽지만, 어느 경우에는 행함이 어렵고 앎이 쉽다. 이러한 상태는 또 다른 상황에 의해 전화될 수 있다. 이것은 앎과 행함의 '어려움과 쉬움' 문제를 고정시키지 않고, 변증법적으로 취급하는 것이다.

넷째, 앎과 행함은 통일의 관계에 있다. 많은 관념론자들은 궁극적인 앎을 행함에 의존하지 않는 것으로 생각한다. 그들은 앎을 행함보다 근원적인 것으로 여긴다. 이러한 논리는 앎과 행함의 관계를 진정한 통일의 논리로 보지 않는 것이다.

그러나 앎과 행함을 통일의 관계로 보는 철학자들은 기원의 문제에서 행함이 앞서지만, 과정 중에 앎이 행함에 반작용하며 행함을 지도할 수 있을 것으로 생각한다. 그들은 앎과 행함이 서로 긴밀하게 관계하며 서로를 이끌 수 있을 것으로 생각한다.

그들이 비록 앎의 자율성을 인정할지라도, 그 자율성은 실제를 벗어난 사유의 방임이 아니다. 그들에 의하면 이 앎의 자율성은 객관 법칙에 부합하고 실제에 부합하려는 것이기에, 자각적으로 객관 세계를 변혁시킬 뿐만 아니라, 주관 세계도 변혁시키고자 한다. 이러한 관점은 주관과 객관, 앎과 행함 등의 주체적이고 역사적인 통일에 도달하려는 것이다.

이것이 바로 앎과 행함의 통일 논리이다. 이러한 앎과 행함의 통일 논리는 우리가 우리철학을 정립하고 자생철학의 기초를 다질 때에 반드시 갖추어야 할 내용이다.

제4장
우리철학 정립의 사회적 토양

오늘날 한국은 수많은 문제가 중첩되어 있다. 같은 민족이면서 각각 자본주의와 사회주의의 이념을 유지하며 두 국가 체제로 분리되어 있는 남한과 북한, 신자유주의 이념의 일반화에 따른 양극화로 인한 사회적 갈등의 확산, 여전히 사라지지 않고 있는 지역감정에 의한 지역주의 현상, 장기간의 중앙 집중화 정책으로 인한 중앙과 지방의 격차, 세대와 세대 사이에 나타나는 가치관의 차이, 고령화와 저출산으로 인한 인구 비율의 불균형 현상, 각각의 신념 차이로 인한 종교적 갈등, 다양한 민족과 인종의 유입으로 인한 다문화 현상, 문화의 대중화와 문화산업의 빛과 그림자, 전통과 현대와 탈현대의 차이와 공존, 도구적 이성에 의한 인간의 수단화와 생명 경시 현상, 법치주의의 역기능과 도덕적 인간관의 약화, 신종 감염병으로 인한 불안감의 증가, 환경오염으로 인한 생태계 파괴 현상, 위험의 외주화로 인한 재난의 증가, 4차 산업혁명과 인간의 정체성 문제 등 많은 문제들이 산재해 있다.

이러한 역동적인 한국 사회의 정치현실과 글로벌한 사회현상과 다양한 문화의식의 일상화는 세계 곳곳에서 일어날 수 있는 문제들의 종합적인 창고 역할을 하고 있다. 이는 한국의 특수한 현상 속에 세계의 곳곳에서 발생하는 보편적 문제의 본질이 배태되어 있음을 의미한다. 이 때문에 한국의 현실 문제에 대한 철학적 해결은 바로 세계의 현실 문제에 대한 철학적 해결로 이어질 수 있다.

곧 오늘날 우리의 현실 문제에 대한 철학적 대안의 모색은 우리철학의 정립에 기여할 뿐만 아니라, 세계철학의 발전에 기여할 수 있다. 이는 외래철학의 한국화 문제와 전통철학의 현대화 문제를 해결할 수 있는 방법일 뿐만 아니라, 자생철학의 이론을 생산하는 길이다.

따라서 현재 한국사회에서 발생하고 있는 문제에 대한 철학적 성찰과 대안의 강구는 불변하는 선험적인 보편 논리에 의해 구체적인 문제를 무비판적으로 해결하는 방식의 지양이다. 이는 특수의 문제 해결을 통해 특수성 속에 내재한 보편성의 문제를 취급하는 특수와 보편의 변증법적인 통일의 지향이다.

1 정치 현실

오늘날 한국의 정치 현실은 단순하지 않다. 지난 60여 년 동안 빠르게 진행되어온 산업화의 빛과 그림자가 나타나고 있고, 민주주의의 이념이 험난한 과정을 겪으면서 발전의 단계에 있으며, 남한과 북한의 분단으로 인한 민족 분열의 아픔이 해소되지 않고 있고, 지역감정의 배타적 정서와 중앙 집중과 지방 소외로 인한 상처가 남아 있으며, 세대 간의 견해 차이가 빚어내는 갈등이 나타고 있고, 종교적 관점의 차이가 드러내는 배제의 논리가 나타나고 있으며, 법치주의의 역기능이 나타나고 있다. 이러한 여러 현상 가운데에서 신자유주의 이념의 확산에 따른 양극화를 비롯한 사회적 갈등이 증폭되고 있다. 이러한 정치 현실은 새로운 문명의 전환기에 구성원들에게 시대에 대한 정확한 인식과 대처 방안을 강구하도록 유도한다. 철학은 이러한 시대의 특징을 본질적으로 규명하여 인류의 나아갈 방향을 모색해야 한다. 따라서 이러한 중층적이고 다양한 한국 사회의 정치 현실은 세계 문명의 흐름과 밀접하게 관계하면서 21세기형 우리철학의 정립에 중요한 사회적 토양이 될 수 있다.

1) 민족분단과 통일의식

2018년 4월 27일, 대한민국 문재인 대통령과 조선민주주의인민공화국 국무위원회 김정은 위원장은 판문점 평화의 집에서 정상회담을 개최하였다. 이 회담을 마친 후 두 정상은 '한반도의 평화와 번영, 통일을 위한 판문점 선언'을 발표하였다. 이 '판문점 선언'의 내용은 남북 관계의 개선과 발전을 통해 민족의 공동번영과 자주통일을 앞당기고, 군사적 긴장상태의 완화와 전쟁 위험을 해소하며, 항구적이며 공고한 한반도의 평화체제를 구축하는 것 등이다.

이 '판문점 선언'은 2000년 대한민국의 김대중 대통령과 조선민주주의인민공화국 김정일 위원장이 공동 발표한 '6·15 남북 공동 선언', 2007년의 노무현 대통령과 김정일 위원장이 공동 발표한 '10·4 남북 공동 선언' 등을 발전적으로 계승하였다. 특히 이 '판문점 선언'은 1953년 7월 27일 조선인민군 최고사령관 및 조선민주주의인민공화국 원수 김일성, 중국인민지원군 사령원 팽덕회彭德懷(펑더후아이), 국제연합군

총사령관 및 미국 육군 대장 마크 더블유 클라크Mark W. Clark 등이 합의한 '정전협정'의 내용을 '평화협정'으로 전환하기로 했다.

한국의 문재인 대통령과 북한의 김정은 국무위원장은 이 회담 이후에도 2018년 5월 26일 판문점 통일각에서 제2차 정상회담을 개최하였고, 그 해 9월 18일부터 20일까지 평양에서 제3차 정상회담을 개최하였다.

2018년에 진행된 세 차례의 남북 정상회담을 계기로 남과 북 사이의 긴장 관계가 완화되고, 평화의 분위기가 확산되고 있다. 남과 북의 정상은 남과 북의 평화와 통일을 위해 앞으로도 지속적으로 만나 회담을 하기로 했다.

또한 북한의 김정은 국무위원장과 미국의 도날드 트럼프Donald Trump 대통령은 2018년 6월 12일과 2019년 2월 27~28일에 각각 싱가포르와 베트남 하노이에서 '북미 정상회담'을 개최하여 양국 사이의 현안 문제를 해결하기 위해 노력하였다.

그리고 2019년 6월 30일 북한의 김정은 위원장과 미국의 도날드 트럼프 대통령은 판문점 판문각에서 만난 후, 판문점 자유의 집으로 내려와 기다리고 있던 한국의 문재인 대통령과 함께 셋이서 만났다.

그런데 북한과 미국은 2017년 말까지만 해도 서로를 비난하며 전쟁을 운운할 정도로 긴장 관계가 고조되었다. 남한과 북한도 1950년 한국 전쟁 이후부터 2017년 봄까지 평화적인 분위기보다 전쟁의 위험이 상존할 정도로 긴장 관계의 고조 기간이 많았다. 긴장 완화의 분위기는 2000년대 초반과 최근의 상황이 대표적이다.

남한과 북한은 지난 70여 년 동안 각각 자본주의 이념과 사회주의 이념의 체제를 유지하였다. 남한은 미국을 비롯한 서구 자본주의의 영향을 많이 받으며 국가의 체제를 유지했고, 북한은 구소련 및 중국과 긴밀하게 관계하다가 구소련의 이른바 '현실사회주의' 해체 이후 중국과 이념을 공조하며 체제를 유지해왔다.

이처럼 남한과 북한은 자유주의와 마르크스주의로 대표되는 첨예한 이념의 대립을 통해 각각의 정체성을 확보하고자 했다. 이러한 두 국가의 체제 경쟁은 남과 북에 거주하는 백성들의 삶에 깊게 투영되었다. 양국의 많은 백성들은 서로에 대한 이해와 포용의식의 확대보다 증오와 배제의식을 갖도록 교육되었다. 이러한 정치 현실은 백성들의 자율적 의지에 의한 협의정신을 토대로 하는 평화로운 어울림의 문화를 건설하는 방향과 거리가 있다.

이처럼 냉전적 정서와 사유에 기초한 갈등 구조는 두 진영에 속한 사람들을 불안으로 안내하였다. 이러한 불안은 서로에 대한 불신을 전제로 한다. 이러한 불신은 화합을 방해하고 분열을 조장하기 때문에 심리적인 면에 국한되지 않고, 사회의 병리 현상으로 확산될 수 있다. 이러한 사회의 병리 현상은 다양한 문제를 드러내며, 그 사회에서 생활하는 구성원들의 행복감을 앗아갈 수 있다.

남한과 북한의 철학자들 역시 이러한 정치 현실에서 자유롭지 못했다. 그들은 주로 각자가 속한 나라에서 중시하는 이념 체계 안에서 철학이론을 연구했다. 북한철학계는 주로 기존의 마르크스주의 철학을 비판적으로 계승한 주체사상의 이론을 새롭게 구축했다. 북한철학자들은 사람을 철학의 중심 주제로 설정했다. 그들은 사람을 사회적 존재로 여기고, 자주성과 창조성 및 의식성을 사람의 본질적 속성으로 여긴다. 주체사상에 의하면 이 철학은 정신을 본질로 여기는 전통적인 관념론과 물질을 본질로 여기는 유물론의 문제를 극복한 사람

중심의 철학으로서 독창적인 사상이다. 여기에서 자주성은 세계를 지배하는 사람의 모습을 표현한 것이고, 창조성은 세계를 변혁하는 사람의 모습을 표현한 것이며, 의식성은 세계를 인식하고 변혁하는 스스로의 활동을 통제할 수 있는 사람의 모습을 반영한 것이다. 남한의 철학계는 일부가 북한철학에 대해 연구를 진행해왔지만, 상당수 철학자들은 자유주의라는 이념의 틀 안에서 연구를 진행했다. 이처럼 남한과 북한의 철학자들은 대부분 상대 진영의 철학 이론을 심층적으로 연구하고 체계적으로 정리할 충분한 기회를 갖는데 한계를 드러냈다. 이러한 철학연구 풍토는 서로를 제대로 이해하는 면에 제한적이다.

이제 이러한 연구 태도를 지양해야 한다. 남한과 북한의 철학자들은 상대 진영의 철학적 풍토에 대해 관심을 깊게 기울여야 한다. 양국의 철학자들은 상대 진영의 철학을 철저히 연구하고, 민족의 나아갈 방향을 함께 고민해야 한다. 학자들끼리 왕래하며 공동학술대회의 개최 및 공동 프로젝트의 진행 등 다양한 방법을 동원하여 통일철학을 모색해야 한다.

이러한 통일철학은 민족의 현실을 반영하는 철학이기 때문에 남과 북의 구성원들에게 의미 있게 전달될 수 있고, 20세기 후반에 세계를 풍미했던 냉전 체제의 유산을 극복하는 데에 기여할 수 있기 때문에 보편성을 확보할 수 있다.

이는 민족의 현실을 반영하지 않는 철학은 우리민족 구성원들에게 공허할 수 있음을 의미한다. 또한 우리는 민족의 현실을 지나치게 편협한 시각으로 반영하는 국수주의도 경계해야 한다. 그리고 어느 하나의 관점을 획일적으로 적용하는 전체주의도 경계해야 한다. 우리는 민족의 특수성을 토대로 하는 가운데, 특수성과 특수성의 유기적인 연계에 의한 공통의 보편성을 확보할 수 있는 철학 이론을 생산해야 한다. 이러한 철학은 21세기형 우리철학의 한 분야가 될 수 있다.

2) 양극화와 공동체의식

오늘날 신자유주의 이념은 세계 곳곳에 영향력을 확대하고 있다. 이 이념은 자기중심주의적인 이기심을 적극적으로 권장하며 배타적 경쟁의식을 중시한다. 이러한 현상은 사유의식私有意識을 토대로 하는 개인의 자유를 적극적으로 추구하며 '세계화'의 바람을 타고 미국, 영국, 일본, 한국 등 많은 자본주의 국가뿐만 아니라,[1] 이전에 사회주의 이념을 채택했던 러시아나 현재 사회주의 이념을 채택하고 있는 중국에서도 만연하고 있다.[2]

사적으로 소유하고자 하는 의식은 어떤 대상을 독점하고자 하는 심리 상태이다. 이러한 심리의 발현에 의해 형성되는 소유의 형태는 양적인 면과 질적인 면을 포함하며, 사유하고자 하는 주체의 판단에 의해 사유의 대상이 결정된다. 사유의 대상은 사람에 따라 다를 수 있고, 한 사람의 경우에도 시간과 공간에 따라 소유하고자 하는 대상이 바뀔 수 있다. 그러나 문제는 적은 사유의 대상과 많은 사유의식 사이의 불균형에서 나타난다. 사유의 대상은 제한적인데 비해 사유하고자 하는 사람이 많거나, 특정한 대상에 대해 소수의 사람들이 집중

---

1) 하랄트 슈만·크리스티아네 그레페 지음, 김호균 옮김, 2010, 『신자유주의의 종언과 세계화의 미래』, (주)영림카디널, 14~16쪽 참조.
2) 이철승, 2018, 「현대 사회의 私有 문제와 '大同' 철학의 현실적 의의」, 『유교사상문화연구』74집, 311쪽 참조.

적으로 많이 사유하고자 할 경우에 사유의 부족 현상이 일어난다. 사유의 부족은 사유의 대상을 절실하게 필요로 하지만, 사유하지 못한 사람들에게 결핍감을 가져다 줄 수 있다.[3]

곧 재화가 한정되어 있는 사회에서 사적 소유의 확대는 필연적으로 사유의 집중 현상이 나타날 수밖에 없다. 자기중심주의적인 이기심을 토대로 하는 배타적 경쟁의 일반화로 인해 승자와 패자 사이의 간격이 확대되기 때문이다. 배타적 경쟁의식의 강화는 자기중심주의의 관점에서 타인을 배척하거나 배제시키는 역할을 한다. 이 때문에 이러한 사회에서는 생산수단을 소유한 소수와 생산수단을 소유하지 못한 다수 사이에 양극화兩極化 현상이 발생한다. 이러한 양극화는 소외감을 유발하여 구성원들 사이의 갈등을 초래한다.[4]

사회적 양극화의 확대는 사유와 권리에서 소외된 많은 사람들의 삶을 어렵게 만든다. 사회적 약자들은 희망보다 비관을 자주 경험한다. 그들은 종종 그들이 의도하지 않은 열악한 삶의 조건으로 인해 생활의 불편함뿐만 아니라, 생존의 위협을 경험한다. 이러한 사회에서는 인간의 존엄성조차 경시되는 경우가 자주 발생한다. 도구적 이성에 의해 인간의 수단화가 일반화되는 이러한 사회에서 많은 사람들은 인간다운 삶의 가치에 회의를 품는다.[5]

---

3) 이철승, 2018,「현대 사회의 私有 문제와 '大同'철학의 현실적 의의」,『유교사상문화연구』74집, 313~314쪽 참조.

4) 이철승, 2018,「현대 사회의 私有 문제와 '大同'철학의 현실적 의의」,『유교사상문화연구』74집, 311쪽 참조.

5) 이철승, 2018,「현대 사회의 私有 문제와 '大同'철학의 현실적 의의」,『유교사상문화연구』74집, 311~312쪽 참조.

이러한 사회에서는 정규직과 비정규직으로 대표되는 직장의 구조, 이른바 '갑'과 '을'로 상징되는 계약 관계에서 '갑'의 횡포, '을'과 '병' 과 '정'의 관계 형성 등 계층 분화의 다양성 속에서 나타나는 온갖 차별 현상이 발생한다.

예컨대 한국공정거래조정원에 따르면 2018년 상반기 동안 조정 신청이 1,788건 접수되어 1,654건을 처리했다. 이는 2017년 상반기 동안 1,377건의 조정 신청 접수와 1,242건의 처리와 비교할 때 각각 30%와 33%가 증가한 수치이다. 분야별 접수 내역을 살펴보면 일반 불공정 거래 분야가 2017년(393건)보다 24% 증가한 487건 접수되었고, 가맹사업 거래 분야가 2017년(356건)보다 15% 증가한 410건, 하도급 거래 분야가 2017년(567건)보다 30% 증가한 737건, 약관 분야가 2017년(45건)보다 151% 증가한 113건, 대리점 거래 분야 31건, 대규모 유통업 거래 분야 10건이 각각 접수되었다. 분야별 처리 내역을 살펴보면 일반 불공정 거래 분야가 2017년(358건)보다 26% 증가한 452건을 처리하였고, 가맹사업 거래 분야가 2017년(356건)보다 1% 감소한 352건, 하도급 거래 분야가 2017년(473건)보다 49% 증가한 704건, 약관 분야가 2017년(39건)보다 126% 증가한 88건, 대리점 거래 분야 42건, 대규모 유통업 거래 분야 16건을 각각 처리했다.[6]

이를 도표화 하면 다음과 같다.

---

6) 공정거래위원회, 보도자료 〈한국공정거래조정원, 2018년 상반기 분쟁조정 1,654 건 처리〉, 20180717, http://www.ftc.go.kr/www/20190120 검색.

2018년 상반기 분야별 사건 접수 및 처리 내역[7]

구 분	접수	처리현황 및 유형			
		계 (A+B+C)	성 립 (A)	불성립 (B)	조정절차 종결* (C)
합 계	1,788	1,654	752	250	652
일반불공정거래	487	452	181	80	191
가맹사업거래	410	352	219	43	90
하도급거래	737	704	283	104	317
약 관	113	88	51	14	23
대리점거래	31	42	12	6	24
대규모유통업거래	10	16	6	3	7

* 신청 취하, 소제기, 각하 등

　이 자료는 국가 기관에 공식적으로 접수된 조정 신청의 내용이다. 한 해의 상반기 동안 1,788건의 조정 신청이 접수될 정도로 일터의 현장에서 나타나는 문제가 적지 않다. 특히 전년도 상반기보다 30% 증가한 것은 갈등 구조가 해소되고 있지 않을 뿐만 아니라, 오히려 증가하고 있음을 말해준다. 불공정거래 역시 전년도보다 24% 증가한 것은 산업 현장에서 불평등한 관계가 사라지지 않고 있음을 의미한다.

　그런데 이러한 지표는 불만을 밖으로 표출한 공식화된 자료이다. 이 자료가 수많은 직장에서 다양한 형태로 발생하는 각종 불공정, 불평등, 불합리 등의 모습을 모두 반영한다고 보기는 어렵다. 왜냐하면 많은 직장인들은 자신이 경험하는 직장에서의 불합리한 대우에 대해 밖으로 표출하지 않고 안으로 삭이기 때문이다. 많은 직장인들은 직

　7) 공정거래위원회, 보도자료 〈한국공정거래조정원, 2018년 상반기 분쟁조정 1,654 건 처리〉, 20180717, http://www.ftc.go.kr/www/20190120 검색.

장에서의 비리나 불합리한 상황에 대해 참는다. 상사의 비리나 불합리한 처사에 대해 항의나 고발을 할 경우, 그 의견이 관철되기보다 징계나 해고로 이어지는 경우를 많이 보았기 때문이다.

다음의 자료는 아르바이트할 때 경험했던 상사의 불합리한 처사와 관련된 내용이다.

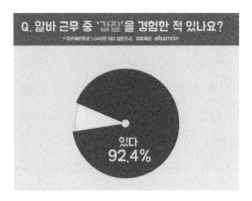

Q. 알바 근무 중 '갑질'을 경험한 적 있나요?
* 아르바이트생 1,040명 대상 설문조사. 자료제공 albamon
있다 92.4%

이 자료는 아르바이트를 하는 1,000여 명의 학생들에게 아르바이트 과정 중 상사로부터 불합리한 대우를 경험했는지의 여부에 대한 통계 자료이다. 이 자료에 의하면 아르바이트를 하는 사람들의 90여 %가 상사로부터 불합리의 상징인 '갑질'을 당했다.

이처럼 신자유주의 이념이 팽배한 한국에서는 사회적 불평등의 현상이 광범위하게 형성되고 있다. 한국은 소득 분배의 불균형 수치를 의미하는 '지니계수Gini's coefficient가 높은 편이다. 통계청의 '가계동향 조사'에 의하면 2016년 한국의 지니계수는 0.353이다. 이러한 수치는

---

8) http://www.ajunews.com/view/20150114

1에 가까울수록 불평등이 높다는 것을 의미한다.9) 그리고 소득 순위 상위 20%와 하위 20%의 평균 수치를 나눈 '균등화 처분 가능 소득 5분위 배율'은 2016년 2분기에 4.51, 2017년 2분기에 4.73, 2018년 2분기에 5.23 등이다.10)

인간을 파편화시키고 분절시켜 평화로운 어울림의 공동체 사회 건설을 방해하는 이러한 신자유주의 이념의 문제는 한국뿐만 아니라, 세계 곳곳에서 발생하고 있다. 예컨대 사회주의 이념을 내세우고 있는 중국 또한 1978년부터 시작된 '개혁개방' 정책의 영향으로 인해 사유의식의 확대와 더불어 빈부의 차이가 크게 나타나고 있다. 중국의 지니계수는 많은 자본주의 국가보다 높다. 중국의 지니계수는 2013년에 0.473에서 2016년에 0.465로 낮아졌지만, 여전히 높은 편이다.11) 이처럼 평등을 중시하는 사회주의 국가에서 여러 자본주의 국가보다 소득 불균형 현상이 크다는 것은 생산수단의 공유화를 중시하는 마르크스가 제창한 사회주의 이념과 구별되는 '중국식 사회주의'의 특징 가운데 하나다.12)

이러한 신자유주의는 자유주의의 영향을 받아 형성되었다. 자유·평등·박애와 함께 재화의 사적 소유를 하늘이 준 권리로 여기는

---

9) 국가지표체계,「지니계수」, 20181004
   (http://www.index.go.kr/potal/stts/idxMain), 20181114 검색.
10) 통계청,「2018년 2/4분기, 가계동향조사(소득부문) 결과」20180823.
   http://kostat.go.kr/portal/korea/kor_nw/2/4/3/index, 20181114 검색.
11) 〈十九大精神十三講〉編寫組, 2017,『十九大精神十三講』, 人民出版社, 7쪽
   참조.
12) 이철승, 2018,「현대 사회의 私有 문제와 '大同'철학의 현실적 의의」,『유교사
   상문화연구』74집, 316쪽 참조.

홉스Thomas Hobbes(1588~1679), 로크John Locke(1632~1704), 루소(Jean Jacques Rousseau(1712~1778), 스미스Adam Smith(1723~1790), 리카도David Ricardo(1772 ~1823), 맬서스Thomas Robert Malthus (1776~1834) 등의 사상가들에 의해 강조된 자유주의 이념은 자본주의의 생산 양식을 정당화시키는 이념적 토대 역할을 하였다.13)

이러한 자유주의 이념은 19세기에 유럽에서 영향력을 확대하면서 자유와 평등의 양립보다 부르주아 중심의 자유를 강조하면서 자본가와 노동자 사이의 빈부 차이를 비롯한 다양한 불평등 문제를 드러냈다. 19세기 말과 20세기 초에 스펜서의 사회진화론과 결합한 자유주의 이념은 제국주의 문화를 선도하며 아시아와 아프리카의 여러 나라를 유럽의 식민지로 전락시키는 역할을 하였다.14)

20세기에 등장한 신자유주의는 이러한 자유주의 이념을 계승하고 있다. 신자유주의 이념은 복지국가의 해체와 금융시장에 대한 규제의 철폐 및 자본의 유연화를 통한 '금융의 세계화'를 지향한다.15) 이 신자유주의는 화폐를 통한 자유시장 제도를 중시하는 프리드만Milton Friedman(1912~2006)과 칼 부르너K. Brunner 등의 통화주의16), 자본주의의 성장을 위해 케인스주의 식의 수요보다 공급을 중시하는 래퍼Arthur B. Laffer와 펠드슈타인Martin S. Feldstein 등의 공급중시 경제학17), 합리적

13) 이철승, 2007, 「'세계화' 시대 '유교공동체주의'의 의의와 문제」, 『시대와 철학』 제18권 3호, 145~146쪽 참조.
14) 이철승, 2018, 「현대 사회의 私有 문제와 '大同'철학의 현실적 의의」, 『유교사상문화연구』74집, 314쪽 참조.
15) 박승호, 2005, 「신자유주의와 자본의 금융축적 전략」, 『신자유주의와 세계화』, 도서출판 한울, 139쪽 참조.
16) 강상구, 2000, 『신자유주의의 역사와 진실』, 문화과학사, 95~97쪽 참조.

기대론에 회의를 갖는 무쓰John Muth와 루카스Robert Lucas와 사전트 Thomas Sargent 등의 신고전파 경제학[18]), 다수결의 원리와 대의제를 비판하며 공공선택을 중시하는 부캐넌James Buchanan과 털록Gordon Tullock과 올슨Mancur Olson 등의 공공선택 이론[19]), 불완전한 인간들에 의해 자생적으로 형성된 시장 질서를 중시하는 하이예크Friedrich August von Hayek(1899~1992)[20]) 등의 사상을 반영하였다. 20세기 후반에 미국과 영국은 이러한 신자유주의의 이념을 적극적으로 수용하고 전파하였다.[21])

결국 신자유주의 이념에 따르면 국가는 개인에 대해 간섭하지 말고 자유를 지켜주어야 하는데, 이때 재화의 소유는 자유의 중요한 영역이며 욕망 충족의 근거로 작용한다. 그런데 개인은 사유하고 싶은 대상에 대한 사유의 유무, 혹은 많음과 적음 사이의 차이에 따라 행복의 기준이 다를 수 있다. 이것은 신자유주의 이념의 영향을 받고 있는 사회에서 사적인 소유가 자본의 논리와 깊게 관련되고 있음을 의미한다. 왜냐하면 현대 사회에서 사유는 대부분 상품을 구매하는 방법으로 이루어지기 때문이다. 자본이 풍부한 사람은 많은 것을 구입할 수 있지만, 자본이 없거나 적은 사람은 사유하고 싶은 대상을 구입하지 못하거나 적게 구입할 수 있다. 이 때문에 자본이 풍부한 사람은 사유

---

17) 강상구, 2000, 『신자유주의의 역사와 진실』, 문화과학사, 97~98쪽 참조.
18) 강상구, 2000, 『신자유주의의 역사와 진실』, 문화과학사, 98~99쪽 참조.
19) 강상구, 2000, 『신자유주의의 역사와 진실』, 문화과학사, 100~101쪽 참조.
20) 강상구, 2000, 『신자유주의의 역사와 진실』, 문화과학사, 101~102쪽 참조.
21) 이철승, 2007, 「'세계화' 시대 '유교공동체주의'의 의의와 문제」, 『시대와 철학』 제18권 3호, 141~143쪽 참조. 이철승, 2018, 「현대 사회의 私有 문제와 '大同'철학의 현실적 의의」, 『유교사상문화연구』74집, 315쪽 참조.

하고 싶은 욕망을 충족하기가 수월하다. 그러나 자본이 없거나 적은 사람들은 그 욕망을 채우기 어렵다. 그들은 소득불균등으로 인해 절실하게 필요한 상품일지라도 구입하기가 쉽지 않다. 그들의 절망감 역시 클 수밖에 없다.[22)]

이러한 사회는 자본이라는 수단으로 인해 인간의 삶 역시 도구화되는 경향이 강하다. 곧 이러한 사회에서는 도구적 이성에 기초한 인간의 수단화 현상이 확산되어 이성의 공적 합리성이 약화될 뿐만 아니라, 도덕적 정체성을 추구하는 문화가 활발하게 전개되지 못한다.[23)]

이제 이러한 신자유주의의 문제에 대한 대안을 강구해야 한다. 인간을 도덕적 존재로 여기며 평화로운 어울림의 철학을 추구해온 전통철학, 특히 유가철학은 21세기의 시대 상황에 부응하도록 변용하고 발전시켜 신자유주의의 문제를 근원적으로 해결할 수 있는 사상 가운데 하나가 될 수 있다. 이는 공동체의식을 토대로 하는 건강한 공동체 사회의 구현을 추구하는 것으로 21세기형 우리철학을 정립하는 면에 중요한 역할을 할 수 있다.

3) 중앙 집중과 균형의식

한국은 산업화 정책이 본격적으로 시행되기 시작한 1960년대 이후부터 인구의 도시 집중 현상이 빠르게 증가하였다. 이러한 현상은 특

---

22) 이철승, 2018, 「현대 사회의 私有 문제와 '大同'철학의 현실적 의의」, 『유교사상문화연구』74집, 316쪽 참조.
23) 이철승, 2018, 「현대 사회의 私有 문제와 '大同'철학의 현실적 의의」, 『유교사상문화연구』74집, 315~316쪽 참조.

히 서울시, 인천시, 경기도 등 수도권에 집중적으로 나타났다. 정부의 정책도 이러한 현상을 반영하여 설계되고 집행되었다. 정치, 경제, 교육, 문화 등 거의 모든 영역이 수도권에 집중되는 상황이 발생했다. 이러한 현상은 수도권과 지방의 소득 격차를 비롯한 여러 방면에서 차이를 발생시켰다. 지방에 거주하는 사람들의 자괴감이 증가함과 아울러 수도권의 과밀 현상으로 인한 문제 역시 적지 않게 드러나고 있다. 이러한 상황을 인식한 정부는 21세기에 국가의 균형 발전이라는 명목으로 지방을 발전시키고자 하는 정책을 다각도로 펼치고 있다. 그러나 수도권으로의 집중 현상은 여전히 해소되지 않고 있다.

통계청이 제시한 행정구역(시도)별 경제활동인구의 상황에 대한 자료는 이러한 면의 심각성을 드러내준다.

행정구역(시도)별 경제활동인구(2018년 12월)[24]

시도별	15세 이상 인구(명)	경제활동인구 (명)	취업자 (명)	실업자 (명)	비경제활동 인구(명)	경제활동 참가율(%)
계	44,316,000	27,582,000	26,638,000	944,000	16,733,000	62.2
서울특별시	8,492,000	5,259,000	5,036,000	223,000	3,234,000	61.9
인천광역시	2,51,4,000	1,649,000	1,587,000	62,000	865,000	65.6
경기도	11,074,000	7,016,000	6,764,000	252,000	4,058,000	63.4
부산광역시	2,967,000	1,710,000	1,656,000	54,000	1,257,000	57.6
대구광역시	2,105,000	1,263,000	1,226,000	36,000	843,000	60.0
광주광역시	1,263,000	773,000	747,000	26,000	489,000	61.3
대전광역시	1,291,000	786,000	753,000	33,000	505,000	60.9
울산광역시	970,000	594,000	567,000	27,000	376,000	61.2
세종특별자치시	254,000	161,000	158,000	3,000	94,000	63.2
강원도	1,302,000	763,000	745,000	18,000	539,000	58.9

24) 통계청, 〈행정구역(시도)별 경제활동인구〉, 20190109 참조.
http://kosis.kr/20190121 검색.

시도별	15세 이상 인구(명)	경제활동인구(명)	취업자(명)	실업자(명)	비경제활동 인구(명)	경제활동 참가율(%)
충청북도	1,390,000	874,000	854,000	20,000	516,000	62.9
충청남도	1,867,000	1,180,000	1,147,000	33,000	687,000	63.2
전라북도	1,567,000	935,000	907,000	28,000	632,000	59.7
전라남도	1,539,000	986,000	971,000	16,000	552,000	64.1
경상북도	2,318,000	1,455,000	1,402,000	54,000	862,000	62.8
경상남도	2,852,000	1,791,000	1,741,000	50,000	1,060,000	62.8
제주도	552,000	387,000	379,000	9,000	164,000	70.2

이 자료에 의하면 2018년 12월 현재 한국의 경제활동 인구 27,582천 명 가운데, 서울(5,259천 명), 인천(1,649천 명), 경기(7,016천 명) 등 수도권 (13,924천 명)이 차지하는 비중은 50.48%로 과반을 넘고 있다. 전국의 취업자 26,638천 명 가운데, 서울(5,036천 명), 인천(1,587천 명), 경기(6,764 천 명) 등 수도권(13,387천 명)이 차지하는 비중 역시 50.25%로 과반을 넘어서고 있다. 이 취업 인구는 임금근로자와 비임금 근로자를 포함 하는 '종사상지위별'[25] 취업자로서 여러 형태의 취업을 하고 있는 모 든 사람을 의미한다.

또한 2017년 현재 한국의 전체 산업(개인사업체, 회사법인, 회사 이 외 법인, 비법인 단체)의 사업체 4,019,872개 가운데, 서울(822,863개), 인천(196,705개), 경기(878,275개) 등 수도권(1,897,843개)이 차지하는 비중 은 47.2%로 과반에 가깝다.[26]

---

25) '종사상지위별' 취업자=비임금근로자+임금근로자. 비임금근로자=자영업자+ 무급가족종사자. 자영업자=고용원이 있는 자영업자+고용원이 없는 자영업자. 임금근로자=상용근로자+임시근로자+일용근로자. 통계청, 2019년 1월 9일, 〈행 정구역(시도)/종사상지위별 취업자〉, 참조. http://kosis.kr/20190121 검색.
26) 통계청, 2018년 12월 28일, 〈시도·산업·조직형태별 사업체수〉, 참조.

2015년 현재 수도권 사업체의 매출액은 2,921조 4,140억 원으로 전체 5,311조 1,970억 원의 55%를 차지하였고, 수도권의 영업 이익은 176조 5,350억 원으로 전체 349조 4,220억 원의 50.5%에 해당한다.[27]

정부의 연구개발 활동비 역시 수도권에 집중되는 경향이 있다. 예컨대 2015년을 기준으로 할 때 공공연구기관, 대학, 기업에 투자되는 연구개발비 총 65조 9천억 원 가운데 서울과 경기에 투자된 비용은 63.4%에 해당하는 41조 8천억 원이다. 대학으로 제한할 경우, 총 5조 9천억 원 가운데 50.7%에 해당하는 3조 원이 수도권 대학에 투자되었다. 이는 수도권 대학이 전국 대학 수의 38%에 해당함을 감안할 때 과한 수치라고 할 수 있다.[28]

한국은 그동안 여러 정치적인 상황으로 인해 영남과 호남으로 상징되는 지역감정의 문제가 있었다. 이러한 지역감정은 특정 지역과 특정 지역의 사람들을 왜곡된 시각으로 폄하하며 비합리적인 문화를 양산하여 국론이 분열되는 상황을 초래하였다. 역사의 진행 과정에서 뜻있는 사람들이 이러한 잘못된 의식과 문화를 극복하기 위해 많은 노력을 기울인 결과, 최근에 이러한 지역감정의 폐해가 완화되고 있다.

---

http://kosis.kr/20190121 검색.

27) 이윤희 기자, 2017년 12월 17일, '사업체 47%가 수도권…종사자·매출액은 절반 이상 집중', 〈뉴시스〉 참조. https://news.joins.com/article/20190121 검색.

28) 문광호 기자, 2018년 4월 9일, '수도권 중심 R&D…지방대학들은 말라 죽는다', 〈교수신문〉, 참조. http://www.kyosu.net/news/20190120 검색. 특히 사립대학의 경우, 서울지역 사립대학이 전체 사립대학의 57.9%에 해당하는 연구비를 지원받고 있다. 김한나 기자, 2020년 2월 2일, "대학 연구비, 수도권 편중 '여전'…전체 72.3%가 정부 예산', 〈대학지성〉, 참조.
http://www.unipress.co.kr/news/20200204 검색.

그러나 이러한 지역감정의 완화 현상과 달리, 서울과 지방 혹은 수도권과 지방 등의 격차 문제는 여전히 발생하고 있다. 한국은 1949년에 첫 지방자치제가 도입되었지만, 이 제도가 현재와 같이 모든 기초단체까지 해당된 것은 아니다. 이러한 부분적인 지방자치제도는 1961년부터 폐지되고 기초자치단체의 장을 관에서 임명하는 제도로 바뀌었다. 1991년에 부분적으로 지방의회가 설치되었지만, 현재와 같은 본격적인 지방자치제도는 1995년에 부활되었다. 이러한 한국의 지방자치제도는 이른바 '풀뿌리 민주주의' 등 민주주의의 저변을 확대하는 데 기여하였다. 또한 한국은 행정복합도시인 세종시와 각 지역에 혁신도시를 건설하여 국토의 균형발전을 꾀하고 있다.

그러나 이러한 정부의 노력에도, 한국에서 수도권으로의 집중 현상은 사라지지 않고 있다. 이른바 '서울공화국' 혹은 '인 서울'이란 신조어가 등장할 정도로 수도권으로의 집중 현상이 지속되고 있다. 이러한 현상은 국토의 불균형 발전으로 인한 지방 소외의식의 팽배 문제 못지않게, 수도권에 거주하는 사람들에게도 교통문제와 주거문제와 환경문제를 비롯한 많은 문제가 양산되고 있다. 특히 중심과 주변이라는 이분법적 구도로 인한 경직된 분리의식은 공동체의 붕괴를 비롯한 다양한 문제를 발생시키고 있다.

이러한 중심우월주의와 주변소외라는 배타적인 배제의 논리를 토대로 하는 중앙 집중화 현상은 한국의 문제일 뿐만 아니라, 세계의 문제일 수 있다. 자기중심주의를 토대로 하는 배타성의 문제는 인종, 종교, 지역, 문화 등 다양한 형태로 나타날 수 있기 때문이다.

이제 이러한 문제에도 깊은 관심을 기울여야 한다. 이러한 문제에 대한 심층적인 성찰과 분석을 통한 체계적인 이론 정립은 21세기형 우리철학의 형성에 사상적 기여를 할 수 있다.

4) 법치주의와 도덕의식

오늘날 한국을 비롯한 많은 자유민주주의 국가에서는 법치주의가 일반화되고 있다. 그런데 이때 법치주의는 통치 수단으로 활용되고 있지만, 그 법치에서 법의 기준은 자연법을 중심으로 하지 않고 법실증주의에 의한 실정법을 기초로 한다.

인간은 정치적 존재이고, 법치法治와 덕치德治는 통치의 주요 수단이다. 법치는 주로 객관적으로 규정된 규범체계에 의해 통치하는 것을 말하고, 도덕정치는 주로 내부에 함유된 도덕의식의 발현에 의해 통치하는 것을 의미한다. 또한 법치는 강제 질서의 필요성을 강조하지만, 도덕정치는 자율적인 질서의식을 중시한다. 이때 실정법을 중시하는 법실증주의자들은 존재와 당위 및 사실과 가치를 유기적인 관계로 여기는 자연법론자들과 다르게 존재와 당위 및 사실과 가치의 분리를 중시한다.[29]

곧 법실증주의를 옹호하는 사람들은 객관성과 합리성에 근거한 효율성을 중시한다. 그들에 의하면 자연법론은 당위적인 요소가 강한 법의 형이상학으로서 관념적이고 이원론적이며 절대적이기 때문에 비실제적이다. 그리고 도덕의식은 가치중립적인 사실로부터 직접적으로 도출되지 않는다.[30]

---

29) 이철승, 2014,「민주주의의 법치와 유가의 덕치 문제 - 법실증주의의 법의식과 초기 유가의 도덕의식을 중심으로 - 」,『철학연구』제106집, 철학연구회, 46~47쪽 참조.

켈젠에 의하면 형이상학적인 도덕규범은 인식의 대상이 아니라, 주관적인 믿음의 영역이다. 그는 인식의 대상이 아닌 것에 대해 진정한 의미의 정의규범이 아니라고 생각한다. 그는 참된 정의규범에 대해 주관적인 상상에 의해 획득되는 신념이 아니라, 경험세계에서 이성적으로 파악할 수 있는 과학적이고 합리적인 규범이라고 생각한다. 이 때문에 그는 신神 혹은 자연주의적인 관점에서 획득되는 것 역시 정의규범이 아니라고 생각한다. 그의 견해에 따르면 오직 입법자나 법관들이 역사의 현장에서 발생되는 인간의 문제를 해결하기 위해 제정한 실정법만 정의규범이다.[31]

실정법은 법실증주의의 관점을 철저히 반영한다. 법실증주의는 개인의 특수한 환경이나 주관적인 신념보다 객관적인 사실을 중시한다. 이는 동기와 과정보다 결과를 중시하는 것이다. 곧 어떤 법률을 위반했을 때, 왜 그 법률을 위반했는지의 원인 규명보다 법률을 위반한 사실을 중시한다. 불가피한 상황에서 법률을 위반한 경우에 정당방위를 인정하는 경우도 있지만, 상당수는 법률로 정한 법조항의 위반 여부를 규명하는 면에 관심을 집중시킨다. 정당방위를 인정하는 경우에도 그 상황에 대해 규정한 법조항에 의존하여 정당방위의 여부를 판단한다.[32]

30) 이철승, 2014, 「민주주의의 법치와 유가의 덕치 문제 - 법실증주의의 법의식과 초기 유가의 도덕의식을 중심으로 - 」, 『철학연구』제106집, 철학연구회, 48쪽 참조.

31) 한스 켈젠 지음, 변종필·최희수 옮김, 1999, 『순수법학』, 길안사, 527쪽 참조; 이철승, 2018, 「21세기 한국의 민주주의와 유가철학 - 타율성과 자율성의 문제를 중심으로 - 」, 『철학연구』제148집, 대한철학회, 15쪽 참조.

32) 이철승, 2018, 「21세기 한국의 민주주의와 유가철학 - 타율성과 자율성의 문제를 중심으로 - 」, 『철학연구』제148집, 대한철학회, 15쪽 참조.

이러한 실정법은 인간을 강제할 수 있는 이론 근거의 역할을 하기 때문에 실정법 체계에 속해 있는 사람들은 판단의 주체가 비록 자율적인 선택을 한 것처럼 보일지라도, 그의 선택이 법조항이라는 근거에 의존할 수밖에 없다. 그의 자율이 비록 내면의 도덕성에 의해 선택된 내용이라 할지라도, 그 선택이 실정법에 위배되는 것이라면 그가 선택한 자율의 의미는 퇴색될 수밖에 없다. 따라서 그의 자율은 제한된 자율이다. 그 제한된 자율의 근거는 누구의 간섭 없이 스스로가 자유롭게 판단한 사유의 결과가 아니라, 이미 누군가에 의해 정해진 법률이다. 따라서 실정법은 본질적으로 인간을 자유로운 판단의 주체가 아니라, 자율적인 판단을 심사하는 법률이라는 타율성에 의존하도록 안내한다.[33]

서양에서는 플라톤이 그의 『정체政體, Politeia』에서 도덕성을 중시하는 '철인정치哲人政治'를 주장하고, 『법률法律, Nomoi』에서 '철인정치'의 이상을 실정법에 반영하여 도덕정치와 법치의 조화를 추구한 이래, 한편으로 아리스토텔레스의 목적론적 자연법으로부터 토마스 아퀴나스Thomas von Aquino의 신학적 자연법과 칸트의 실천이성의 자연법을 거쳐 현대의 라드부르흐Gustav Radbruch(1878~1949)까지 이어져온 자연법의 전통이 있다. 다른 한편으로 독일의 후고Gustav von Hugo (1764~1844)와 사비니Friedrich Karl von Savigny(1779~1861) 등에 의해 창립된 '역사법학파'와 영국의 벤담Jeremy Bentham(1748~1832)과 오스틴John Austin (1790~1859) 등의 공리주의를 각각 계승한 켈젠Hans Kelsen(1881~1973)과

---

33) 이철승, 2018, 「21세기 한국의 민주주의와 유가철학 - 타율성과 자율성의 문제를 중심으로 - 」, 『철학연구』제148집, 대한철학회, 15~16쪽 참조.

하트Herbert Lionel Adolphus Hart(1907~1992) 등의 법실증주의가 법치의 이론적 중추 역할을 하고 있다.[34]

중국에서는 이회李悝, 오기吳起, 상앙商鞅, 신불해申不害, 신도愼到, 한비韓非 등의 법가와 공자와 맹자를 중심으로 하는 초기 유가의 덕치론이 등장한 이래, 현실 정치인들의 선호도에 따라 법치와 도덕정치가 각각 주요한 통치 방법으로 여겨졌다. 특히 진나라는 법가의 이념에 충실했지만, 한나라는 유가의 이념에 충실하고자 했다. 그리고 남송 시대에 유가의 이념이 과거 시험의 주요 과목으로 채택된 이후, 원, 명, 청까지 유가의 가치관은 통치의 주요 이념 역할을 하고, 그 이념을 실현하는 과정에 법치가 배제되지 않았다.[35]

이는 도덕정치와 법에 의한 통치가 송대 이후 전통 사회의 현실 정치에서 상호 배타적으로 작용하지 않고, 보완의 역할을 했음을 의미한다. 성리학을 주요 이념으로 여겼던 조선에서도 이러한 기조가 유지되었다. 이는 송대 이후의 중국 전통 사회와 조선 사회에서 유가의 도덕의식이 주요 통치 이념으로 여겨짐과 아울러, 그 이념을 구체적으로 실현하는 과정에 법치의 방법이 활용되었음을 의미한다.[36]

---

34) 이철승, 2014, 「민주주의의 법치와 유가의 덕치 문제 - 법실증주의의 법의식과 초기 유가의 도덕의식을 중심으로 - 」, 『철학연구』제106집, 철학연구회, 47쪽 참조.
35) 이철승, 2014, 「민주주의의 법치와 유가의 덕치 문제 - 법실증주의의 법의식과 초기 유가의 도덕의식을 중심으로 - 」, 『철학연구』제106집, 철학연구회, 47~48쪽 참조.
36) 이철승, 2014, 「민주주의의 법치와 유가의 덕치 문제 - 법실증주의의 법의식과 초기 유가의 도덕의식을 중심으로 - 」, 『철학연구』제106집, 철학연구회, 48쪽 참조.

21세기인 오늘날 한국의 통치 이념은 민주주의이다. 그런데 이 민주주의 이념을 지탱하는 이론적 근거는 1987년 10월 29일에 개정된 제10호 헌법이다. 이 헌법은 1987년 6월 항쟁의 결과물로서 1980년 10월 27일 전두환을 중심으로 한 군부세력의 영향에 의해 채택된 제9호 헌법을 개정하였다. 제10호 헌법은 대통령 직선제의 도입, 대통령의 권한 축소, 입법부와 사법부의 권한 강화, 헌법재판소 설치, 언론과 사상의 자유 강화, 사회적 약자에 대한 권익 보호 등 제8호 헌법과 제9호 헌법에 비해 민주적인 내용이 강화되었다.[37]

그러나 이 헌법은 1987년 6월 항쟁의 주역인 민중과 사회단체들에 의해 주도되기보다 집권 여당과 야당을 대표하는 제도권 내의 권력 엘리트들에 의해 주도되었다. 1987년 8월 31일 제7차 헌법개정특별위원회의 의결에 따라 당시 집권 여당인 민주정의당 의원 5인, 야당 의원 5인(통일민주당 3, 신한민주당 1, 한국국민당 1) 등 총 10명의 의원이 헌법개정안을 기초하였고, 그 해 10월 12일 개헌안이 국회 본회의를 통과하였으며, 그 해 10월 27일 국민투표를 거쳐 10월 29일 공포되었다.[38]

이는 그해 12월의 대통령 선거를 앞둔 상태에서 군부세력의 핵심인 민주정의당과 김대중·김영삼이 이끄는 통일민주당 사이에 절충된

---

37) 이철승, 2018, 「21세기 한국의 민주주의와 유가철학 - 타율성과 자율성의 문제를 중심으로 - 」, 『철학연구』제148집, 대한철학회, 6쪽 참조.
38) 홍익표, 2017, 「풍요 속의 빈곤 - 87년 헌법 개정 논의에 대한 비판적 고찰 - 」, 『법교육연구』 12권 2호, 한국법교육학회, 183-184쪽 참조. 이철승, 2018, 「21세기 한국의 민주주의와 유가철학 - 타율성과 자율성의 문제를 중심으로 - 」, 『철학연구』제148집, 대한철학회, 6쪽 참조.

것으로, 광범위하면서도 실질적인 민주주의 이념이 온전히 반영되는
데에 한계가 있었다.[39]

이 헌법의 핵심은 제1장 제1조의 "① 대한민국은 민주공화국이다.
② 대한민국의 주권은 국민에게 있고, 모든 권력은 국민으로부터 나
온다."[40]라고 하는 내용이다. 이 내용은 1948년 제헌 헌법의 제1장
제1조 및 제2조와 본질적인 차이가 없다. 그러나 이 제10호 헌법은
전문에서 "자유민주적 기본질서를 더욱 확고히 하여"[41]라고 지적하
고, 제4조에서 "대한민국은 통일을 지향하며, 자유민주적 기본질서에
입각한 평화적 통일 정책을 수립하고 이를 추진한다."[42]라고 하여,
'자유민주적 기본질서'를 중요한 이념으로 설정하고 있다.[43]

그런데 이 '자유민주적 기본질서'라는 개념은 제헌 헌법에 있지 않
았다. 제헌 헌법은 이 부분에 대해 "민주주의제제도를 수립하여"[44]라
고 표현하였다. '민주주의의 여러 제도'라는 말과 '자유민주주의'라는
말에는 많은 차이가 있다. 곧 제헌 헌법부터 제7호 헌법까지는 한국을
민주공화국으로 규정하고 민주주의의 다양한 제도에 대해 열린 시각
을 유지하였지만, 다양한 민주주의 가운데 오직 '자유민주주의'로 제
한하지는 않았다. '민주주의의 여러 제도'를 '자유민주적 기본질서'로

---

39) 이철승, 2018, 「21세기 한국의 민주주의와 유가철학 - 타율성과 자율성의 문제
를 중심으로 - 」, 『철학연구』제148집, 대한철학회, 6~7쪽 참조.

40) 〈대한민국헌법 제10호(전문개정, 1987.10.29)〉 제1장 제1조

41) 〈대한민국헌법 제10호(전문개정, 1987.10.29)〉 전문

42) 〈대한민국헌법 제10호(전문개정, 1987.10.29)〉 제1장 제4조

43) 이철승, 2018, 「21세기 한국의 민주주의와 유가철학 - 타율성과 자율성의 문제
를 중심으로 - 」, 『철학연구』제148집, 대한철학회, 7쪽 참조.

44) 〈대한민국헌법 제1호(제정, 1948. 7. 17)〉 전문, "民主主義諸制度를 樹立하여"

수정한 것은 이른바 '유신 헌법'으로 불리는 '제8호 헌법'45)부터다. 제8호 헌법은 이 부분을 "자유민주적 기본질서를 더욱 공고히 하는"46)으로 수정하였다. 이 부분은 군부 실세인 전두환 세력에 의해 개정된 제9호 헌법에서 "자유민주적 기본질서를 더욱 확고히 하여"47)로 수정된 다음, 1987년 6월 항쟁을 통해 확립된 제10호 헌법에 수정 없이 그대로 반영되었다.48)

이처럼 제10호 헌법은 다양한 민주주의의 제도를 포함하고 있지

---

45) 박정희 정권은 유신 헌법을 제정하면서 그 전문에 '자유민주적 기본질서'라는 개념을 삽입한다. 당시 우리 헌법의 영역 대본을 보면 '자유민주적 기본 질서'는 'Basic free and democratic order'로 되어 있다. 이것은 독일 본 기본법의 'Freiheitliche demokratische Grundordnung(자유로운 민주주의적 기본 질서)'과 일치한다. 국순옥, 2015, 「헌법학의 입장에서 본 자유민주주의의 두 얼굴」, 『민주주의 헌법론』, 아카넷, 189쪽 참조. 국순옥에 의하면 '자유민주적 기본질서'의 개념은 제7차 헌법 개정의 산물인 1972년의 유신 헌법(제8호 헌법) 때 삽입되었다. 박정희는 이 유신 헌법을 통해 정당의 목적이나 활동의 한계를 규정했다. 1972년의 유신 헌법은 1960년과 1962년 헌법의 '민주적 기본질서'를 '자유민주적 기본질서'로 바꿨다. 그것은 우리의 구체적 현실에 바탕을 둔 주체적 사고의 결과가 아니고, 1952년의 독일사회주의국가당 사건과 1956년의 독일공산당 사건에서 독일 연방헌법재판소가 본 기본법의 'Freiheitliche demokratische Grundordnung'의 관점에 근거하여 각각 독일사회주의국가당과 독일공산당의 해산을 결정한 내용을 무비판적으로 수용한 것이다. 국순옥, 2015, 「자유민주적 기본 질서란 무엇인가」, 『민주주의 헌법론』, 아카넷, 215-217쪽 참조.

46) 〈대한민국헌법 제8호(전문개정, 1972.12.27)〉 전문, "自由民主的 基本秩序를 더욱 공고히 하는"

47) 〈대한민국헌법 제9호(전문개정, 1980.10.27)〉 전문, "自由民主的 基本秩序를 더욱 확고히 하여"

48) 이철승, 2018, 「21세기 한국의 민주주의와 유가철학 – 타율성과 자율성의 문제를 중심으로 – 」, 『철학연구』제148집, 대한철학회, 7~8쪽 참조.

못하고, 민주주의의 여러 형태 가운데 일부인 '자유민주주의'를 중시한다. 그리고 이 제10호 헌법은 제2조 1항에서 "대한민국의 국민이 되는 요건은 법률로 정한다."라고 하고, 제11조 1항에서 "모든 국민은 법 앞에 평등하다. 누구든지 성별·종교 또는 사회적 신분에 의하여 정치적·경제적·사회적·문화적 생활의 모든 영역에 있어서 차별을 받지 아니한다."라고 했으며, 제12조 1항에서 "모든 국민은 신체의 자유를 가진다. 누구든지 법률에 의하지 아니하고는 체포·구속·압수·수색 또는 심문을 받지 아니하며, 법률과 적법한 절차에 의하지 아니하고는 처벌·보안처분 또는 강제노역을 받지 아니한다."라고 했다. 이는 한국이 국민의 자격, 권리, 의무 등 모든 기본권의 근거와 기준을 도덕성이 아니라 법률로 정하고 있음을 의미한다. 이러한 법에 의한 지배를 의미하는 법에 의한 통치와 같은 법 중심주의의 논리는 국민들에게 법을 판단의 최후 보루로 여기도록 유도한다.[49)]

그런데 자유민주주의는 인간을 이기적인 존재로 여기며, 이기심을 긍정적으로 생각한다. 그러나 이기심은 배타성을 띠기 때문에 다른 이기심과 충돌할 수밖에 없다. 이기심과 이기심의 충돌은 서로의 이기심에 상처가 될 수 있으므로 이것을 조절하기 위해 계약이 필요하다. 이성적 합의의 결정체인 법은 이러한 사회계약에 의해 결정된 것이기에 객관성과 합리성을 담보한 것으로 이해된다.[50)]

이 때문에 자유민주주의의 이념을 채택하고 있는 나라에서 중시하

---

49) 이철승, 2018, 「21세기 한국의 민주주의와 유가철학-타율성과 자율성의 문제를 중심으로-」, 『철학연구』제148집, 대한철학회, 14쪽 참조.

50) 이철승, 2014, 「민주주의의 법치와 유가의 덕치 문제-법실증주의의 법의식과 초기 유가의 도덕의식을 중심으로-」, 『철학연구』제106집, 철학연구회, 48~49쪽 참조

는 법실증주의는 자연법적 의미를 함유한 이른바 국민의 '법감정'에 휩쓸리지 않고, 냉정하게 사태를 바라보며 평가 기준을 냉철하게 제시한다. 법실증주의의 관점에 의하면 실정법은 행위규범이고 강제규범이며, 사람은 한 사람도 예외 없이 법 앞에서 평등하다. 따라서 '악법'도 법이다. 이것은 자연법에서 '악법은 법이 아니다'라고 주장하는 견해와 다르다.[51]

그러나 자유민주주의 국가의 입법 기관에서 입법의 주체는 자신의 계급적 특성을 반영하는 경우가 많다. 입법 주체의 계급적 특성이 반영된 법은 다양한 구성원들의 여러 입장을 고르게 반영하는 면에 제한적이다. 이는 사회의 구성원 모두가 법 앞에서 실제적으로 평등할 수 없음을 의미한다. 이러한 구조적인 문제로 인해 법 집행 과정에서 다양한 형태의 소외 현상이 발생한다. 이른바 '무전유죄無錢有罪', '유전무죄有錢無罪', '소전중죄少錢重罪', '다전과죄多錢寡罪', '무권유죄無權有罪', '유권무죄有權無罪', '소권중죄少權重罪', '다권과죄多權寡罪' 등은 이러한 상태를 반영하는 말이다.[52]

역사에서는 성문법에 기초한 이러한 실정법의 집행으로 인해 피해를 입은 사람이 적지 않게 발생해왔다. 이 실정법은 타율적인 질서의식을 중시하므로 자유의지의 발현에 제한이 된다. 또한 법규범의 과거지향성으로 인해 새롭게 형성되는 상황에 능동적으로 대처하는 면에 제한적이다. 이처럼 실정법의 수동성과 소극성의 성향은 창의성의

---

51) 이철승, 2014, 「민주주의의 법치와 유가의 덕치 문제 - 법실증주의의 법의식과 초기 유가의 도덕의식을 중심으로 - 」, 『철학연구』제106집, 철학연구회, 49쪽 참조.
52) 이철승, 2014, 「민주주의의 법치와 유가의 덕치 문제 - 법실증주의의 법의식과 초기 유가의 도덕의식을 중심으로 - 」, 『철학연구』제106집, 철학연구회, 49쪽 참조.

발현과 적용에 사상적 제약이 될 수 있다.[53]

이와 같이 법실증주의는 실정법을 중시하기 때문에 이미 정해진 법을 현실에 적용시키는 면에 효율성이 있을지라도, 그 법 자체의 기원과 역할과 의미를 규명하는데 한계가 있다. 곧 이미 있는 법을 집행하는 정책적 측면에 법실증주의의 효력이 있을지라도, 그 법을 존재하게 하는 입법정신의 가치를 정당화할 근거가 박약하다. 비록 헌법이 이러한 문제점에 대한 대안의 성격을 띨 수 있을지라도, 헌법정신은 법의 가치를 반영하기 때문에 도덕의식과 무관하지 않다. 이것은 존재와 당위, 사실과 가치 등의 분리를 중시하는 법실증주의의 논리와 충돌할 수밖에 없다.[54]

이러한 법치와 달리 도덕정치는 도덕성을 갖춘 사람을 통치자로 만들거나, 통치자가 도덕성을 갖추기를 요구한다. 이는 그 사회의 구성원들이 도덕성을 함유하고 있음을 전제로 하기 때문에 도덕성을 갖추지 않은 지도자가 제멋대로 정치할 수 없음을 의미한다. 곧 도덕정치는 법치에서 중시하는 실정법을 문제 해결의 본질적 대안으로 여기지 않고, 실정법을 도덕실현의 목적이 아니라 수단으로 여긴다. 도덕정치는 법치에서 말하는 법의식의 근거를 도덕의식으로 여긴다. 그리고 이러한 도덕의식은 강제적인 타율성에 의해 발현되지 않고,

---

53) 이철승, 2014, 「민주주의의 법치와 유가의 덕치 문제 – 법실증주의의 법의식과 초기 유가의 도덕의식을 중심으로 – 」, 『철학연구』제106집, 철학연구회, 49쪽 참조.
54) 이철승, 2014, 「민주주의의 법치와 유가의 덕치 문제 – 법실증주의의 법의식과 초기 유가의 도덕의식을 중심으로 – 」, 『철학연구』제106집, 철학연구회, 49~50쪽 참조.

자율적으로 발현된다. 그러나 이는 도덕성을 갖춘 사람이 현실적으로 드러나지 않을 때, 어떻게 통치할 수 있는지에 대한 대안이 박약하다. 따라서 이것은 당위적으로 수용될 수 있을지라도, 현실적으로 받아들이기에 난점이 있다.[55]

이처럼 오늘날 자유민주주의 사회에서 일반적으로 적용되고 있는 실정법을 중심으로 하는 법치주의는 문제점이 있다. 또한 법치의 문제에 대한 대안의 성격을 띤 도덕정치 역시 문제점이 발생하고 있다. 따라서 법치와 덕치의 유기적인 관계에 의한 통치 수단과 관련된 실제적인 연구가 필요하다. 이에 대한 의미 있는 연구는 21세기형 우리 철학 정립의 중요한 내용이 될 뿐만 아니라, 현대 사회에서 의미 있게 적용될 수 있는 보편적인 통치철학이 될 수 있다.

5) 종교 갈등과 다원성

종교는 존재와 가치의 근거이며 과학적인 인식의 방법보다 경험적인 신앙으로 이해하는 신념 형태의 초자연적인 세계관이라고 할 수 있다. 종교의 역사는 인류의 역사에 비례할 정도로 오랜 기간 인간의 삶과 밀접하게 관계해왔다.

종교는 크게 타력 종교와 자력 종교로 구분할 수 있다. 타력 종교는 신앙의 대상이 인간 이외의 존재로서 신이나 절대자이고, 인간을 그 신이나 절대자에게 복종하는 존재로 여긴다. 자력 종교는 신앙의 대

---

55) 이철승, 2014, 「민주주의의 법치와 유가의 덕치 문제 – 법실증주의의 법의식과 초기 유가의 도덕의식을 중심으로 – 」, 『철학연구』제106집, 철학연구회, 50쪽 참조.

상이 인간의 외부가 아니라, 인간의 내부에 있는 것으로 생각한다. 예컨대 신의 절대성을 인정하는 기독교는 타력 종교이고, 마음을 중시하는 불교는 자력 종교이다.

　역사적으로 세계 곳곳에서 수많은 종교가 명멸하였고, 종교 간에 갈등이 증폭되어 전쟁을 일삼는 경우도 있었다. 종교에는 다른 종교를 인정하지 않는 배타성을 띤 종교도 있고, 다른 종교를 인정하고 존중하는 포용력을 가진 종교도 있다. 종교의 역사에서 배타성을 띤 일부의 종교는 이념이 다른 종교를 인정하지 않기 때문에 다른 종교와 갈등 관계를 형성한다. 또한 큰 범주의 측면에서 같은 종교에 해당할지라도, 구체적인 내용에서 차이를 보이는 경우도 있다. 이러한 경우에 같은 종교이지만, 여러 종파로 분리된다. 인류의 역사에 흔적을 남긴 종교 전쟁과 이단 논쟁 등은 다른 종교 혹은 같은 종교 내 종파들 사이의 관점 차이로 인한 갈등이 현실에 반영된 것이다.

　이러한 종교의 이념 문제로 인한 갈등은 한국의 역사에서도 있었고, 세계사에서도 나타났었다. 조선 초기의 불교배척과 조선 후기의 천주교 배척 사건, 로마 시대의 기독교 탄압과 중세의 십자군 전쟁 등은 여기에 해당한다.

　그리고 이러한 종교의 이념 문제로 인한 갈등은 현대 사회에도 빈번하게 발생하고 있다. 한국 사회에서 나타나는 특정 종교에 의한 우상숭배 논쟁과 이단 논쟁, 이슬람 국가 사이에서 발생하는 종교 분쟁 등이 여기에 속한다.

　특히 한국은 21세기인 현재에도 양심적 병역 거부 문제, 성소수자 인권 문제, 신흥 종교 문제, 광신도 문제, 우상화 문제, 선민의식 문제, 종파 문제, 부패 문제, 세속화 문제, 세제 문제, 말세론 문제, 정통성 문제, 도덕성 문제 등 종교와 관련된 다양한 문제가 끊임없이 발생하고 있다.

현재 한국에는 많은 종교가 있다. 2015년 기준 통계청이 발표한 총 인구는 49,052,389명인데, 종교 없음은 27,498,715명이고, 종교 있음은 21,553,674명이다. 21,553,674명의 종교인 가운데, 주요 종교별 인구는 다음 표와 같다.56)

기독교 (개신교)	불교	기독교 (천주교)	원불교	유교	천도교	대순진리회	대종교	기타
9,675,761	7,619,332	3,890,311	84,141	75,703	65,964	41,176	3,101	98,185

총 인구대비 비율에서 기독교(개신교) 19.73%, 불교 15.53%, 기독교(천주교) 7.93%, 원불교 0.17%, 유교 0.15%, 천도교 0.13%, 대순진리회 0.08%, 대종교 0.01%, 기타 0.20% 등 종교인이 43.94%를 차지하고 있고, 무종교인은 56.06%를 차지하고 있다.

여기에서 특이한 것은 개신교와 천주교를 합한 기독교인이 전체 인구의 1/4이 넘는 27.66%이고, 조선 시대의 주요 이념이었던 유교를 종교로 생각하는 사람이 0.15%에 해당하는 점이다. 기독교의 인구가 짧은 기간 동안 광범위하게 증가한 것은 근대전환기 이후 기독교사상을 배경으로 하는 서구 문명이 세계의 질서를 주도했고, 한국은 그러한 문명의 흐름에 빠르게 편입되었기 때문이다.

그리고 조선시대의 국가 이념이었던 유교를 종교로 생각하는 사람

---

56) 통계청, 〈성별/연령별/종교별 인구〉, 20170105 참조. http://kosis.kr/20190124 검색.

이 적은 이유 가운데 하나는 유교를 종교가 아니라 철학으로 생각하는 사람이 많기 때문이다. 유교에 대해 긍정적으로 바라보는 사람 가운데 상당수는 유교를 종교로 보는 시각에 비판적이다. 그들은 종교의 특징 가운데 하나인 사후 세계의 인정 문제에서 유교가 내세를 부정하고 현실을 중시한 것으로 생각한다. 이 때문에 그들은 유교를 종교가 아니라 철학, 사상, 문화의 측면으로 바라본다. 실제로 현재 한국에서 유교에 대해 이러한 관점을 가진 사람은 적지 않다.

또한 각 종교의 활동 사항을 유추할 수 있는 종교별 단체 수는 2018년 기준으로 개신교 374개, 불교 482개, 천주교 1개, 원불교 1개, 유교 1개, 천도교 1개, 한국민족종교협의회 10개, 기타 52개 등 총 927개이다.57)

이처럼 현재 한국에는 인구의 절반 가까이가 종교를 가지고 있고, 종교의 수 역시 매우 많다. 여기에서 소개하지 않은 종교 역시 적지 않다. 신흥 종교 역시 끊임없이 형성되고 있다. 이러한 현실은 각 종교에 속한 종교인들이 다른 종교에 속한 종교인들의 관점을 존중해야 할 필요성을 증가시킨다. 만일 일부의 종교에 속한 종교인들이 자신이 신봉하는 종교의 관점에서 다른 종교와 종교인들에 대해 우월의식을 가지고 배척하는 태도를 보인다면 많은 문제가 발생할 수 있다. 특히 배타성을 띤 서로 다른 종교가 서로에 대해 배척하고 배제시키는 태도를 보인다면 이들 사이의 갈등은 필연적으로 나타날 수밖에 없다.

---

57) 문화체육관광부 발간등록번호(11-1371000-000906-01), 2019년 1월 14일, 〈2018년 한국의 종교현황〉, 98쪽 참조. http://www.mcst.go.kr/20190123 검색. 각 종교단체의 구체적인 활동 상황에 대해서는 여기에 소개한 〈2018년 한국의 종교현황〉을 참조하기 바람.

현재 한국에는 이러한 종교와 종교 사이의 관점 차이로 인한 갈등이 적지 않게 발생하고 있다. 심지어 가족 구성원들 사이에서도 종교적인 신념 차이로 인한 갈등이 나타나고 있다. 이러한 종교적 신념차이로 인한 갈등은 학교, 직장, 사회 등 거의 모든 곳에 잠재되어 있다. 이러한 문제는 다원성을 존중하지 않을 경우, 언제 어느 곳에서든지 발생할 수 있다.

이러한 문제에 대한 철저한 분석을 통해 합당한 해결책을 강구하는 것은 21세기형 우리철학의 정립에 필요할 뿐만 아니라, 중요하다.

2 문화 현상

문화란 넓은 의미로 자연과 대비되는 인간의 모든 활동이나 그 산물을 말한다. 이는 인간의 의지가 개입되지 않은 자연과 구별되는 것으로, 인간이 자연을 변형하고 가공하는 노동 행위 혹은 인위적인 모든 활동을 아우른다. 좁은 의미로는 인간의 활동 가운데 정치적인 활동이나 경제적인 활동과 구별되는 것으로, 학문이나 예술처럼 가치를 추구하는 활동을 의미한다. 이는 생물학적인 욕망 충족에 국한하는 활동이 아니라 인간다움의 가치를 실현하기 위한 활동 및 그 산물을 아우른다. 결국 문화란 인간이 삶의 과정에서 인위적으로 무늬를 입혀 가치를 창출하는 활동이라고 할 수 있다.

그런데 문화 활동은 그 활동에 참여하는 사람들의 의지와 목적이 순조롭게 이루어지는 경우와 그렇지 않은 경우가 있고, 동기와 과정과 결과가 각각 다르게 나타나는 경우도 있으며, 타인에게 유익 혹은 손실을 끼치는 경우도 있고, 사회의 발전에 기여하거나 폐해를 끼치는 경우도 있다. 또한 문화 가운데에는 특수성을 띠는 경우도 있고 보편성을 띠는 경우도 있다.

이처럼 문화 활동은 21세기인 오늘날에도 다양한 형태로 나타나고 있다. 인간중심주의적인 관점에서 자연에 상처를 주는 생태계파괴 현상, 신종 감염병의 확산 현상, 도구적 인간관의 일반화에 의한 생명경시 현상, 차별의식에 기초한 성의 상품화 현상, 문화를 경제의 주요 자원으로 여기는 문화산업, 새로운 포스트휴먼시대를 선도하는 4차 산업혁명의 빛과 그림자 등 여러 현상이 출현하고 있다. 이러한 다양한 문화 현상에 대한 통찰은 21세기형 우리철학을 정립하는 면에 사상적 자원이 될 수 있다.

1) 문화산업과 문화콘텐츠

2018년 9월 25일, 한국의 음악 그룹인 '방탄소년단'58)은 미국 뉴욕

---

58) '방탄소년단防彈少年團(BTS)'은 대한민국 '빅히트 엔터테인먼트' 소속의 7인 조 보이 그룹으로 2013년에 데뷔했다. '방탄소년단'은 10대부터 20대까지 사회적 편견과 억압을 막아내며 자신들의 음악과 가치를 당당히 지켜내겠다는 뜻을 가지고 있다. '방탄소년단'을 지칭하는 'BTS'는 'Bulletproof Boys'라는 뜻을 가지고 있다. 2016년 7월 '빅히트'에서는 '방탄소년단'과 팬클럽 '아미(ARMY)'의 변경된 브랜드 아이덴티티(BI)의 모션 그래픽 영상을 공개하면서 과거와 미래를 아우르는 개념으로 확장시킨 'BTS'에 대한 정의를 내렸고, 로고를 바꾼 이후 'Beyond The Scene'이라는 뜻을 추가했다. 이는 '청소년들의 억압과 편견을 막는다'는 뜻을 유지하면서 '현실에 안주하지 않고 꿈을 향해 끊임없이 달려가는 청춘'이라는 의미를 더했다. 또한 그룹의 이름을 'BTS'로 바꾸면서 해외의 인지도를 높이는 계기가 됐다. 팬덤은 '아미(ARMY)'이며, 방탄복과 군대

의 유엔본부 신탁통치이사회가 주최한 유니세프의 새로운 청소년 의제Generation Unlimited 파트너십 출범 행사에 참석하여 연설을 하였다. 이날 '방탄소년단'을 대표하여 김남준RM은 기존의 질서에 맹목적으로 따르기보다 자신의 정체성을 찾아 자신의 인생을 주체적으로 설계하는 것과 관련된 '자신을 사랑하고, 자신의 목소리를 내라'고 연설했다.[59]

한국의 문화의식을 반영한 이 '방탄소년단'의 영향력은 한국뿐만 아니라, 세계 전역에 미치고 있다. '방탄소년단'에 대해 세계에 거주하고 있는 수많은 청소년들뿐만 아니라, 교육자들과 경제인들과 정치인들도 관심을 기울이고 있다.

처럼 '방탄소년단'도 팬클럽과 항상 함께한다는 의미를 가지고 있다. '방탄소년단'의 음악적 활동에 대해 한국과 일본과 중국을 비롯한 아시아, 아메리카, 유럽 등 전 세계의 많은 사람들이 환호하고 있다. '방탄소년단'의 앨범 'FAKE LOVE'가 2018년에 미국 빌보드 핫 100 차트에서 'TOP 10'에 진입할 정도로, '방탄소년단'의 음악적 수준에 대해 세계의 많은 음악인들이 높게 평가하고 있다. https://ko.wikipedia.org/wiki(위키백과사전) 참조. 20190126 검색.
한편 빌보드의 차트에 따르면 '방탄소년단'은 2020년 2월 4일 현재, '소셜 50'에서 통산 164번째 1위를 차지하며 사상 최다 기록을 돌파했다. 이 기록은 저스틴 비버(Justin Bieber)의 163주 동안의 1위 기록을 넘어선 것이다. 곽영미 기자, 2020년 2월 5일, "그룹 방탄소년단이 미국 빌보드 '소셜 50' 차트의 역사를 새롭게 썼다", 〈일요서울〉, 참조. http://www.ilyoseoul.co.kr/20200205 검색.
또한 '방탄소년단'은 미국 애플의 음원 스트리밍 서비스인 애플뮤직에서 한국 가수 최초로 누적 스트리밍 10억 건을 돌파했다. 이는 '방탄소년단'의 스트리밍 수치가 어느 한 국가나 지역에 국한하지 않고, 한국, 미국, 일본, 유럽, 캐나다, 호주, 동남아시아 등 세계적으로 고루 분포되었음을 의미한다. 강주일 기자, 2018년 11월 4일, '방탄소년단, 애플뮤직 10억 스트리밍 돌파…한국 가수 최초', 〈스포츠경향〉, 참조. http://sports.khan.co.kr/entertainment/20181104 참조. 20190128 검색.
59) http://news.jtbc.joins.com/20180925 참조.

한국의 가요계는 현재 '방탄소년단'뿐만 아니라, 많은 가수들이 왕성하게 활동하고 있다. 그들은 개인 혹은 그룹으로 활동하며 세계 곳곳의 청소년들에게 영향을 미치고 있다. 이른바 '한류韓流'로 불리는 이러한 현상은 문화산업이 세계 경제의 주요 영역으로 여겨지기 시작한 21세기에 급속도로 확산되었다. 이러한 문화산업의 종목은 대중가요에 국한되지 않고, 영화, 드라마, 연극, 게임, 만화, 패션, 음식, 이야기 등 다양한 형태로 전개되었다.

예컨대 2019년에 개봉된 봉준호 감독의 영화 '기생충'은 2020년 2월 10일(현지 시간 9일) 미국 로스앤젤레스 할리우드에서 거행된 제92회 아카데미 시상식에서 각본상, 국제장편영화상, 감독상, 작품상 등 4개 부분의 오스카상을 차지했다. 이 영화는 이미 2019년 프랑스에서 열린 제72회 칸 영화제에서 황금종려상 등 수많은 국내·외 영화제에서 수상을 하였다.[60] 이 영화는 한국에서 발생하고 있는 사회적 양극화 문제에 대해, 한국인의 정서와 의식을 반영하여 제작한 것으로서 세계인의 주목을 받으며 '한류'의 확산에 기여하고 있다.

한국은 1997년 'IMF 외환위기'를 기점으로 하여 새로운 경제 성장 방식과 정책을 생각하였다. 1998년에 '문화입국'의 방침을 제기하고, 문화산업을 21세기 국가 경제를 발전시키는 전략적인 산업으로 삼았다. 먼저 '문화산업 진흥 기본법'을 반포하고, '영상진흥 기본법', '저작권법', '영화진흥법' 등을 개정하여 문화산업 발전 전략과 중장기 발전 계획을 수립했다. 한국정부는 문화산업 관련 기구를 설치하여 문화산업의 구체적인 지원 정책을 담당하도록 했다. 또한 이 분야의

---

60) https://ko.wikipedia.org/wiki/20200211 검색.

전문가를 육성하였다. 한국은 전심전력으로 한국 문화를 세계로 향하도록 했다. 한국은 중요한 국제 활동, 예컨대 올림픽, 세계 박람회, 월드컵 대회 등의 개최를 통해 전통의 특색 있는 문화를 발굴하고 선전하였으며, 문화의 판로를 확장하고, '문화 한국'의 이미지를 수립하였다. 또한 전통 문화의 현대화를 통해 한국 특색을 갖춘 '한류韓流'를 확산시켰다. 게임, 영화, 드라마, 가요, 패션, 무용, 음식 등 한류 문화는 아시아를 넘어 세계로 확산되고 있다. 2007년에 한국 문화산업의 규모는 약 650억 달러이고, 7.4% 성장했으며, 5년 동안 매년 9% 이상 성장했다. 이것은 같은 기간 경제 성장률의 2배이다. 한국의 문화산업은 GDP의 약 7%에 해당한다.[61]

문화산업에 대한 한국정부의 관심과 투자는 지속되고 있다. 예컨대, 한국의 문화체육관광부에서 책정한 2019년도 '콘텐츠산업 육성' 예산은 총 4,774억7천8백만 원이다. 이 가운데 '문화콘텐츠산업 진흥 환경 조성' 예산은 2,082억6천7백만 원이고, '문화콘텐츠산업 육성' 예산은 2,135억6천1백만 원이며, '문화콘텐츠산업 기술지원' 예산은 556억5천만 원이다.[62]

'문화콘텐츠산업 진흥 환경 조성' 예산 2,082억6천7백만 원의 세부 내용은 '문화산업 정책 개발 및 평가' 예산 28억7천만 원, '문화콘텐츠 국제 협력 및 수출 기반 조성' 예산 131억8천4백만 원, '문화콘텐츠 투자 활성화' 예산 237억5천만 원, '콘텐츠산업 생태계 조성' 예산 513

---

61) 刘国强, 2010,「世界有关国家文化产业发展策略」,『中国党政干部论坛』, 2010年 第1期 참조.
62) 문화체육관광부, 2018년 12월, 〈2019년도 예산각목명세서(1)〉, http://www.mcst.go.kr/20190118 참조, 2019년 1월 26일 검색

억8천2백만 원, '위풍당당 콘텐츠 코리아펀드 출자' 예산 63억 원, '지역콘텐츠산업 균형발전 지원' 예산 498억3천1백만 원, '군산 예술콘텐츠 스테이션 구축' 예산 25억 원, '삼도수군 통제영 실감콘텐츠 체험존 조성' 예산 17억5천만 원 등이다.[63)

'문화콘텐츠산업 육성' 예산 2,135억6천1백만 원의 세부 내용은 '영상콘텐츠산업 육성' 예산 298억1천만 원, '음악산업 및 대중문화산업 육성' 예산 168억8천1백만 원, '게임산업육성' 예산 497억3천1백만 원, '가상현실콘텐츠육성' 예산 261억2천5백만 원, '한국콘텐츠진흥원 지원' 예산 282억6천5백만 원, '한국영상자료원 지원' 예산 114억1천만 원, '영상물등급위원회 지원' 예산 21억5천4백만 원, '게임물관리위원회 지원' 예산 117억3천7백만 원, '패션문화산업 육성' 예산 96억6천5백만 원, '만화산업 육성' 지원 예산 210억5천3백만 원, '이야기산업 활성화' 예산 67억3천만 원 등이다.[64)

'문화콘텐츠산업 기술지원' 예산 556억5천만 원의 세부 내용은 'CT기반조성(R&D)(문화부)' 예산 69억2천만 원, '문화기술 연구개발(R&D)' 예산 478억9천7백만 원, '혁신성장동력 프로젝트(R&D)' 예산 8억3천3백만 원 등이다.[65)

이처럼 2019년 현재 문화산업에 대한 한국 정부의 투자는 적지 않

---

63) 문화체육관광부, 2018년 12월, 〈2019년도 예산각목명세서(1)〉,
    http://www.mcst.go.kr/20190118 참조, 2019년 1월 26일 검색.
64) 문화체육관광부, 2018년 12월, 〈2019년도 예산각목명세서(1)〉,
    http://www.mcst.go.kr/20190118 참조, 2019년 1월 26일 검색.
65) 문화체육관광부, 2018년 12월, 〈2019년도 예산각목명세서(1)〉,
    http://www.mcst.go.kr/20190118 참조, 2019년 1월 26일 검색.

다. 특히 '문화콘텐츠산업 진흥 환경 조성' 예산과 '문화콘텐츠산업 육성' 예산 및 '문화콘텐츠산업 기술지원' 예산을 각각 분류하여 집행하는 것은 문화산업의 핵심 내용인 문화콘텐츠 발굴과 활용의 중요성을 인식한 것이다.

이러한 문화산업의 중요성에 대한 인식은 한국뿐만 아니라, 세계 주요 국가들에게서 공통으로 나타난다. 예컨대 미국은 표면적으로 문화산업을 전면에 내세우지 않고 있지만, 문화산업과 깊게 관련되는 법과 제도를 일찍부터 준비했다. 미국은 일찍이 '지적재산권'을 반포하고, 20세기 이후에 '연방세법', '국가예술 및 인문 사업 기금법', '반전자해적판법', '디지털 지적재산권' 등을 반포했다. 현재 미국의 문화산업 규모는 막대하다.[66]

영국 문화위원회는 20세기 후반에 '국가 문화예술 발전 전략' 토론회를 개최하고, '창조적인 미래'를 공포했다. 이는 영국이 유사 이래 처음으로 관방의 문건 방식으로 반포한 국가 문화 정책이다. 여기에서 영국은 명확하게 문화산업의 창의성과 관련된 문제를 제기했다. 영국은 1997년에 '창의산업 특별 작업 소조'가 성립되었고, 1998년과 20001년 사이에 연구 보고서가 두 차례 작성되어 영국 창의산업 현상을 분석했으며, 영국 문화 예술 산업의 미래에 대한 발전책이 강구되었다. 1997~2001년에 영국 문화창의산업의 성장은 평균 5%로서 전체 경제 성장률을 넘어섰다.[67]

---

66) 치国强, 2010, 「世界有关国家文化产业发展策略」, 『中国党政干部论坛』, 2010 年 第1期 참조.
67) 치国强, 2010, 「世界有关国家文化产业发展策略」, 『中国党政干部论坛』, 2010 年 第1期 참조.

일본은 근현대 이래 국가 발전 전략 사업이 세 번 바뀌었다. 명치유신부터 2차 대전까지는 '군사입국'이고, 2차 대전부터 1980년대까지는 '경제입국'이며, 20세기 후기부터는 '문화입국'이다. 1995년 7월 일본은 '창신 문화 입국' 보고서를 작성하고, 1996년에 정식으로 '21세기 문화입국 방안'을 제기하여, 21세기의 '문화입국' 정책을 확립하였다. 2001년에 일본 의회는 '문화 예술을 진흥시키는 기금법'을 통과했고, 2004년에 '문화 제품의 창조와 보호와 활용 촉진 기본법'을 반포하였다. 현재 일본의 문화산업의 규모는 막대하다. 특히 동화, 만화, 게임 등 신흥 문화산업 부분에서 많은 수익을 내고 있다. 이 분야의 국제 시장 규모는 세계 시장의 약 30%를 점유한다. 세계 전자 게임 시장 중 상당수를 일본이 장악했다.[68]

중국 또한 문화산업의 중요성을 인식하여 이 분야에 대한 투자를 증가시키고 있다. 중국은 2000년 10월에 개최된 '중국 공산당 제15기 중앙위원회 제5차 전체회의'에서 통과한 「국민 경제와 사회 발전의 제10차 5개년 계획(2001~2005)을 제정하는 것에 관한 중공중앙의 건의」를 통해 문화산업을 발전시키기로 한 이래, 문화산업 규모가 빠르게 증가하고 있다.[69]

중국의 문화산업 규모는 2004년에 3,102억 위안, 2011년에 국내총생산(GDP)의 2.85%에 해당하는 1조 3,479억 위안, 2012년에 1조 8,071억 위안, 2015년에 국내총생산(GDP)의 3.86%에 해당하는 2조 6,120억 위

68) 刘国强, 2010, 「世界有关国家文化产业发展策略」, 『中国党政干部论坛』, 2010年 第1期 참조.
69) 이철승, 2014, 「현대 중국사상계의 문화산업에 대한 인식과 연구 동향」, 『동양철학연구』77집, 318쪽 참조.

안, 2016년에 3조 254억 위안(한화, 약 510조 원) 등으로 확대되었다. 그런데 중국은 전통철학과 사상을 문화산업의 주요 기반인 문화콘텐츠의 보고로 여기고 있다.

이처럼 21세기인 현재 세계의 주요 국가들은 문화산업의 발전을 국가의 주요 정책으로 삼고 있다. 이 때문에 문화산업에 종사하는 사람들 가운데 상당수는 문화를 품격 있는 삶을 고양시키는 중요한 가치의 측면이 아니라, 경제적인 이익 확보를 위한 수단으로 여긴다.

이러한 태도는 문화 속에 내재한 고유한 가치의 함양을 통한 인격의 향상 및 문화의식의 공감과 소통을 통한 평화로운 공동체 사회의 건설과 같은 가치 지향의 방향과 차이가 있다. 이는 오히려 사적 이익의 확대를 지향하기 때문에 소유의 집중 문제로 인한 문화의 양극화 현상을 발생시킬 수 있다.

따라서 이러한 태도는 그 문화의 사용가치를 공유하는 것이 아니라, 사용가치의 외관을 교환가치로 여기는 것이다. 이때의 사용가치의 외관은 실제적인 가치가 아니라, 허위의식이다. 이 허위의식은 문화와 직접적으로 관계하지 않는 이데올로기이다. 이 허위의식으로서의 이데올로기는 문화의 가치를 향유하고자 하는 삶과 무관하다.

그런데 문화산업에 종사하는 사람들 가운데 상당수는 이 허위의식에 아름다움의 가치를 부여하여 판매의 수단으로 삼는다. 일찍이 하우크Wolfgang Fritz Haug(1936~)는 이러한 허위의식의 이데올로기를 상품미학의 이데올로기라고 지적하며 비판하였다.[70]

---

70) Wolfgang Fritz Haug저, 김문환 역, 1991, 『상품미학의 비판』, 이론과 실천, 참조. 미술비평연구회 대중시각매체연구분과 엮음, 1992, 『상품미학과 문화인론』, 눈빛, 참조.

이러한 문화와 문화산업의 관계 및 문화산업의 허상과 실상에 대한 심층적인 연구는 21세기형 우리철학 정립의 사회적 토양과 사상적 자원이 될 수 있다. 또한 이러한 연구는 세계의 많은 사람들이 공유할 수 있는 21세기의 중요한 철학 내용 가운데 하나가 될 수 있다.

2) 생명 경시 현상과 존엄성

현재 한국 사회는 도구적 이성에 기초한 인간의 수단화 현상에 따른 생명 경시 현상이 확대되고 있다. 이 생명 경시 현상은 타인의 생명을 존중하지 않는 범죄로 이어지기도 하고, 스스로 목숨을 포기하는 형태로 나타나기도 한다. 특히 자살은 현실 사회에서 희망을 잃은 사람들이 외로움의 무게를 감당하지 못한 상태에서 발생하는 경우가 많다.

외로움은 다른 사람과 멀어진 느낌, 사회적 관계가 실제로 결핍되었거나 결핍되었다고 지각하면서 나타나는 반응, 다른 사람과의 관계에서 바라는 것과 이룬 것 사이의 불일치 등의 속성을 갖는다.[71] 곧 외로움은 혼자라는 의식 속에서 결핍감과 무기력이 혼재된 심리 상태를 의미하는 것으로 쓸쓸함과 불안감이 동반된다.[72]

많은 사람들은 살아가면서 이러한 외로움을 느끼면서도 이 외로움을 이기기 위해 노력하지만, 일부의 사람들은 외로움을 이기지 못한

---

71) 김옥수, 1997, 「외로움(Loneliness)의 개념 분석」, 『간호과학』9권2호, 이화여대 간호과학연구소, 35쪽 참조.
72) 이철승, 2013, 「현대사회의 외로움 문제와 치유의 유가철학 – 한국사회의 자살 현상과 극복 방안을 중심으로 – 」, 『유교사상문화연구』53집, 202쪽 참조.

다. 그들 가운데 상당수는 우울증에 빠지기도 하는데, 최근에는 청년들의 외로움 현상이 증가하고 있다.

2019년 12월, 한국 청년의 외로움 현상[73]

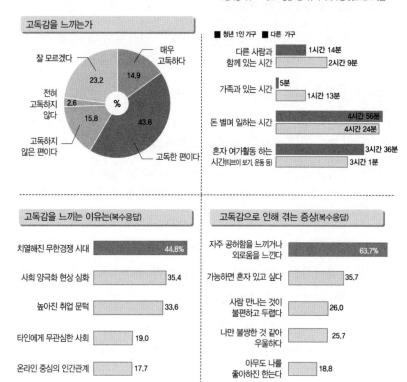

73) 김미향 기자, 2019년 12월 21일, "'외로움은 새 사회적 질병'…남몰래 외로운 젊은이들", 〈한겨레신문〉, 참조.
http://www.hani.co.kr/arti/society/20191221/20200112 검색

앞의 표에서 확인할 수 있듯이, 58.5%의 청년들이 스스로를 고독한 존재로 생각한다. 이는 스스로를 고독하지 않다고 생각하는 18.4%의 청년들보다 약 3배 이상을 차지한다. 그들이 외로움을 느끼는 주된 이유는 배타적 경쟁이 치열해지면서 나타나는 사회적 양극화로 인한 소외감의 증가와 자존감의 결여 때문이다.

그런데 이러한 외로움을 느끼는 사람들 가운데 일부는 삶을 비관하여 자살이라는 극단적인 선택을 한다. 이러한 자살은 당사자의 가족뿐만 아니라 그와 직·간접적으로 관계하는 사람들에게 커다란 상처가 되고, 사회에 미치는 부정적인 영향 역시 적지 않다.[74]

이러한 자살은 최근 한국 사회에서 사망의 주요 원인 가운데 하나가 되고 있다. 다음 표에서 보듯이 자살은 2001년에 전체 사망 원인 가운데 8위에 해당하였지만, 2010년과 2011년에 각각 4위에 해당한다. 이는 사망의 3대 원인인 암, 뇌혈관 질환, 심장 질환 다음에 해당하는 것으로, 빠르게 변화하고 있는 상황이다.[75] 비록 2018년에 5위로 내려간 측면이 있지만, 자살은 여전히 한국 사회에서 높은 사망 원인 가운데 하나가 되고 있다.

---

74) 이철승, 2013, 「현대사회의 외로움 문제와 치유의 유가철학 – 한국사회의 자살 현상과 극복 방안을 중심으로 – 」, 『유교사상문화연구』53집, 202쪽 참조.
75) 이철승, 2013, 「현대사회의 외로움 문제와 치유의 유가철학 – 한국사회의 자살 현상과 극복 방안을 중심으로 – 」, 『유교사상문화연구』53집, 202쪽 참조.

사망원인 순위 추이, 2001-2011

(단위: 인구 10만 명당 명, 명, %)[76]

순위	2001 사망원인	2001 사망률	2010 사망원인	2010 사망률	2011 사망원인	2011 사망자수	2011 구성비	2011 사망률	'01 순위 대비	'10 순위 대비
1	암	122.9	암	144.4	암	71,579	27.8	142.8	-	-
2	뇌혈관 질환	73.7	뇌혈관 질환	53.2	뇌혈관 질환	25,404	9.9	50.7	-	-
3	심장 질환	33.9	심장 질환	46.9	심장 질환	24,944	9.7	49.8	-	-
4	당뇨병	23.8	자살	31.2	자살	15,906	6.2	31.7	↑	-
5	간 질환	22.2	당뇨병	20.7	당뇨병	10,775	4.2	21.5	↓	-
6	운수사고	20.9	폐렴	14.9	폐렴	8,606	3.3	17.2	↑	-
7	만성 하기도 질환	19.0	만성 하기도 질환	14.2	만성 하기도 질환	6,959	2.7	13.9	-	-
8	자살	14.4	간 질환	13.8	간 질환	6,751	2.6	13.5	↓	-
9	고혈압성 질환	10.2	운수사고	13.7	운수 사고	6,316	2.5	12.6	↓	-
10	호흡기 결핵	6.3	고혈압성 질환	9.6	고혈압성 질환	5,038	2.0	10.1	↓	-

76) 한국 통계청, 사회통계국 연구동향과, 2012, 「2011년 사망 원인 통계」, 참조. http://kostat.go.kr. 2013년 6월 6일 검색.

사망원인 순위 추이, 2008-2018 (단위: 인구 10만 명당 명, 명, %)77)

순위	2008		2017		2018					
	사망원인	사망률	사망원인	사망률	사망원인	사망자수	구성비	사망률	'08 순위 대비	'17 순위 대비
1	악성 신생물	139.5	악성 신생물	153.9	악성 신생물	79,153	26.5	154.3	-	-
2	뇌혈관 질환	56.5	심장 질환	60.2	심장 질환	32,004	10.7	62.4	↑ +1	-
3	심장 질환	43.4	뇌혈관 질환	44.4	폐렴	23,280	7.8	45.4	↑ +6	↑ +1
4	고의적 자해(자살)	26.0	폐렴	37.8	뇌혈관 질환	22,940	7.7	44.7	↓ -2	↓ -1
5	당뇨병	20.7	고의적 자해(자살)	24.3	고의적 자해(자살)	13,670	4.6	26.6	↓ -1	-
6	만성 하기도 질환	14.9	당뇨병	17.9	당뇨병	8,789	2.9	17.1	↓ -1	-
7	운수 사고	14.7	간 질환	13.3	간 질환	6,858	2.3	13.4	↑ +1	-
8	간 질환	14.5	만성 하기도 질환	13.2	만성 하기도 질환	6,608	2.2	12.9	↓ -2	-
9	폐렴	11.1	고혈압성 질환	11.3	알츠하이머병	6,157	2.1	12.0	↑ +4	↑ +2
10	고혈압성 질환	9.6	운수 사고	9.8	고혈압성 질환	6,065	2.0	11.8	-	↓ -1

---

77) 한국 통계청, 사회통계국 연구동향과, 2019, 「2018년 사망 원인 통계」 참조. http://kostat.go.kr. 20190924 검색.

사망 원인 순위 추이, 2008-2018[78)]

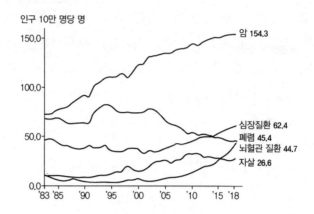

이러한 한국사회의 자살 현상은 표에서 알 수 있듯이 1983년부터 2011년까지 일시적으로 내려간 적도 있지만, 꾸준히 상승하고 있다. 특히 이 자살률은 1997년 'IMF 외환위기'와 2008년 '글로벌 금융위기'를 겪으면서 급상승하고 있다. 이것은 자살이 오로지 개인의 성격에 의해서만 진행되는 문제가 아니라, 사회 구조의 문제와 긴밀히 관계하고 있음을 말해준다.[79)] 이러한 한국 사회의 자살률은 2010년과 2018년 기준으로 다음 표[80)]와 같이 인구 10만 명당 각각 33.5명과 26.6 명으로 OECD 회원국의 평균보다 매우 높다.[81)]

------

78) 한국 통계청, 사회통계국 연구동향과, 2019, 「2018년 사망 원인 통계」 참조.
   http://kostat.go.kr. 2019년 9월 24일 검색.
79) 이철승, 2013, 「현대사회의 외로움 문제와 치유의 유가철학 - 한국사회의 자살
   현상과 극복 방안을 중심으로 - 」, 『유교사상문화연구』53집, 203~204쪽 참조.
80) 한국 통계청, 사회통계국 연구동향과, 2012, 「2011년 사망원인 통계」,
   http://kostat.go.kr. 2013년 6월 6일 검색;
   2019, 「2018년 사망 원인 통계」, http://kostat.go.kr. 2019년 9월 24일 검색 참조.
81) 이철승, 2013, 「현대사회의 외로움 문제와 치유의 유가철학 - 한국사회의 자살

OECD 국가 자살률 비교

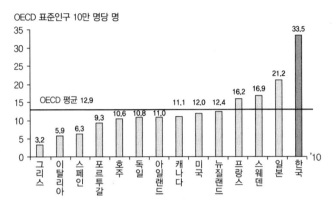

OECD 표준인구 10만 명당 명

* 자료 : OECD(2012) OECD *Health Data 2012 : Statistics and Indicators for 33 Countries*
* OECD 평균은 자료 이용이 가능한 33개 국가의 가장 최근 자료를 이용하여 계산

자살자 수 및 자살률 추이, 2008-2018[82]

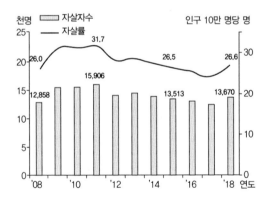

현상과 극복 방안을 중심으로 - 」, 『유교사상문화연구』53집, 204쪽 참조.
82) 한국 통계청, 사회통계국 연구동향과, 2019, 「2018년 사망 원인 통계」 참조.
http://kostat.go.kr. 2019년 9월 24일 검색.

그리고 다음 표에서 확인할 수 있듯이, 자살이 10대부터 30대까지 사망 원인의 1위이고, 40대와 50대는 사망 원인의 2위에 해당한다. 이러한 현상은 2011년과 2018년 사이에 차이가 없이 동일하다.

연령별 3대 사망 원인 구성비 및 사망률, 2011 (단위 : %, 인구 10만 명당)[83]

연 령	1위			2위			3위		
	사망원인	구성비	사망률	사망원인	구성비	사망률	사망원인	구성비	사망률
1-9세	암	17.8	2.6	운수사고	14.2	2.1	선천기형	9.2	1.4
10-19세	자살	26.5	5.5	운수사고	22.6	4.7	암	14.6	3.0
20-29세	자살	47.2	24.3	운수사고	15.3	7.9	암	10.2	5.3
30-39세	자살	36.7	30.5	암	18.7	15.7	운수사고	8.1	6.8
40-49세	암	28.1	52.7	자살	18.1	34.0	간질환	8.4	15.8
50-59세	암	37.6	153.5	자살	10.1	41.2	심장질환	7.2	29.3
60-69세	암	42.3	390.9	뇌혈관질환	8.5	78.1	심장질환	8.1	74.8
70-79세	암	33.3	873.2	뇌혈관질환	11.6	304.9	심장질환	9.9	259.9
80세 이상	암	16.1	1491.1	심장질환	12.5	1155.9	뇌혈관질환	12.2	1129.5

83) 한국 통계청, 사회통계국 연구동향과, 2012, 「2011년 사망원인 통계」, 참조. http://kostat.go.kr. 2013년 6월 6일 검색.

연령별 5대 사망원인 사망률 및 구성비, 2018 (단위 : 인구 10만 명당 명, %)[84]

		0	1-9	10-19	20-29	30-39	40-49	50-59	60-69	70-79	80세 이상
1위		출생전후기에 기원한 특정 병태	악성신생물	고의적 자해(자살)	고의적 자해(자살)	고의적 자해(자살)	악성신생물	악성신생물	악성신생물	악성신생물	악성신생물
		142.0	2.0	5.8	17.6	27.5	40.9	120.0	285.6	715.5	1425.8
		(50.6%)	(20.2%)	(35.7%)	(47.2%)	(39.4%)	(27.6%)	(36.3%)	(41.7%)	(34.2%)	(17.0%)
2위		선천 기형, 변형 및 염색체 이상	운수사고	악성신생물	운수사고	악성신생물	고의적 자해(자살)	고의적 자해(자살)	심장질환	심장질환	심장질환
		52.5	0.9	2.3	4.3	13.4	31.5	33.4	61.4	216.0	1060.2
		(18.7%)	(9.6%)	(14.5%)	(11.6%)	(19.3%)	(21.3%)	(10.1%)	(9.0%)	(10.3%)	(12.6%)
3위		영아돌연사증후군	선천 기형, 변형 및 염색체 이상	운수사고	악성신생물	심장질환	간질환	심장질환	뇌혈관질환	뇌혈관질환	폐렴
		22.3	0.9	2.3	3.9	4.2	12.5	27.2	43.4	177.5	978.3
		(7.9%)	(9.1%)	(14.0%)	(10.6%)	(6.0%)	(8.4%)	(8.2%)	(6.3%)	(8.5%)	(11.6%)
4위		심장질환	가해(타살)	심장질환	심장질환	운수사고	심장질환	간질환	고의적 자해(자살)	폐렴	뇌혈관질환
		3.9	0.7	0.5	1.5	4.0	11.2	24.3	32.9	144.0	718.4
		(1.4%)	(7.3%)	(3.0%)	(4.1%)	(5.7%)	(7.5%)	(7.3%)	(4.8%)	(6.9%)	(8.5%)
5위		악성신생물	심장질환	익사사고	뇌혈관질환	뇌혈관질환	뇌혈관질환	뇌혈관질환	간질환	당뇨병	알츠하이머병
		3.3	0.6	0.4	0.6	2.7	8.2	19.7	26.7	75.1	315.8
		(1.2%)	(6.0%)	(2.3%)	(1.6%)	(3.8%)	(5.6%)	(6.0%)	(3.9%)	(3.6%)	(3.8%)

84) 한국 통계청, 사회통계국 연구동향과, 2019, 「2018년 사망 원인 통계」 참조. http://kostat.go.kr. 2019년 9월 24일 검색.

또한 다음 표에서와 같이 남성의 자살률이 여성의 자살률보다 높다. 특히 자본주의의 경제 체제에서 가족의 경제를 책임질 위치에 있는 30대에서 50대까지의 남성이 여성보다 월등히 높고, 노년층인 60대 이후에서도 남성의 자살률이 여성보다 높다.[85]

연령 및 성별 자살률 추이, 2001-2011　　　　　　　(단위: 인구 10만 명당, %)[86]

연령	남녀전체				남				여				성비
	2001	2010	2011	10년대비 증감률	2001	2010	2011	10년대비 증감률	2001	2010	2011	10년대비 증감률	2011
계	14.4	31.2	31.7	1.7	20.2	41.4	43.3	4.8	8.6	21.0	20.1	-4.3	2.15
10-19	3.3	5.2	5.5	6.8	3.3	5.3	6.2	16.5	3.2	5.0	4.8	-4.7	1.31
20-29	11.2	24.4	24.3	-0.4	14.8	26.1	28.2	7.9	7.3	22.5	20.0	-10.9	1.41
30-39	15.4	29.6	30.5	3.2	21.2	35.4	38.7	9.4	9.2	23.5	22.0	-6.4	1.76
40-49	18.3	34.1	34.0	-0.2	27.5	47.6	47.7	0.2	8.8	20.0	19.8	-1.2	2.41
50-59	23.7	40.1	41.2	2.7	37.9	60.0	61.5	2.5	9.7	20.0	20.7	3.4	2.97
60-69	30.4	52.7	50.1	-4.8	49.6	81.5	78.3	-3.9	14.8	26.5	24.4	-8.1	3.21
70-79	43.9	83.5	84.4	1.1	68.8	134.8	143.1	6.1	29.7	48.5	43.6	-10.1	3.29
80세 이상	62.2	123.3	116.9	-5.3	109.6	222.7	209.2	-6.1	43.4	83.1	79.6	-4.3	2.63

85) 이철승, 2013, 「현대사회의 외로움 문제와 치유의 유가철학 – 한국사회의 자살 현상과 극복 방안을 중심으로 – 」, 『유교사상문화연구』53집, 205쪽 참조.
86) 한국 통계청, 사회통계국 연구동향과, 2012, 「2011년 사망원인 통계」 참조. http://kostat.go.kr. 2013년 6월 6일 검색.

성· 연령별 자살자 수 및 자살률 추이, 2008-2018 (단위: 명, 인구 10만 명당 명, %)87)

			자살자 수	자살률									
				전체	1–9	10–19	20–29	30–39	40–49	50–59	60–69	70–79	80 이상
남녀전체	2008		12,858	26.0	0.0	4.6	22.6	24.7	28.4	32.9	47.2	72.0	112.9
	2017		12,463	24.3	0.0	4.7	16.4	24.5	27.9	30.8	30.2	48.8	70.0
	2018		13,670	26.6	0.0	5.8	17.6	27.5	31.5	33.4	32.9	48.9	69.8
	'17 대비	증감	1,207	2.3	0.0	1.0	1.2	3.0	3.6	2.5	2.7	0.1	-0.3
		증감률	9.7	9.5	2.3	22.1	7.2	12.2	13.1	8.2	8.9	0.2	-0.4
남	2008		8,260	33.4	0.0	4.9	22.2	28.3	38.1	50.5	74.1	115.0	194.4
	2017		8,922	34.9	0.0	5.8	20.8	32.4	38.7	47.7	47.7	81.7	138.4
	2018		9,862	38.5	0.0	5.7	21.5	36.4	45.4	51.4	53.0	83.2	138.5
	'17 대비	증감	940	3.6	0.0	-0.2	0.6	3.9	6.7	3.7	5.4	1.5	0.1
		증감률	10.5	10.4	2.4	-2.9	3.0	12.1	17.3	7.8	11.2	1.8	0.0
여	2008		4,598	18.7	-	4.4	23.0	21.0	18.4	15.2	23.3	44.0	79.7
	2017		3,541	13.8	-	3.5	11.4	16.2	16.8	13.7	13.6	23.4	38.6
	2018		3,808	14.8	-	5.9	13.2	18.3	17.3	15.1	13.6	22.0	37.3
	'17 대비	증감	267	1.0	-	2.4	1.8	2.0	0.5	1.4	0.0	-1.4	-1.3
		증감률	7.5	7.4	-	66.7	15.8	12.5	2.8	10.3	0.3	-6.1	-3.3
성비 (남/여)	2008		1.8	1.8	-	1.1	1.0	1.3	2.1	3.3	3.2	2.6	2.4
	2017		2.5	2.5	-	1.7	1.8	2.0	2.3	3.5	3.5	3.5	3.6
	2018		2.6	2.6	-	1.0	1.6	2.0	2.6	3.4	3.9	3.8	3.7

87) 한국 통계청, 사회통계국 연구동향과, 2019, 「2018년 사망 원인 통계」 참조.
http://kostat.go.kr. 2019년 9월 24일 검색.

성별 사망원인 순위, 2018[88]

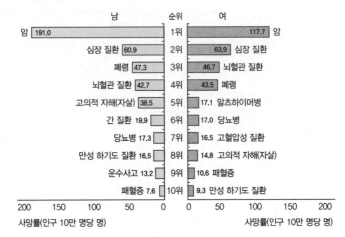

2013년 시군구별 자살률[89]

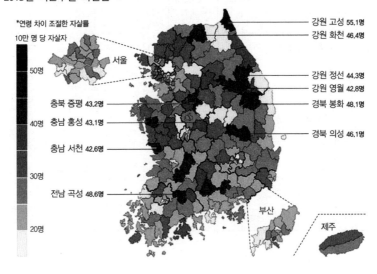

---

88) 한국 통계청, 사회통계국 연구동향과, 2019, 「2018년 사망 원인 통계」 참조.
http://kostat.go.kr. 2019년 9월 24일 검색.

89) http://www.hani.co.kr/arti/society/society_general/660847.html(20141021 검색)

한편 한국 사회의 자살은 전국 각지에서 고르게 발생하고 있다. 그런데 농촌의 자살률은 도시보다 높다. 특히 인구 밀도가 낮은 농촌의 자살률이 인구밀도가 높은 대도시의 자살률에 비해 월등히 높다. 이는 젊은이보다 노령 인구가 많은 농촌에서 고독사가 증가하고 있음을 반영한다.

이상의 여러 도표에서 확인할 수 있듯이 현대 한국 사회에서 나타난 자살 현상의 특징은 대략 다음과 같다. 첫째, 21세기에도 여전히 자살률이 증가하고 있다. 특히 1997년의 IMF 외환위기와 2008년의 글로벌 금융위기 이후에 자살률이 급증하고 있다. 둘째, 남성의 자살률이 여성보다 월등히 높다. 특히 가족의 경제 활동을 책임질 위치에 있는 30대에서 50대까지의 연령대에서 남성의 자살률이 여성보다 높다. 셋째, 생물학적인 면에서 비교적 건강한 연령대에 해당하는 10대에서 30대까지의 자살률이 사망원인의 1위를 차지한다. 넷째, 외로움을 많이 타는 노년층과 농촌의 자살률도 높다.[90]

그런데 일반적으로 자살의 발생은 정신과적 요인, 생물학적 요인, 의학적 요인, 삶의 경험, 사회 구조 및 환경 요인 등 다양하며, 개별적 원인과 각 원인들의 상호작용에 의해 발생한다고 할 수 있다.[91]

그러나 현대 한국 사회에서 발생한 자살의 배경을 살펴보면 이러한 이유 이외의 원인을 찾을 수 있다. 그것은 사회적인 의식의 흐름과

---

90) 이철승, 2013, 「현대사회의 외로움 문제와 치유의 유가철학 - 한국사회의 자살 현상과 극복 방안을 중심으로 - 」, 『유교사상문화연구』53집, 206쪽 참조.
91) 강은정, 이수형, 2010, 「자살의 원인과 대책 연구: 정신의학적 접근을 넘어서」, 한국보건사회연구원 연구보고서, 4쪽 참조.

관계한다. 한국 사회는 1997년 'IMF 외환위기'를 겪으며 도구적 인간
관에 기초한 신자유주의 이념이 급속도로 팽창했다. 이 신자유주의
이념은 자기중심주의적인 관점 아래 배타적 경쟁을 정당화시킨다. 이
러한 배타적 경쟁의 분위기는 21세기가 진행되고 있는 현재에도 산업
현장은 물론 교육의 산실인 학교를 비롯한 거의 모든 영역에까지 확
대되었다.[92]

그러나 배타적 경쟁은 기본적으로 나와 상대가 함께 승리하는 방식
이 아니라, 내가 승리하기 위해 상대의 패배를 전제해야 한다. 그리고
이러한 경쟁의 논리는 필연적으로 소수의 승리자와 다수의 패배자를
양산한다. 이때 승리자는 거의 모든 것을 차지할 수 있지만, 패배자는
거의 모든 것을 상실한다. 이 때문에 패배자는 다시 일어설 기회를
갖기 힘들다. 승리자 역시 또 다른 경쟁에 참여하느라 패배자를 위로
하거나 돌볼 겨를이 없다. 국가나 공공 기관 역시 패배자에게 관심을
기울이기보다 승리자에게 더 많은 편익을 제공한다. 패배자는 이러한
난국을 극복하기 위해 모든 힘을 기울인다. 그러나 현실은 패배자의
바람대로 되지 않는다. 패배자는 점점 하소연할 곳이 없이 이 세상에
홀로 남는다는 생각을 한다. 더 이상 의지할 곳이 없다는 생각이 강화
될 때, 그는 끊임없이 밀려오는 외로움을 이겨낼 방법을 찾지 못한다.
자살은 이러한 공허한 심리 상태에서 수행되는 경우가 많다.[93]

곧 이기심에 근거한 배타적 경쟁을 중시하는 인간의 수단화 현상이

---

92) 이철승, 2013, 「현대사회의 외로움 문제와 치유의 유가철학 - 한국사회의 자살
    현상과 극복 방안을 중심으로 - 」, 『유교사상문화연구』53집, 207쪽 참조.
93) 이철승, 2013, 「현대사회의 외로움 문제와 치유의 유가철학 - 한국사회의 자살
    현상과 극복 방안을 중심으로 - 」, 『유교사상문화연구』53집, 207쪽 참조.

팽배한 현대 한국 사회에서 청소년들로 구성된 많은 중·고등학생들은 공부에 대한 부담감과 학교 폭력 및 집단 따돌림 등으로 인해 외로움이 증가하고 있고, 청년층인 20대의 많은 대학생들은 취업과 혼인 등 미래에 대한 불확실성으로 인해 스트레스가 증가하고 있으며, 사회 초년생인 30대는 대부분 '약육강식'의 법칙이 지배하는 '동물의 왕국' 같은 사회에서 생존하기 위해 분투하고 있고, 40대와 50대의 남성들은 대부분 막중한 책임과 퇴직의 위협으로 인한 불안감이 확장되고 있으며, 상당수 노인들은 병마와 무기력과 소외로 인한 고독감 때문에 힘들어 하고 있다.[94]

이는 비록 각 연령대별로 약간의 차이는 있지만, 대부분 각자의 처지에 아랑곳하지 않고 저변에 도도하게 흐르는 도구적 인간관에 의한 생명 경시 문화의 영향을 강하게 받고 있음을 말해준다. 이러한 사회의 구성원들은 대부분 무한 경쟁의 법칙이 지배하는 세계와 1대 1로 마주한다. 이러한 배타적인 무한 경쟁은 필연적으로 많은 사람들을 주변이나 변두리로 밀어내어 중심으로부터 소외시킨다. 사회에서 소외된 사람들 가운데 상당수는 상실감과 무기력감이 확대되어 우울증으로 대표되는 정신 질환을 앓는다.[95] 그 가운데 일부는 강하게 밀려오는 외로움을 달래거나 극복하지 못하고 극단적인 자살을 선택한다.

---

94) 이철승, 2013, 「현대사회의 외로움 문제와 치유의 유가철학 - 한국사회의 자살 현상과 극복 방안을 중심으로 - 」, 『유교사상문화연구』53집, 208쪽 참조.

95) 최근 한국에서 우울증을 치료한 40대와 50대는 2008년 187,037명, 2010년 198,880명, 2012년 223,537명으로 점점 증가하고 있다.
   채윤경 기자, 2013년 6월 8일, 「4050 마음의 병, 우울증」, 〈인터넷 중앙일보 http://joongang.joinsmsn.com/article〉, 참조.

왜냐하면 그들은 고립된 자의식이 밀려와 스스로를 세상과 단절된 것으로 판단하기 때문이다. 곧 그들에게 세상은 따뜻하게 어울려야 할 대상이 아니라, 도피해야 할 차갑고 무서운 대상이거나 무의미한 대상이기 때문이다.96)

이러한 도구적 인간관에 의한 생명경시 현상의 문제를 근원적으로 해결하기 위한 철학적 대안을 강구하는 것은 21세기형 우리철학 정립의 중요한 내용일 뿐만 아니라, 인간다운 삶을 추구하고자 하는 보편적인 인간관의 정립과도 밀접하게 관계한다.

그렇다면 이 도구적 인간관의 출현 배경은 무엇인가? 그것은 도구적 이성의 출현 배경과 긴밀하게 관계한다. 개념과 판단과 추론 등 사유를 통해 객관적 존재의 본질과 총체성을 파악하려는 인간의 정신 활동을 의미하는 이성理性, reason, rationality은 계량과 비율을 뜻하는 라틴어인 '라치오ratio'에서 유래한 말인데, 기본적으로 이익인지 손해인지를 따지는 것과 같은 '계산'의 함의를 갖고 있다.97)

이러한 이성의 개념 속에는 객관 존재의 본질과 총체성을 파악하는 의미와 함께 자신의 이익을 위한 사욕의 의미가 함께 갖추어졌다. 이 이성이 사물의 본질과 총체성을 파악하여 인류의 평화에 기여하도록 사용하는 경우라면, 이것은 보편성을 띠어 많은 사람들의 인권 신장에 기여할 수 있다. 그러나 이 이성이 자신 혹은 주변의 사람들에게만 유리하고 타인이나 다른 집단에게 해로움이 되도록 사용된다면, 이는

---

96) 이철승, 2013, 「현대사회의 외로움 문제와 치유의 유가철학 - 한국사회의 자살 현상과 극복 방안을 중심으로 - 」, 『유교사상문화연구』53집, 208~209쪽 참조.
97) 한국철학사상연구회, 1989, 『철학대사전』, 동녘, 1034~1036쪽 참조.

특수성을 띠는 도구적 이성으로 전락하여 많은 사람들을 자신의 이익을 위한 이용 대상으로 삼을 수 있다.[98]

그렇다면 오늘날 신자유주의 이념의 확산 과정에 사용된 이성의 주류는 무엇일까? 그것은 신자유주의의 사상적 뿌리인 자유주의[99]의 성립 배경과 전개 과정을 통해 파악할 수 있다. 자유주의는 근대 유럽에서 발생했고, 자유주의의 영향을 많이 받은 유럽의 문명은 아시아와 아프리카 등 비유럽을 자신들의 이익 확보를 위해 식민화한 역사적 경험이 있다.[100]

유럽인들이 비유럽인들을 식민화할 수 있었던 사상적 배경은 무엇인가? 그것은 그들의 중심과 주변으로 구분하는 이원적 논리 구조에

---

98) 이철승, 2016,「현대 사회의 문제와 유가철학의 현실적 의의 - 도구적 인간관과 도덕적 인간관을 중심으로 - 」,『중국학보』제78집, 한국중국학회, 457쪽 참조.

99) 중세의 봉건적인 신분 질서와 절대 권력에 대한 저항 의식을 통해 등장한 고전적 자유주의는 이익을 중시하는 부르주아의 의식을 반영하며 개인의 이익과 자유의 보장을 중요한 권리로 여긴다. 이 때문에 고전적 자유주의자인 로크와 루소, 고전파 경제학자인 스미스, 리카도, 맬서스 등은 다른 사람의 자유를 침해하지 않는 한, 어떠한 조직이나 기관으로부터도 개인의 자유에 대한 제재를 받지 않아야 할 것으로 생각한다. 그들은 국가에 대해, 개인의 자유를 지켜주는 면에 충실하거나, 혹은 개인의 자유에 간섭하지 않는 범위에서 최소한의 역할을 해야 할 것으로 생각한다. 이는 그들이 사적 이익에 근거한 개인의 권리를 중요하게 생각하고 있음을 드러내는 것이다. 이러한 고전적 자유주의 이념은 자유와 평등의 양립보다 자유를 중시하는 현대의 노직에게 계승된다. 이상은 이철승의 「'세계화' 시대 '유교공동체주의'의 의의와 문제」 (한국철학사상연구회,『시대와 철학』제18권 3호, 2007, 145~146쪽)에서 참조.

100) 이철승, 2016,「현대 사회의 문제와 유가철학의 현실적 의의 - 도구적 인간관과 도덕적 인간관을 중심으로 - 」,『중국학보』제78집, 한국중국학회, 457~458쪽 참조.

기원한다. 곧 유럽의 토양에서 형성된 철학의 전통적 특징 중 하나는 현상 이면에 존재하는 것으로 여겨지는 실체를 찾아가는 형이상학이라고 할 수 있다. 계몽주의 철학은 이러한 실체에 대한 반성과 성찰에서 시작한다. 계몽주의는 인간이 실제로 인식할 수 있고 현실적으로 행할 수 있는 범위의 정도를 확인하는 작업을 구체화하였다. 그들은 실체를 버리지 않으면서도 실증적인 인간의 한계를 확대하자는 의도에서 계량화할 수 있는 것을 계량화하면서, 현실에서 물적 조건을 충족하기 위해 노력하는 가운데 근대적 문명이 형성되게 되었다. 이러한 근대적 의미의 서구 문명은 과학 혁명과 제국주의의 단초를 갖는다. 그들은 중세가 마감되면서 '저' 세계로 가는 길을 유보하고, '이' 세계의 현상적 구조를 밝히기 위해 '이성'이 필요했으며, 콩트Auguste Comte(1798~1857)의 실증주의 명제를 실현하기 위해 물적 자연이 필요했다. 따라서 자연은 그들에게 형이상학적 원천을 제공하는 것일 뿐만 아니라, 도구적 이성에 의해 재단되어져야 하는 자원 창고였다. 그러나 이 자원 창고로서의 물적 자연이 유럽 문명의 확산에 필요한 물적 요청을 다 수용할 수 없게 되자, 그들은 부족한 물적 자원을 보충하기 위해 비유럽으로 향했다. 그들의 제국주의는 이렇게 시작되었다. 그들의 제국주의는 선교라는 정신적인 면과 근대 과학 혁명의 두 기둥에 의해 확산되었다.[101]

---

101) 최종덕, 1999, 「'동아시아 담론'의 철학적 해명」, 정재서 편역, 『동아시아 연구, 글쓰기에서 담론까지』, 살림, 196~198쪽 참조. 이철승, 「'동아시아 담론'과 중심주의의 문제」(『중국학보』제52집, 한국중국학회, 2005, 507쪽)와 이철승, 「현대 사회의 문제와 유가철학의 현실적 의의 ─ 도구적 인간관과 도덕적 인간관을 중심으로 ─」(『중국학보』제78집, 한국중국학회, 2016, 458쪽) 참조.

이처럼 유럽의 근대 문명은 한편으로 중세의 절대 권력을 해체하여 개인의 자유와 인권을 강화시키는 면에 기여했지만, 다른 한편으로 자기중심주의적인 이기심에 근거하여 타자를 배타적인 경쟁의식의 대상으로 여겼다. 따라서 이러한 이기심은 결국 타자를 배제시켜 혜택을 누리는 소수와 그 혜택에서 비켜 있는 소외를 경험하는 다수 사이의 사회적 갈등을 확산시키는 문화를 형성하였다. 특히 이러한 현상은 20세기 후반에 신자유주의 이념을 채택한 미국, 영국, 일본, 한국을 비롯한 세계의 많은 나라에서 공통으로 나타난다. 그리고 이러한 현상은 21세기가 진행 중인 현재에도 세계 곳곳에서 나타나고 있다. 오늘날 한국 사회에 만연된 '20 : 80' 혹은 '1 : 99'라고 하는 사회적 양극화를 의미하는 말은 이러한 특징을 대변해주는 현상이다.[102]

우리는 이처럼 도구적 인간관이 파생시키는 비인간적인 의식과 문화를 극복하기 위한 철학적 대안을 강구할 필요가 있다. 이러한 철학적 대안의 모색은 21세기형 우리철학 정립의 중요한 내용 가운데 하나이다.

3) 생태계 파괴와 공생의식

오늘날 생태계 파괴로 인한 환경 문제는 심각하다. 이는 어느 한 나라나 특정한 지역에 국한되지 않고, 지구적인 문제가 되고 있다. 한국 역시 이 문제에서 자유롭지 못하다. 예컨대 2019년 1월 28일 16시 기준, 한국의 미세먼지 오염 농도 현황은 다음 표와 같다.

---

102) 이철승, 2016, 「현대 사회의 문제와 유가철학의 현실적 의의 - 도구적 인간관과 도덕적 인간관을 중심으로 - 」, 『중국학보』제78집, 한국중국학회, 458쪽 참조.

미세먼지 오염 농도 현황(2019년 1월 28일 16시 기준)[103]   단위 : $\mu g/m^3$(1시간평균)

관측지점	1시간	일평균	최고값
서울	114	76	211
부산	89	45	125
대구	86	62	151
인천	102	79	165
광주	114	58	136
대전	89	55	171
울산	88	41	112
경기	142	78	245
강원	75	55	171
충북	102	58	146
충남	124	64	206
전북	106	65	186
전남	90	42	148
경북	114	56	183
경남	86	53	135
제주	89	33	106
세종	101	53	120

※ 일평균 : 미세먼지(PM$_{10}$) 등 대기오염물질의 당일 00시부터 현재 시간까지 산술평균한 값

최고값 : 미세먼지(PM$_{10}$) 등 대기오염물질의 당일 00시부터 현재 시간까지의 가장 높은 수치

좋음 : 0~30, 보통 : 31~80, 나쁨 : 81~150, 매우 나쁨 : 151이상

나쁨 : 환자군 및 민감군에게 유해한 영향이 유발될 수 있는 수준, 일반인도 건강상 불쾌감을 경험 할 수 있는 수준

매우 나쁨 : 환자군 및 민감군에게 급성 노출 시 심각한 영향 유발, 일반인도 약한 영향을 받을 수 있는 수준

위의 표는 현재 보통 한국 겨울날씨의 대기 현황이다. 최근 한국의 날씨 가운데 대기의 질이 좋지 않은 경우가 많은 것을 감안할 때, 이

---

103) http://www.me.go.kr/20190128 참조. 20190128 검색.

날 대기의 질은 비교적 양호한 편이다. 그럼에도 미세먼지의 오염 농도가 높은 편이다. 이는 한국의 대기 오염이 심함을 의미한다.

한국 정부는 이러한 미세먼지의 농도를 줄이기 위해 다양한 정책을 펼친다. 환경부에 따르면 미세먼지 비상저감조치 발령 시 미세먼지를 다량 배출하는 29개 업체의 51개 사업장이 먼저 미세먼지 배출을 자발적으로 감축하기로 했다. 환경부는 2019년 1월 25일에 석탄화력, 정유, 석유화학, 제철, 시멘트제조 등 미세먼지 다량배출 업종의 주요사업장과 고농도 미세먼지에 대한 자발적 대응을 위한 업무협약을 체결한다. 이번 협약에는 석탄화력발전소 5개사, 정유업 4개사, 석유화학제품제조업 9개사, 제철업 2개사, 시멘트제조업 9개사 등 5개 업종 29개사 51개 사업장이 참여한다.[104]

고농도 미세먼지에 대한 자발적 대응 참여사(29개사, 51개 사업장)[105]

정유 업계	4개사 (6개 사업장)	SK이노베이션(주)(2), GS칼텍스(주), 에쓰-오일(주), 현대오일뱅크(주)(2)
석유 화학 업계	9개사 (20개 사업장)	㈜LG화학(5), OCI(주)(3), 롯데케미칼(주)(3), 여천NCC(주)(2), 한화케미칼(주)(2), 한화토탈(주), 한국바스프(주), 대한유화(주)(2), SK종합화학(주)
제철 업계	2개사 (3개 사업장)	㈜포스코(2), 현대제철(주)
시멘트 제조업계	9개사 (11개 사업장)	㈜삼표시멘트, 쌍용양회공업㈜(2), 성신양회㈜, 한라시멘트㈜, 한일시멘트㈜, 한일현대시멘트㈜(2), 아세아시멘트(주), ㈜유니온, ㈜고려시멘트
발전 업계	5개사 (11개 사업장)	한국남동발전(주)(4), 한국남부발전(주), 한국동서발전(주)(3), 한국중부발전(주)(2), 한국서부발전(주)

---

104) 신건일, 이영성, 2019, 〈고농도 미세먼지 대응, 51개 사업장 자발적 감축 나선다〉, 환경부 보도자료, http://www.me.go.kr/20190123 참조. 20190128검색.

환경부에 따르면 이번 협약에 참여한 사업장은 국내 미세먼지 배출량 연간(국가 대기오염물질 배출량, CAPSS, 2015년 기준) 33만 6,066톤의 17%를 차지한다. 따라서 국내 미세먼지 농도를 낮추기 위해 이들 사업장의 자발적 협력이 필요하다. 예컨대 석탄화력발전소 5개사의 미세먼지 연간 배출량은 3만 3,173톤, 정유 및 석유화학업종 12개사는 5,694톤, 제철업종 2개사는 1만 876톤, 시멘트제조업 9개사는 6,555톤으로, 이들 사업장의 배출량(5만 6,298톤/년)은 전체 석탄화력·사업장 배출량(18만 155톤/년)의 31%를 차지한다. 또한 이번 협약은 이들 사업장이 '미세먼지 저감 및 관리에 관한 특별법'[106] 시행(19.2.15) 전에 '비상저감조치' 참여방안을 미리 마련하여 다른 민간 사업장의 참여를 독려하는데 의의가 있다.[107]

이 협약에 참여한 사업장은 이날 이후부터 '고농도 미세먼지 비상저감조치'가 발령될 경우, 업종별 특성에 맞는 미세먼지 배출량 감축방안을 다음과 같이 시행한다. '석탄화력발전소'는 평상 시 황함유량이 0.5~1%의 일반탄과 0.3%인 저유황탄을 섞어 사용하고 있지만, 비상저감조치가 발령되면[108] 저유황탄 사용 비율을 높여 미세먼지 원인물질인 황산화물 배출을 줄일 계획이다. 정유업 및 석유화학제품제

---

105) 신건일, 이영성, 2019, 〈고농도 미세먼지 대응, 51개 사업장 자발적 감축 나선다〉, 환경부 보도자료, http://www.me.go.kr/20190123 참조. 20190128검색

106) '미세먼지 저감 및 관리에 관한 특별법'시행('19.2.15) 시 석탄화력, 정유·화학, 제철, 시멘트제조 등 총 101개 사의 참여가 의무화된다.

107) 신건일, 이영성, 2019, 〈고농도 미세먼지 대응, 51개 사업장 자발적 감축 나선다〉, 환경부 보도자료, http://www.me.go.kr/20190123 참조. 20190128검색

108) 30년 이상 노후 석탄발전소 봄철(3~6월) 가동중지, 발전소 출력 80% 제한(석탄 30기, 중유 6기) 등이 병행된다.

조업은 가열시설에서 액체연료와 기체연료를 섞어서 사용하고 있지만, 비상저감조치 시에는 기체연료 사용비율을 80% 이상으로 높이고, 방지시설 약품투입량을 늘려 미세먼지 원인물질 배출을 낮춘다. 제철업은 소결시설[109]에 사용되는 무연탄의 질소함량을 평상 시 1.5% 이상에서 비상저감조치 시에 0.5% 이하의 저질소 무연탄을 사용하여 질소산화물의 배출을 줄인다. 시멘트제조업종은 비상저감조치 시 분쇄시설의 가동시간을 1일 2시간 이상 단축하고, 시멘트의 반제품인 클링커를 생산하는 소성·냉각시설의 방지시설을 최적 운영하여 미세먼지를 줄인다. 이외에도 협약 사업장들은 고농도 미세먼지 비상저감조치 발령 시 비상용 경유 발전기의 시험가동을 보류하며, 사업장 내외에서 살수 차량 운영을 늘리고 차량 2부제 등을 시행한다. 환경부는 또한 비상저감조치 전담반을 운영하여 대기오염물질 배출을 실시간으로 감시하고, 비상연락체계를 유지하기로 했다.[110]

이상에서 살펴보았듯이 현재 미세 먼지로 인한 대기 오염의 문제는 심각하다. 그러나 오늘날 환경 문제는 한국의 대기 오염에만 국한되지 않는다. 또한 자본주의 이념을 채택한 나라만의 문제도 아니다. 사회주의 이념을 채택한 나라에서도 환경오염 문제가 심각하다. 환경오염을 비롯한 생태계 파괴 문제는 현재 인류에게 닥친 보편적인 문제이다.

인류는 그동안 산업화 과정을 거치면서 자연에 대해 무차별적인

---

109) 소결시설이란 철광석 등의 분말에 열을 가하여 일정한 크기의 광물을 만드는 시설을 의미한다.

110) 신건일, 이영성, 2019, 〈고농도 미세먼지 대응, 51개 사업장 자발적 감축 나선다〉, 환경부 보도자료, http://www.me.go.kr/20190123 참조. 20190128검색.

개발을 하였다. 인간은 인간의 편의를 위해 과학·기술을 활용하여 생태계의 질서를 교란할 정도로 환경오염을 양산하였다. 이제 인류는 생태계 파괴로 인한 과학·기술의 역기능 문제에 직면하고 있다. 인간이 자연을 공존의 대상이 아니라, 이용 대상으로 생각하는 한 생태계 문제는 근본적으로 해결되기 어렵다.

철학은 이러한 문제에 대해 공생의 관점에서 이론을 생산해야 한다. 그동안 환경 문제를 해결하기 위해 심층생태론, 과학기술낙관론, 사회생태론, 동양의 생명사상 등 다양한 이론이 등장하였다.

안 네스Arne Naess, 커머너B. Commoner, 제레미 리프킨Jeremy Rifkin 등으로 대표되는 심층생태론은 환경 문제의 주요 원인을 과학·기술 문명으로 여기고, 기계론적 사고에 반대하며 유기체적 세계관을 중시한다. 그들에 의하면 모든 생명은 평등하고, 자연은 선善이며, 모든 것은 서로 연결되어 있고, 공짜는 없다. 따라서 인간은 자연을 지배할 어떠한 권리도 없다. 그들은 인간이 자신들의 편리를 위해 자연을 이용 대상으로 여겨서는 안 될 것으로 생각한다.[111]

그러나 과학기술낙관론은 심층생태론과 다른 관점으로 생태계 문제를 해결하고자 한다. 과학기술론낙관론에 의하면 생태계의 파괴 문제는 과학·기술의 포기가 아니라, 더 나은 환경친화적인 과학·기술의 개발을 통해 해결해야 한다. 과학기술낙관론자들은 인간이 자연으로 돌아갈 경우, 자연이 인간에게 가하는 재해에 대해 방어하기 어려

---

111) 최종덕, 2001, 「환경위기와 생태학적 자연관」, 『문화와 철학』, 동녘출판사, 249~252쪽 참조. 박준건, 「생태사회의 사회철학」, 『문화와 철학』, 동녘출판사, 2001, 258~267쪽 참조. 이철승, 2013, 「장재철학에 나타난 생태관의 논리 근거와 의의」, 『동양철학연구』73집, 320쪽 참조.

울 것으로 생각한다. 그들에 의하면 약육강식弱肉強食의 원리가 통용되는 자연의 질서체계에서 동물보다 약한 인간은 생존의 위협으로부터 자신을 보호하기 위해 이성을 활용하여 도구를 제작하였다. 이것이 최초의 과학·기술이다. 인간은 이러한 과학·기술의 발전을 통해 자연의 위협에서 벗어났을 뿐만 아니라, 인간의 문명을 진보시켰다. 이제 이러한 과학·기술은 환경 문제를 해결하는 방향으로 개발되어 자연과 조화롭게 사는 방향으로 나아가야 한다.112)

이와 같이 심층생태론과 과학기술낙관론은 환경 문제를 해결하자는 면에서 공통점을 보이면서도, 문제의 원인 진단과 해결의 방법론에서 차이를 드러낸다. 곧 두 사조는 자연에 대해 선한 대상 혹은 약육강식의 대상으로 여기는 면에서 차이가 있다. 뿐만 아니라 두 사조는 인간을 자연의 일부로 여기거나, 혹은 자연을 대상화시키며 이용 대상으로 여기는 관점에서 차이를 드러낸다.113)

그런데 이들과 다른 관점으로 생태계 문제를 바라보는 학파가 있다. 그것은 머레이 북친Murray Bookchin을 대표로 하는 사회생태론이다. 사회생태론은 환경 파괴의 주범을 심층생태론과 같이 과학·기술로 여기지 않고, 과학기술낙관론처럼 자연을 인간의 편리를 위해 이용해야 할 대상으로 여기지 않는다. 사회생태론은 인간과 자연을 대립 구도로 여기지 않고, 환경 문제의 원인 역시 사회구조에서 비롯된 것으

---

112) 李哲承, 2005, 「新世紀环保问题与王船山的自然观」, 『船山學新論』, 湖南人民出版社 , 232~233쪽 참조. 이철승, 2013, 「장재철학에 나타난 생태관의 논리 근거와 의의」, 『동양철학연구』73집, 320~321쪽 참조.

113) 이철승, 2013, 「장재철학에 나타난 생태관의 논리 근거와 의의」, 『동양철학연구』73집, 321쪽 참조.

로 생각한다.[114] 머레이 북친에 의하면 위계구조의 지배가 궁극적으로 생태위기의 원인이고, 배타적 경쟁을 중시하는 자본주의적 시장의 확대가 대량으로 생태계를 파괴시켰다.[115] 사회생태론에 의하면 자본주의의 생산양식이 강화되면서 이익을 적극적으로 추구하는 자본가들에 의해 환경이 심각하게 파괴되었다. 사회생태론자들은 탐욕스러운 자본가들이 이익의 확대를 위해 과학·기술을 동원하여 환경을 파괴한 것으로 생각한다. 따라서 그들은 환경 문제를 해결하기 위해서 자본주의적인 생산 양식을 개선해야 할 것으로 생각한다.[116]

동아시아의 전통 철학, 특히 불교철학, 도가철학, 주역철학, 선진유학, 양명학, 기철학 등도 오늘날의 생태계 문제에 대한 대안의 성격을 띠며 많은 학자들에 의해 심층적으로 연구되고 있다.

21세기형 우리철학은 이러한 문제에 적극적으로 개입하고 심층적으로 탐구하여 근원적인 해결책을 제시할 수 있어야 한다.

4) 신종 감염병과 인류

지금 세계는 신종 '코로나 바이러스 감염증-19(Corona Virus Disease 2019)'로 인해 많은 어려움에 직면했다. 이 '코로나 바이러스 감염증

---

114) Murry Bookchin 지음, 서유석 옮김, 2012, 『머레이 북친의 사회적 생태론과 코뮌주의』, 메이데이, 15~67쪽 참조.

115) Murry Bookchin 지음, 서유석 옮김, 2012, 『머레이 북친의 사회적 생태론과 코뮌주의』, 메이데이, 100~101쪽 참조.

116) 박준건, 2001, 「생태사회의 사회철학」, 『문화와 철학』, 동녘출판사, 267~270쪽 참조. 이철승, 2013, 「장재철학에 나타난 생태관의 논리 근거와 의의」, 『동양철학연구』73집, 321쪽 참조.

-19'는 2019년 12월 중국 호북성湖北省 무한武漢(후베이성 우한)에서 발생한 폐렴환자로부터 확인된 신종 호흡기 바이러스인데, 학술적으로는 'SARS-CoV-2'로 명명하고 있다. 이 '코로나 바이러스 감염증-19'는 2002~2003년에 중국 광동성廣東省(광둥성)에서 발생한 사스(SARS)와 2012년과 2015년에 각각 중동 지역과 한국에서 유행한 메르스(MERS) 등과 같은 바이러스는 아니지만, 사스와 메르스 코로나 바이러스 등과 같이 박쥐에서 기원한 베타 코로나 바이러스 계통이다.[117]

한국 질병관리본부에 따르면 신종 코로나 바이러스 유전자 염기분석 결과, 박쥐 사스 유사 코로나 바이러스 유전체와 89.1%의 유사성을 갖는 것으로 확인되었으며, 계통분류학적으로 메르스 코로나 바이러스보다 사스 코로나 바이러스에 가까운 것으로 확인되었다.[118]

곧 코로나 바이러스(CoV)는 사람과 여러 동물에 감염될 수 있는 바이러스로서 유전자 크기가 27~32kb의 RNA 바이러스과에 알파, 베타, 감마, 델타 등 4개의 속이 있는데, 알파와 베타는 사람과 동물에게 감염되고, 감마와 델타는 동물에게 감염된다. 특히 사람을 감염시키는 코로나 바이러스는 현재까지 6 종류가 있는 것으로 알려졌는데, 감기를 일으키는 유형인 229E, OC43, NL63, HKU1 등과 중증 폐렴을 일으킬 수 있는 유형인 SARS-CoV, MERS-CoV 등으로 구분된다.[119]

---

117) http://www.cdc.go.kr/contents. 참조/20200726 검색(질병관리본부 국립보건연구원)

118) http://www.cdc.go.kr/contents. 참조/20200726 검색(질병관리본부 국립보건연구원)

119) http://ncov.mohw.go.kr/baroView. 참조/20200726 검색

코로나 바이러스 분류표[120)

속(genus)	사람-코로나 바이러스	사람 이외에 감염하는 코로나 바이러스
알파-코로나 바이러스 (alphacoronavirus)	229E, NL63	돼지 유행성 설사 바이러스 (porcine epidemic diarrhea virus : PEDV), (돼지)전염성 위장염 바이러스 (transmissible gastroenteritis virus : TGEV) 개코로나 바이러스(canine coronavirus : CCoV), 고양이 코로나 바이러스 (feline coronavirus : FCoV), Miniopterus bat(박쥐) coronavirus 1, Miniopterus bat(박쥐) coronavirus HKU8, Rhinolophus bat(박쥐) coronavirus HKU2, Scotophilus bat(박쥐) coronavirus 512
베타-코로나 바이러스 (betacoronavirus)	OC43, HKU1, SARS-CoV, MERS-CoV	돼지 혈구 응집성뇌척수염 바이러스 (porcine hemagglutinating encephalomyelitis virus : PHEV), 소코로나 바이러스(bovine coronavirus : BCoV), 말코로나 바이러스 (equine coronavirus : EqCoV), 쥐코로나 바이러스(murine coronavirus : MuCoV), Tylonycteris bat(박쥐) coronavirus HKU4, Pipistrellus bat(박쥐) coronavirus HKU5, Rousettus bat(박쥐) coronavirus HKU9
감마 - 코로나 바이러스 (gammacoronavirus)	없음	새코로나 바이러스(Avian coronavirus), 흰색 돌고래(Beluga whale)-코로나 바이러스 SW1
델타 - 코로나 바이러스 (deltacoronavirus)	없음	제주직박구리(Bulbul)-코로나 바이러스 HKU11, 개똥지빠귀(Thrush)-코로나 바이러스 HKU12, 킨바라(Munia)-코로나 바이러스 HKU13

* 포유류, 조류 등 광범위한 동물 감염(개, 고양이, 소, 돼지, 말, 닭, 쥐, 박쥐, 돌고래 등)
* 박쥐 CoV는 알파 CoV 또는 베타 CoV에 속함

---

120) http://ncov.mohw.go.kr/baroView. 참조/20200726 검색

이 신종 '코로나 바이러스 감염증-19'는 발생한지 7개월 동안 세계의 많은 사람들을 감염시키고, 수십만 명을 사망에 이르게 했다. 이 감염증은 선진국, 후진국, 인종, 종교, 민족, 지역 등을 가릴 것 없이 세계 전역에서 발생하고 있다. 2020년 7월 27일 현재 이 병에 감염된 세계의 확진자는 16,108,980명이고, 사망자는 646,403명이다. 또한 한국의 확진자는 14,175명이고, 사망자는 299명이다.[121]

주요 국가 확진 환자 및 사망자 현황(2020년 7월 27일 09시 기준)[122]

국가	감염자		사망자		사망률
	인원	발생률*	인원	발생률*	
미국	4,227,364	1284.50	146,889	44.6	3.5
브라질	2,419,091	1138.90	87,004	41.0	3.6
인도	1,385,522	101.2	32,063	2.3	2.3
러시아	812,485	564.6	13,269	9.2	1.6
남아프리카공화국	434,200	747.3	6,655	11.5	1.5
멕시코	390,516	295.2	43,680	33.0	11.2
페루	375,961	1142.70	17,843	54.2	4.7
칠레	345,790	1846.20	9,112	48.6	2.6
영국	299,426	446.9	45,752	68.3	15.3
이란	291,172	351.7	15,700	19.0	5.4
파키스탄	273,113	133.5	5,822	2.8	2.1
스페인	272,421	587.1	28,432	61.3	10.4
사우디아라비아	266,941	782.8	2,733	8.0	1

---

121) http://ncov.mohw.go.kr/bdBoardList_Real. 참조/20200727 검색
122) http://ncov.mohw.go.kr/bdBoardList_Real. 참조/20200727 검색

이탈리아	246,118	415.7	35,107	59.3	14.3
콜롬비아	233,541	469	7,975	16.0	3.4
터키	226,100	272.4	5,613	6.8	2.5
방글라데시	221,178	137	2,874	1.8	1.3
독일	206,667	250.8	9,124	11.1	4.4
인도네시아	97,286	36.1	4,714	1.7	4.8
중국	83,891	5.9	4,634	0.3	5.5
카자흐스탄	81,720	439.4	585	3.1	0.7
필리핀	78,412	72.5	1,897	1.8	2.4
싱가포르	50,369	853.7	27	0.5	0.1
키르키스스탄	32,813	529.2	1,277	20.6	3.9
일본	29,989	23.6	996	0.8	3.3
우즈베키스탄	20,226	61.7	112	0.3	0.6
호주	13,950	55.6	145	0.6	1
말레이시아	8,884	27.3	123	0.4	1.4
태국	3,291	4.7	58	0.1	1.8
베트남	418	0.4	0	0.0	0
한국	14,175	27.3	299	0.6	2.1

* 인구 10만 명당 [국가별 총 인구수 : 한국 - 2020년 1월 행정안전부 주민등록 인구 현황 기준, 한국 외 - United Nations Population Fund(UNFPA, 유엔인구기금)]

이 '코로나 바이러스 감염증-19'는 한국을 비롯한 세계의 많은 나라에 막대한 영향을 미치고 있다. 이것은 정치, 경제, 사회, 교육, 체육, 예술, 문화 등 삶의 거의 모든 영역에 영향을 끼치고 있는 현재 진행형이다. 이러한 현상은 인류에게 기존의 방식을 더 이상 지속해서는 안 되고, 새로운 질서의식의 필요성을 절감하도록 안내한다.

곧 오늘날 세계의 많은 사람들은 20세기 이후에 자주 발생하고 있는 '코로나 바이러스 감염증-19'를 비롯한 다양한 신종 감염병(Ebola, 조류독감, West Nile Virus, 사스, 신종플루, 메르스, Zica Virus 등)이 미칠 파장을 염려하며, 그것의 원인 규명과 치료제 개발을 촉구하고 있다.

지금까지 이 바이러스에 의한 신종 감염병의 구체적 원인에 대해서는 학자들마다 견해 차이가 있지만, 이 병의 발생이 생태계 파괴로 인한 기후 변화와 관련이 깊다는 견해에 대부분 동의한다. 이는 도구적 이성을 중시하는 근대 서구 문명의 본질에 대해 깊게 성찰하도록 유도한다.

많은 지성인들은 개인의 이기심을 권장하는 자유주의에 입각한 자본주의 문명에 대한 성찰을 통해 인간과 자연 및 인간과 인간의 균등한 관계를 통한 공동체의식의 중요성을 강조한다. 그들은 자기중심주의적인 관점에 근거한 배타적 경쟁의식의 확산을 중시하는 도구적 인간관의 문제점을 지적하고, 평화로운 어울림의 건강한 공동체 사회를 구축하고자 한다.

이는 신자유주의 이념을 중심으로 하는 기존 문명의 패러다임을 전환해야 할 것으로 생각하는 것이다. 곧 이 시대의 지성인들은 '코로나 바이러스 감염증-19' 이후의 세계에 대해 자기중심주의적인 관점에서 상대를 배제하거나 획일화시키지 않고, 사랑과 연대의식의 확산을 통해 평화롭고 평등한 사회의 건설을 추구하고자 한다. 그들은 유익한 세균과 공존하는 '마이크로바이옴(Microbiome)' 시대의 도래를 중요하게 생각한다. 그들에 따르면 이러한 평화로운 어울림의 공동체의식의 확산이 '코로나 바이러스 감염증-19' 이전과 이후의 문명 사이에 나타나는 질적인 차이이다.

이번 '코로나 바이러스 감염증-19'를 극복하는 과정에 많은 한국인들은 평화로운 어울림의 연대의식과 민주적인 시민의식에 기초한 건강한 공동체사회의 건설을 추구하였다. 그들은 이기심을 지양하고, 주체적인 자각을 통해 직면한 위기를 극복하기 위한 대안을 강구하였다. 이는 공의로움을 중시하는 전통적인 유학의 정신과 정의로운 사회를 추구하는 민주주의의 이념이 그들의 삶속에 반영된 흔적이라고 할 수 있다. 이 때문에 세계의 많은 사람들은 이 '코로나 바이러스 감염증-19'에 대한 한국의 우수한 대처 능력과 한국인의 높은 공동체의식에 찬사를 보내고 있다.

이처럼 20세기 이후에 확산되고 있는 신종 감염병과 인류의 새로운 관계에 대한 심층적인 연구는 소홀히 취급할 수 없는 시대적인 과제이다. 이는 21세기형 우리철학의 정립 문제와도 긴밀히 관계한다.

5) 성불평등 현상과 평등의식

한국은 2018년 3월부터 '나도 고발한다'라는 뜻의 이른바 '미투(#Me Too)' 운동이 본격적으로 진행되었다. 이 운동이 진행되는 동안 많은 사람들이 성폭력을 당했던 당사자들의 아픔을 공유하며, 그들과 연대하기 위해 노력했다. 이 운동은 정치계, 법조계, 연예계, 체육계, 경제계, 학계, 문화계 등 다양한 영역으로 확산되었다. 피해자들의 용기 있는 고백에 많은 사람들이 지지와 응원을 보냈으며, 상당수 가해자들이 법의 심판을 받았다.

가해자와 피해자들의 성별은 일부를 제외하고, 대부분 남성과 여성으로 구분되었다. 상당수가 남성 가해자와 여성 피해자로 나타났다. 가해자들은 대부분 피해자보다 신분이나 직위에서 우위를 점유하였다. 이것은 여성들의 인권이 상대적으로 남성보다 유리하지 않음을 의미한다. 지난 수십 년 동안 한국은 민주화가 진행되면서 남성과 여성의 인권이 평등을 지향했지만, 여전히 성불평등의 흔적이 남아 있다.

한국은 지난 시절 봉건제의 영향을 받아 가부장적인 남성 중심주의 문화가 있었다. 남성중심주의의 이념이 구현되는 사회에서는 여성들의 인권이 남성보다 열악할 수밖에 없다. 상당수의 남편은 가정에서 지배적인 위치를 차지하였기 때문에 의사결정의 주체가 되고, 아내는 남편의 뜻을 잘 수행하는 역할을 하였다. 이러한 가정 문화는 사회에 무비판적으로 적용되고 확장되었다. 사회에서도 대부분 성인 남성 중심으로 의사결정 구조가 형성되었다.

그런데 이러한 남성중심주의 문화 현상은 한국만의 특징이 아니다. 봉건주의 사회에서는 동양과 서양을 가릴 것 없이 대부분의 나라에서 목격될 수 있는 풍경이다. 민주주의 제도가 일찍 시작된 서양에서도 평등권이 제도적으로 구현되는 것으로 평가받는 여성의 보통선거가 시작된 것은 오래되지 않았다. 여성의 보통선거권은 최초로 1893년에 뉴질랜드에서 시행되었고, 이어서 1894년에 남호주에서 시행되었다. 이들 국가를 제외하고는 대부분 20세기에 여성의 보통선거권이 인정되었다. 예컨대 덴마크 1915년, 러시아 1917년, 독일 1919년, 네덜란드 1919년, 캐나다 1920년, 미국 1920년(모든 흑인의 투표권이 인정된 것은 1965년), 영국 1928년, 브라질 1932년, 프랑스 1944년, 이탈리아 1945년, 일본 1946년, 아르헨티나 1947년, 한국 1948년, 벨기에 1948년 등에 여성의 보통선거권이 시작되었다.

이는 100여 년 전까지 세계의 많은 나라에서 여성에 대한 차별이 제도적으로 진행되었음을 의미한다. 한국은 비교적 늦게 여성 인권의 중요성을 인식했지만, 성평등의식이 빠른 속도로 확산되었다. 여성가족부의 자료에 의하면 2018년 한국의 '성불평등지수(GII)'는 높지 않다. 한국은 세계 189개 국가 가운데 10위에 해당할 정도로 '성불평등지수'가 낮다.

한국 성불평등지수(GII) 현황[123]

발표 연도	기준 연도	순위/ 대상	점수	생식 건강		여성 권한			노동 참여	
				모성 사망비	청소년 출산율	여성의원 비율(%)	중등교육 이상 받은 인구(%)		경제활동참가율(%)	
							여성	남성	여성	남성
'18	'17	10/189	0.063	11	1.6	17.0	89.8	95.6	52.2	73.2
'17	'15	10/188	0.067	11	1.6	16.3	88.8	94.6	50.2	71.8
'16	'14	23/155	0.125	27	2.2	16.3	77.0	89.1	50.1	71.1
'15	'13	14/152	0.101	16	2.2	15.7	77.0	89.1	49.9	82.0
'14	'12	27/148	0.153	16	5.8	15.7	79.4	91.7	49.2	71.4

123) 유엔개발기구(UNDP), 2018년 9월 14일, 「2018년 성불평등 지수(GII)」 발표, 여성가족부. http://www.mogef.go.kr/20190129 검색.
　　* 점수가 '0'이면 완전 평등(No Inequality), '1'이면 완전 불평등. 성불평등지수 (Gender Inequality Index, GII)는 유엔개발계획(UNDP)에서 2010년부터 각 국의 성불평등 정도를 측정하여 발표하는 지수로, ① 생식 건강 ② 여성 권한 ③ 노동참여 영역에서 여성수준과 격차를 고려한 지수. * 유엔개발계획은 성불평등지수(GII)를 인간개발보고서(HDR, Human Development Report)의 일부로 포함하여 발표.

상위 10위 국가 및 아시아 주요국 현황[124]

국가명	순위	점수	생식 건강		여성 권한			노동 참여	
			모성 사망비	청소년 출산율	여성의원 비율(%)	중등교육 이상 받은 인구(%)		경제활동참가율(%)	
						여성	남성	여성	남성
스위스	1	0.039	5	3.0	29.3	96.4	97.2	62.9	74.1
덴마크	2	0.040	6	4.1	37.4	90.1	91.3	59.2	67.2
네덜란드	3	0.044	7	4.0	35.6	86.4	90.4	58.0	69.2
스웨덴	3	0.044	4	5.2	43.6	88.4	88.7	60.8	67.4
벨기에	5	0.048	7	4.9	41.4	82.2	86.7	47.8	58.7
노르웨이	5	0.048	5	5.6	41.4	96.3	95.1	60.8	67.6
슬로베니아	7	0.054	9	4.2	28.7	97.4	98.9	51.7	60.9
핀란드	8	0.058	3	6.8	42.0	100.0	100.0	54.8	61.9
아이슬란드	9	0.062	3	6.8	38.1	100.0	100.0	72.8	81.8
대한민국	10	0.063	11	1.6	17.0	89.8	95.6	52.2	73.2
싱가포르	12	0.067	10	3.7	23.0	76.1	82.9	60.5	76.8
일본	22	0.103	5	4.1	13.7	94.8	91.9	50.5	70.6
중국	36	0.152	27	6.4	24.2	74.0	82.0	61.5	76.1

위의 표는 아시아 국가 중에서 한국의 '성불평등지수'가 자장 낮다
는 것을 보여준다.

---

124) 유엔개발기구(UNDP), 2018년 9월 14일, 「2018년 성불평등 지수(GII)」 발표,
여성가족부. http://www.mogef.go.kr/20190129 검색.

G20 국가 현황[125]

국가명	순위	점수	생식 건강		여성 권한			노동 참여	
			모성 사망비	청소년 출산율	여성의원 비율(%)	중등교육 이상 받은 인구(%)		경제활동참가율(%)	
						여성	남성	여성	남성
대한민국	10	0.063	11	1.6	17.0	89.8	95.6	52.2	73.2
독일	14	0.072	6	6.5	31.5	96.2	96.8	55.0	66.2
프랑스	16	0.083	8	8.6	35.4	80.6	85.6	50.6	60.1
이탈리아	18	0.087	4	6.1	30.1	75.6	83.0	39.5	58.3
캐나다	20	0.092	7	9.4	30.1	100.0	100.0	60.7	69.8
일본	22	0.103	5	4.1	13.7	94.8	91.9	50.5	70.6
호주	23	0.109	6	12.9	32.7	90.0	89.9	59.2	70.5
영국	25	0.116	9	12.5	28.5	82.4	85.2	56.8	68.1
중국	36	0.152	27	6.4	24.2	74.0	82.0	61.5	76.1
미국	41	0.189	14	18.8	19.7	95.5	95.2	55.7	68.3
사우디아라비아	50	0.234	12	7.8	19.9	67.8	75.5	22.3	79.5
러시아	53	0.257	25	21.6	16.1	95.8	95.3	56.6	71.8
터키	69	0.317	16	25.8	14.6	44.9	66.0	32.4	71.9
멕시코	76	0.343	38	60.3	41.4	57.8	61.0	44.1	79.0
아르헨티나	81	0.358	52	62.8	38.9	65.9	62.8	47.3	73.2
남아공	90	0.389	138	42.8	41.0	74.2	77.4	47.9	62.0
브라질	94	0.407	44	61.6	11.3	61.0	57.7	53.2	74.7
인도네시아	104	0.453	126	47.4	19.8	44.5	53.2	50.7	81.8
인도	127	0.524	174	23.1	11.6	39.0	63.5	27.2	78.8

위의 표는 G20 국가 중 한국의 '성불평등지수'가 자장 낮다는 것을 보여준다.

---

125) 유엔개발기구(UNDP), 2018년 9월 14일, 「2018년 성불평등 지수(GII)」 발표, 여성가족부. http://www.mogef.go.kr/20190129 검색.

국가명	순위	점수	생식 건강		여성 권한			노동 참여	
			모성 사망비	청소년 출산율	여성의원 비율(%)	중등교육 이상 받은 인구(%)		경제활동참가율(%)	
						여성	남성	여성	남성
스위스	1	0.039	5	3.0	29.3	96.4	97.2	62.9	74.1
덴마크	2	0.040	6	4.1	37.4	90.1	91.3	59.2	67.2
네덜란드	3	0.044	7	4.0	35.6	86.4	90.4	58.0	69.2
스웨덴	3	0.044	4	5.2	43.6	88.4	88.7	60.8	67.4
노르웨이	5	0.048	5	5.6	41.4	96.3	95.1	60.8	67.6
벨기에	5	0.048	7	4.9	41.4	82.2	86.7	47.8	58.7
슬로베니아	7	0.054	9	4.2	28.7	97.4	98.9	51.7	60.9
핀란드	8	0.058	3	6.8	42.0	100.0	100.0	54.8	61.9
아이슬란드	9	0.062	3	6.8	38.1	100.0	100.0	72.8	81.8
대한민국	10	0.063	11	1.6	17.0	89.8	95.6	52.2	73.2
룩셈부르크	11	0.066	10	5.2	28.3	100.0	100.0	52.3	63.5
오스트리아	13	0.071	4	6.9	33.6	100.0	100.0	55.0	66.0
독일	14	0.072	6	6.5	31.5	96.4	96.8	55.0	66.2
스페인	15	0.080	5	8.6	38.6	72.2	77.6	52.2	63.8
프랑스	16	0.083	8	8.6	35.4	80.6	85.6	50.6	60.1
이탈리아	18	0.087	4	6.1	30.1	75.6	83.0	39.5	58.3
포르투갈	19	0.088	10	9.4	34.8	52.1	53.4	53.3	63.8
캐나다	20	0.092	7	9.4	30.1	100.0	100.0	60.7	69.8
이스라엘	21	0.098	5	9.2	27.5	87.8	90.5	59.3	69.2
일본	22	0.103	5	4.1	13.7	94.8	91.9	50.5	70.6
호주	23	0.109	6	12.9	32.7	90.0	89.9	59.2	70.5
아일랜드	23	0.109	8	9.7	24.3	90.2	86.3	53.0	67.3
영국	25	0.116	9	12.5	28.5	82.4	85.2	56.8	68.1
그리스	26	0.120	3	7.2	18.3	65.4	73.2	45.5	60.6
에스토니아	27	0.122	9	12.6	26.7	100.0	100.0	56.4	70.3
체코	29	0.124	4	10.0	21.1	99.8	99.8	52.0	68.3
폴란드	32	0.132	3	12.7	25.5	81.1	86.9	48.8	65.1
뉴질랜드	34	0.136	11	20.0	38.3	99.0	98.8	63.9	74.9

국가명	순위	점수	생식 건강		여성 권한			노동 참여	
			모성 사망비	청소년 출산율	여성의원 비율(%)	중등교육 이상 받은 인구(%)		경제활동참가율(%)	
						여성	남성	여성	남성
중국	36	0.152	27	6.4	24.2	74.0	82.0	61.5	76.1
슬로바키아	39	0.180	6	22.0	20.0	99.1	100.0	52.5	67.7
미국	41	0.189	14	18.8	19.7	95.5	95.2	55.7	68.3
헝가리	54	0.259	17	19.7	10.1	95.7	98.0	47.9	64.2
터키	69	0.317	16	25.8	14.6	44.9	66.0	32.4	71.9
칠레	72	0.319	22	45.6	15.8	79.0	80.9	50.6	74.4
멕시코	76	0.343	38	60.3	41.4	57.8	61.0	44.1	79.0

OECD 국가 중 한국의 '성불평등지수'가 10번째로 낮다는 것을 보여준다.

여성가족부가 제공한 위의 자료들은 2018년 기준 한국의 '성불평등지수'가 세계의 주요 국가들보다 낮다는 것을 보여준다. 이는 그동안 한국이 민주화되는 과정에서 국민의 인권, 특히 여성의 인권이 많이 향상되었음을 의미한다. 한국의 많은 국민들은 남성과 여성이 모두 평등하다는 의식을 공유하고 있다.

그러나 오늘날 한국은 지표상에서 확인했듯이 성평등의식이 향상되었음에도 여전히 성불평등 현상이 존재한다. 2018년 '미투' 운동의 과정에서 드러난 많은 성폭력의 배후에는 가해자들의 성불평등의식이 여전히 사라지지 않고 있다. 또한 직장, 문화, 생활, 호칭 등 적지 않은 곳에서 여전히 성불평등 현상이 존재한다.

실제로 한국의 국민들 가운데 상당수는 가족 구성원들 사이에서

126) 유엔개발기구(UNDP), 2018년 9월 14일, 「2018년 성불평등 지수(GII)」 발표, 여성가족부. http://www.mogef.go.kr/20190129 검색.

나타나는 호칭에 성불평등의 문제가 있는 것으로 생각한다. 특히 혼인한 부부를 기준으로 할 때, 각 배우자와 관련된 가족 구성원들 사이의 호칭이 비대칭이라고 생각하며 개선의 필요성을 제기한다. 여성가족부의 설문조사(2019년 1월 28일~1월 30일 정오)에 의하면 혼인한 여성은 배우자의 부모 집을 '시댁'이라고 부르지만, 남성은 배우자의 부모 집을 '처가'라 부르는 것에 대해 98%가 '문제가 있다'고 응답했다. 개선 방안으로는 남편과 아내쪽 부모님 집을 똑같이 '시가'와 '처가'로 부르자는 의견이 절반을 넘었다. '시댁'과 '처댁'으로 부르자는 의견도 20%를 넘었다. 남편의 동생을 '도련님' 혹은 '아가씨' 등으로 높여 부르고 아내의 동생을 '처남' 혹은 '처제'로 부르는 문제에 대해서도 99%가 개선이 필요하다고 응답했다. 대안으로는 이름에 '씨'를 붙이는 방안이 절반을 넘었고, 응답자의 20% 가까이가 남편 동생의 호칭을 '부남夫男' 혹은 '부제夫娣'로 부를 것을 제안했고, 응답자의 10% 정도가 남편 동생과 아내 동생을 똑같이 '도련님' 혹은 '아가씨'로 부르자고 했다. 남편의 누나와 아내의 언니를 각각 '형님' 혹은 '처형'으로 부르는 관행도 개선이 필요하다는 의견(97.8%)이 압도적이었다. 개선책으로 남편의 누나를 '언니'로 부르자는 의견이 많았다. 아내의 부모를 '장인어른'과 '장모님'으로 부르고, 남편의 부모를 '아버님'과 '어머님'으로 부르는 관행에도 문제가 있다는 의견(96.7%)이 대다수였다. 대안으로 대부분의 사람들(96.6%)이 양쪽 똑같이 '아버님'과 '어머님'으로 부르자고 제안했다. 아버지의 부모를 '할아버지'와 '할머니'로 부르면서 어머니의 부모를 '외할아버지'와 '외할머니'로 부르는 관행에도 많은 사람들(93.4%)이 문제 있는 것으로 생각했다. 대안으로 똑같이 '할아버지'와 '할머니'로 부르자고 했다(96.2%). 아들의 자녀를

'손자'와 '손녀'로 부르고 딸의 자녀를 '외손자'와 '외손녀'로 호칭하는 관행도 문제가 있으니(94.6%), 똑같이 '손자'와 '손녀'로 부르자는 의견(99.2%)이 지배적이었다.[127]

이처럼 현재 한국의 많은 사람들은 호칭 속에 성불평등의 상징인 가부장제의 흔적이 남아 있는 것으로 생각하고, 이것의 개선을 통해 성평등의 문화를 이루어야 할 것으로 생각한다.

이처럼 현재 성불평등의 문제를 해결하는 것은 매우 필요할 뿐만 아니라 중요하다. 성평등의식의 구현은 인간의 기본권을 존중하는 것이고, 민주주의의 이념을 현실화하는 것이다. 이는 한국과 다른 나라를 가릴 것 없이 인류가 보편적으로 추구해야 할 가치이다.

21세기형 우리철학의 정립은 이러한 문제에 대한 깊은 성찰을 전제로 한다.

6) 4차 산업혁명과 포스트휴먼

2016년 1월 스위스 다보스에서 개최된 '세계경제포럼'은 '제4차 산업혁명'을 주요 의제로 부각시켰다. 제4차 산업혁명은 사이버 물리시스템(CPS), 사물 인터넷(IoT), 클라우드 서비스, 인공지능(AI), 빅데이터, 3D프린팅, 생명공학 등 첨단 정보통신 기술을 활용하여 실세계 모든 사물들의 지능화와 초연결을 지향하기 때문에 기존의 산업혁명에 비해 속도와 범위와 시스템에 끼치는 영향이 매우 크다. 따라서

---

127) 윤창희 기자, 2019년 1월 31일, '도련님 → 부남, 처가 → 처댁 … 국민이 내놓은 호칭 개선안', 〈KBS NEWS〉 참조.
    http://news.kbs.co.kr/news/view/20190131 검색

이 회의를 계기로 많은 사람들은 인간의 편리함이 극대화 될 것으로 예측하며, 이 분야의 동향에 관심을 집중시키고 있다.[128]

　특히 세계의 많은 사람들은 2016년 3월 9일~15일(한국, 서울)과 2017년 5월 23일~27일(중국, 浙江省嘉興)에 진행된 인공지능인 '알파고(AlphaGo)'와 세계 최고 수준의 바둑프로기사인 '이세돌' 9단 및 '커제(柯洁)' 9단의 바둑 경기에서 '알파고'가 승리하는 것을 목도한 후, 이 4차 산업혁명의 영향이 공공기관, 대학, 병원, 기업은 물론 거의 모든 산업 분야에 광대하게 미칠 것으로 생각하고, 이에 대한 준비를 강조하고 있다.[129]

〈세기의 대국〉 제4국 알파고 첫 수

(서울=연합뉴스) 2016년 3월 13일 서울 종로구 포시즌스 호텔에서 열린 '구글 딥마인드 챌린지 매치'에서 구글 인공지능 바둑 프로그램 '알파고'와 이세돌 9단의 제4국에서 알파고 대리인 아자황이 첫 수를 두고 있다. [한국기원 제공] zjin@yna.co.kr. 2016.3.13

---

128) 이철승, 2017, 「유교, 비판과 계승과 변용의 삼중주 – 유교부흥의 문제를 중심으로」, 『유교사상문화연구』68집, 255쪽 참조.

129) 이철승, 2017, 「유교, 비판과 계승과 변용의 삼중주 – 유교부흥의 문제를 중심으로」, 『유교사상문화연구』68집, 255쪽 참조.

이처럼 21세기의 과학과 기술은 기계와 구별되는 인간의 고유 영역으로 여겨지던 감성과 창의성 부분까지 침투하고 있는 실정이다. 이러한 과학과 기술의 발전은 앞으로 더 높은 수준의 산업혁명을 예고하며, 인간과 기계의 관계는 물론 인간의 정체성에 대해 새로운 질문을 제기한다. 곧 21세기에 빠르게 진보하는 과학과 기술의 발전은 이전 시대의 인간과 구별되는 새로운 시대의 흐름에 부합하는 포스트휴먼을 모색하며, 인간의 정체성에 대한 문제를 심각하게 제기한다.[130]

그런데 고도의 과학·기술에 의한 4차 산업혁명이 인간의 편리함이라는 명분 아래 구조적으로 고착화 되는 문제에 주의하지 않는다면 인간에 의한 인간의 지배를 넘어 기계에 의한 인간의 지배 현상이 일어날 수 있다. 그러나 기계에 의한 인간의 지배 현상 역시 궁극적으로는 인간과 기계의 문제가 아니라, 인간과 인간의 문제이다. 왜냐하면 무능한 인간을 지배할 수 있는 유능한 기계를 만드는 사람 역시 유능한 인간이기 때문이다. 보통 사람보다 탁월한 인간이 보통 사람의 능력보다 뛰어난 기계를 만들면 그 기계의 능력은 보통 사람보다 뛰어날 수 있다. 이처럼 탁월한 능력의 인간이 유능한 기계를 통해 무능한 인간을 지배하거나 소외시킨다면 무능한 인간의 존엄성은 유지되기 어렵다.[131]

이는 현상적으로 기계와 인간의 대립처럼 보이지만, 본질적으로 유능한 인간과 무능한 인간의 관계이다. 이때 유능한 기계는 유능한 인

---

130) 이철승, 2017, 「유교, 비판과 계승과 변용의 삼중주 - 유교부흥의 문제를 중심으로」, 『유교사상문화연구』68집, 255쪽 참조.
131) 이철승, 2017, 「유교, 비판과 계승과 변용의 삼중주 - 유교부흥의 문제를 중심으로」, 『유교사상문화연구』68집, 263쪽 참조.

간의 대리자일 뿐이다. 비록 기계가 창의성을 발휘할지라도, 그 창의
성은 유능한 인간이 기계에게 부여한 제한된 창의성이다. 유능한 인
간이 제한된 범위 안에서 그 기계에게 자율성을 부여하면 그 기계는
주어진 조건 아래에서 자율성을 발휘할 수 있다. 비록 기계에게 주어
진 자율성이 무능한 인간의 창의성보다 뛰어날지라도, 그 자율성은
그 자율성을 부여한 유능한 인간의 명령 체계 안에서 제한적으로 작
동된다.[132]

　이는 그동안 자연과학계에 불문율처럼 여겨졌던 과학과 기술을 가
치중립의 영역으로 한정시키는 관점에 문제가 있음을 드러내는 것이
다. 과학과 기술 자체는 비록 가치중립의 대상으로 여겨질지라도, 과
학자와 기술자의 삶에서 가치가 영원히 배제될 수는 없다. 과학자와
기술자가 발명하거나 제조하는 과학과 기술의 의도와 활용 방안은
결국 인간의 가치 영역과 긴밀하게 관계될 수밖에 없기 때문이다.[133]

　이는 과학·기술의 실상과 허상에 대해 깊은 성찰이 필요함을 드러
내는 것이다. 이러한 성찰이 없이 과학과 기술을 맹목적으로 신뢰한
다면 도구적 이성에 의한 인간의 수단화 현상이 증가할 수 있다. 인간
의 수단화는 인간의 소외 문제를 발생시킨다.

　그런데 도구적 인간관의 확산은 인터넷의 발달과 무분별한 정보의
홍수로 인해 "검색은 잘 하는데, 사색은 잘 하지 않는다."와 "기계는
잘 알지만, 인간을 잘 모른다."라는 말이 상징하듯, 극단적인 이기주

---

132) 이철승, 2017, 「유교, 비판과 계승과 변용의 삼중주 – 유교부흥의 문제를 중심
　　 으로」, 『유교사상문화연구』68집, 263~264쪽 참조.
133) 이철승, 2017, 「유교, 비판과 계승과 변용의 삼중주 – 유교부흥의 문제를 중심
　　 으로」, 『유교사상문화연구』68집, 264쪽 참조.

의, 인간의 파편화와 분절화, 윤리의식의 결핍, 분노조절 장애, 무차별적 폭력, 무기력, 자아상실, 외로움, 우울증, 자살 등 사회의 여러 병리현상을 증가시킬 수 있다.

인류의 역사에서 과학과 기술은 인간의 편리함을 제공하는 데 기여했다. 그러나 그것은 또한 '가치중립'이라는 미명 아래 무차별적으로 개발되고 발전하여 많은 역기능을 드러냈다. 핵처리 문제, 유전자식품의 문제, 생태계 파괴 문제 등 많은 문제들이 끊임없이 발생했다.

역사적 경험에 의하면 과학과 기술이 개발될 때에는 순기능이 많이 드러난다. 그러나 세월이 흐르면서 역기능 역시 적지 않게 발생한다. 이는 과학자와 기술자들이 왜 그 과학과 기술을 개발하는지에 대한 문제의식과 관련된다.

인간의 편리함 때문이라는 이유는 역기능의 심각한 폐해에 대한 면죄부가 될 수 없다. 그 편리함의 내용이 구체적으로 무엇인지, 그 편리함을 누릴 수 있는 사람은 누구인지, 그 편리함으로 인해 불편함을 감수해야 하는 사람들의 고통 등 많은 부분을 함께 고려하지 않는다면 또 다른 문제가 발생할 수 있다.

이는 과학·기술에 대한 가치의 배제라는 의식 때문에 일어나는 문제들이다. 과학과 기술 자체에는 가치가 배제될 수 있다. 그러나 그 과학과 기술을 개발하는 인간은 가치를 배제할 수 없다. 그 과학자와 기술자는 어떤 형태로든지 자신의 가치관을 보유하고 있다. 이는 가치를 배제할 수 없는 인간이 가치가 배제된 과학과 기술을 개발할 때 나타날 수밖에 없는 구조적인 문제이다.

이제 이러한 문제를 근원적으로 해결할 수 있는 자세와 노력이 필요하다. 과학과 기술을 개발하는 사람들은 도구적인 이성이 아니라,

인간다움을 실현하는 가치의 중요성을 인식해야 한다. 철학을 비롯한 인문학은 이러한 문제에 많은 도움을 줄 수 있다. 철학은 4차 산업혁명의 그늘이 될 수 있는 가치중립적인 과학·기술의 맹목적 신뢰에 비판적이다. 철학은 도구적 이성에 의한 비인간성의 확산 등이 가져올 수 있는 재난에 대해 경계한다. 철학은 이러한 경계를 통해 바람직한 인간관을 정립하는 면에 기여할 수 있다.

이러한 4차 산업혁명의 문제에 대한 진단과 처방책의 제시는 한국에만 해당하는 특수한 사항이 아니다. 이는 오늘날 세계 곳곳에서 나타나는 과학·기술의 역기능 문제에 대한 대안의 성격을 띤다. 따라서 이러한 문제에 대한 심층적인 관심과 탐구는 21세기형 우리철학의 정립에 기여할 뿐만 아니라, 세계철학의 발전에 기여할 수 있다.

제5장
우리철학의 정립 방법

　문제를 분석하고 이론을 생산할 때에 방법은 중요하다. 어떤 방법을 사용하는지에 따라 내용의 구성이 달라질 수 있기 때문이다. 방법과 기준이 모호하면 내용이 모호해질 수 있지만, 방법과 기준이 분명하면 내용이 명료해질 수 있다. 우리철학의 정립 문제에서도 방법은 중요하다. 특히 상대성과 절대성 및 변증법과 형이상학을 아우르는 특수와 보편, 수동성과 능동성 및 의존성과 주체성을 아우르는 타율성과 자율성 등의 문제에 대한 합당한 이론 구성은 21세기형 우리철학의 정립에 필요하다.

1 특수와 보편

　특수와 보편의 관계 문제는 철학사에서 중요하게 취급되어왔다. 이 문제는 현재에도 철학계에서 중요하게 취급되고 있다. 19세기에 유럽이 유럽 중심주의적 사고에 기초하여 아시아를 계몽의 대상으로 설정한 것은 유럽 문명을 보편으로 여기고, 아시아 문명을 특수로 여긴

것이다. 전통사회에서 중국이 중시한 '중화주의'도 중국 문화를 보편으로 여기고, 비중국 문화를 특수로 여긴 것이다. 20세기 전반기에 일본이 일본 중심의 '대동아주의'를 주장한 것 역시 일본을 보편으로 여기고, 다른 아시아 국가를 특수로 여긴 것이다.[1]

이처럼 보편을 중시하고 보편을 강조하는 보편주의는 보편이 바로 선善이라는 등식을 내포하며, 특수로 하여금 보편을 당위적으로 수용하도록 유도한다. 이 때문에 보편주의는 어떤 일을 수행하는 면에 당위적인 공감대로 작용되어 강력한 카리스마를 형성할 수 있다. 이는 특수를 배려하지 않은 상태에서 보편주의로 흐를 경우, 보편에 동참하지 않는 특수에 대해 사랑과 포용의식 혹은 배타와 패권의식으로 대할 수 있음을 말한다. 배타와 패권의식으로 특수를 대할 경우, 특수는 제거의 대상으로 전락된다. 제거의 대상으로 전락된 특수에 대해 보편은 심판자의 위치에서 가능한 모든 방법을 선택적으로 행사할 수 있다. 이제 보편은 가장 강력한 권력자가 되어 누구도 그 위세에 대항할 수 없는 분위기를 연출한다. 이러한 보편에 대항하는 특수는 징벌 대상으로 전락된다. 이것은 전형적인 보편 중심주의에서 나타날 수 있는 현상이다.[2]

그러나 문제는 보편의 기원과 지속성에 관한 내용이다. 보편이 인간의 의지에 관계없이 선험적으로 주어진 절대 불변의 것인지, 아니면 역사 과정에서 특수한 가치들의 상호 침투에 의해 형성된 변화할

---

1) 이철승, 2005, 「'동아시아 담론'과 중심주의의 문제」, 『중국학보』제52집, 한국중국학회, 522쪽 참조.
2) 이철승, 2005, 「'동아시아 담론'과 중심주의의 문제」, 『중국학보』제52집, 한국중국학회, 522~523쪽 참조.

수 있는 것인지에 따라 결과가 다르게 나타난다.

보편이 선험적으로 주어진 초역사적인 것이라고 할 때, 왕성하게 변화하는 구체적인 현실에서 특수와 유기적으로 조화하기 어렵다. 왜냐하면 이 보편은 변화하는 특수한 현실에서도 시공을 초월하는 불변의 원리로 작용해야 하지만, 특수는 그 원리를 시간과 공간의 제약을 받는 특수의 조리로 여기기 때문이다.

이 때문에 보편은 보편의 취향에 맞는 특수가 형성될 경우에 그와 평화적인 관계를 유지할 수 있지만, 보편의 취향과 다른 특수에 대해 배타적으로 대할 확률이 높다. 이 보편은 특수에 대해 질서 회복의 차원에서 제재를 가할 수 있다. 이 특수는 자신의 의사에 관계없이 보편이 정한 원칙에 의해 최후를 맞이할 수 있다.[3]

철학사에 등장하는 객관적 관념론은 대부분 이러한 보편주의의 경향을 띤다. 플라톤의 이데아(Idea)는 완전체로서 현상계를 초월한 것으로 존재와 가치의 근거이다. 현상계는 불완전하기 때문에 항상 완전한 이데아를 사모한다. 성리학에서 리理는 존재의 근거로서 형이상학적인 원리이고, 기氣는 형이하학적인 재료이다. 가치의 측면에서도 리는 선善이지만, 기에는 선함도 있고 불선不善함도 있다. 따라서 불선의 근거는 리가 아니라 기이다.

이때 이데아와 리는 보편이고, 현상계와 기는 특수이다. 이데아와 리는 선험적으로 존재하는 것이고, 현상계와 기는 움직임과 변화가 출렁대는 경험의 세계이다. 이데아와 리는 시간과 공간을 초월하여

---

3) 이철승, 2005, 「'동아시아 담론'과 중심주의의 문제」, 『중국학보』제52집, 한국중국학회, 523쪽 참조.

불변하는 진리의 근거이고, 현상계와 기는 시간과 공간의 제약을 받는다. 현상계와 기는 항상 초역사적인 보편 존재인 이데아와 리의 명령에 따를 때 바르게 되지만, 명령에 따르지 않으면 문제가 발생한다. 따라서 보편과 특수의 선후 관계는 특수로부터 보편이 아니라, 보편으로부터 특수이다.

경험론에서는 이러한 논리에 동의하지 않는다. 경험주의에서는 경험이 배제된 상태에서 상정되는 선험적인 진리관을 부정한다. 경험론에서는 진리 역시 경험을 통해서 형성되는 것으로 생각한다.

기철학氣哲學에서는 이 세계의 존재 근거를 불변하는 선험적인 리가 아니라, 항상 움직이는 기로 생각한다. 기철학에서는 리를 기를 초월하는 존재가 아니라, 항상 운동하는 기에 내재한 기의 조리로 생각한다.

이 때문에 기철학에서는 보편 역시 시간과 공간을 초월하여 영원히 변하지 않는 진리의 대상으로 여기지 않는다. 기철학에서는 보편을 시간과 공간의 영향을 받는 특수와 특수의 유기적인 관계에 의해 형성되는 조리로 생각한다. 만일 이러한 조리를 인정하지 않는다면 상대주의에 빠질 수 있다. 상대주의에 빠지면 오로지 특수들만 존재하여 특수와 특수가 충돌할 때 온당한 해결책을 찾기 어렵다. 따라서 이러한 특수와 특수의 유기적인 결합에 의해 형성되는 조리로서의 새로운 질서가 제한된 보편 혹은 시한부 보편이다.

제한된 보편 혹은 시한부 보편으로서의 조리는 일정 기간 동안 일정한 장소에서 보편의 역할을 하다가 새로운 상황에 의해 특수로 전락할 수 있다. 새로운 상황에서의 특수는 또 다른 상황과 유기적인 관계에 의해 이전과 구별되는 또 다른 보편을 형성한다. 따라서 보편

274

과 특수의 선후 관계는 보편으로부터 특수가 아니라, 특수로부터 보편이다.

역사 과정에서 보편이 이와 같이 초역사적으로 주어지지 않고, 수많은 특수들의 상호 침투에 의해 형성된 공통의 공속의식이라면 보편은 특수에 대해 권위주의적이거나 폭력적일 수 없다. 역사의 특수한 주체들에 의해 만들어지는 이러한 보편은 특수에 대해 배타적이거나 패권적인 자세를 보이지 않는다. 이러한 보편은 특수와 유기적인 관계를 형성하며 평화적인 질서를 도출하기 위해 노력하고자 한다. 그렇지 않다면 이 보편은 더 이상 특수들의 지지를 받지 못할 수 있다. 특수들이 인정하지 않는 보편은 그들 사회에서 보편이 될 수 없다. 이 보편은 언제든지 새롭게 형성될 수 있다. 이 보편은 초역사적인 절대 불변의 가치가 아니라, 역사의 진행 과정에서 명멸하는 특수들의 결합에 의해 형성된 역사적인 가치이다. 이와 같은 제한된 보편은 작은 특수들에서 선발된 작은 규모의 보편보다 큰 보편이 될 수 있지만, 어느 시점에 더 큰 보편에 의해 특수로 전락될 수 있다. 그리고 이곳에서 보편이지만 다른 곳의 기준으로 볼 때 특수일 수 있다. 이러한 보편은 특수와 보편의 변증법적 발전의 관계에 의해 형성된다.[4]

이와 같이 역사 속에서 형성되었다가 사라질 수 있는 시한부 보편은 역동적으로 변화하는 수많은 특수들의 권리를 인정하고 함께 의논하면서 문제를 해결해 갈 수 있기 때문에 다양한 개체들의 특성이 살아날 수 있다. 이러한 특수는 특수주의만을 완고하게 주장하지 않

---

4) 이철승, 2005, 「'동아시아 담론'과 중심주의의 문제」, 『중국학보』제52집, 한국중국학회, 523쪽 참조.

고, 특수들의 결합에 의해 형성된 보편의 의견을 존중하여 특수와 보편의 유기적인 협력을 이룰 수 있다. 이는 결국 특수와 보편이 영구불변한 고정된 관계가 아니라, 역사 속에서 상호 전화될 수 있는 변증법적 관계임을 말한다. 이와 같이 특수와 보편의 관계를 설정할 때, 비로소 배타적인 중심주의가 해체되고, 각각의 특수한 주체가 모두 중심이 되어 서로를 인정하고 존중하는 가운데, 평화로운 평등 사회 건설의 문이 열리게 될 수 있다.[5]

이와 같이 보편의 문제는 초역사적인 절대불변의 가치를 동원한 어느 한 쪽의 일방적인 의지에 의해 운용될 수 없다. 각각의 특수한 상황을 서로 존중하는 가운데 평화적이고 균등한 자세로 토론하면서 형성된 공통의 공속의식을 도출할 필요가 있다. 서로의 노력에 의해 도출된 공속의식의 보편 가치는 역사의 진행 과정에서 변화하는 사회에 합리적으로 대처할 수 있도록 끊임없이 노력해야 한다. 노력의 과정에 수정사항이 발생할 때, 바로 수정할 수 있는 능동적이고 열린 자세가 필요하다. 특히 어떤 문제에 대해 각 주체들의 의견 차이가 있을 때, 일방적인 힘의 논리에 의존하여 해결하기보다 균등의식을 기초로 한 토론을 통해 협의하고 합의해야 한다. 이 일은 쉽지 않을 수 있다. 첨예한 이익이 충돌할 경우, 더욱 쉽지 않을 수 있다. 그렇기 때문에 이 일을 이루는 과정에 많은 인내가 필요하다. 인내하기 어렵다고 해서 어느 한쪽의 일방적인 의견이 독주한다면 순기능보다 역기능이 많이 발생할 수 있다.[6]

---

5) 이철승, 2005, 「'동아시아 담론'과 중심주의의 문제」, 『중국학보』제52집, 한국중국학회, 524쪽 참조.

이처럼 특수와 보편의 관계 문제는 상대성과 절대성의 관계 문제와 밀접하다. 선험적인 불변의 절대성에 의해 시간과 공간의 제약을 받는 상대성이 무차별적으로 제한된다면 권위주의적인 논리가 지배할 수 있다. 이는 획일화된 전체주의의 만연으로 인해 사회의 구성원들이 갖고 있는 독특한 개성의 발휘에 제약이 될 수 있다.

또한 절대주의의 획일성에 관한 문제가 있다고 해서 지나치게 상대주의로 접근한다면 서로 다른 의견이 발생하더라도 지혜로운 해결책을 찾기 어려울 수 있다. 특히 첨예한 이익과 손해의 문제가 발생할 경우, 서로가 만족할만한 합당한 근거를 제시하기 어려울 수 있다. 자신의 옳음과 상대의 틀림이라는 견고한 이분법적 논리에 구속되기 때문이다. 이러한 사회는 서로가 서로를 불신하는 무질서의식이 팽배하여 '만인에 대한 만인의 투쟁'과 같은 극단적인 혼란이 도래할 수 있다.

이러한 문제를 해결하기 위해 절대적인 보편으로부터 특수한 상대가 도출되기 때문에 보편주의로 돌아가야 한다거나, 보편을 배제한 상태에서 특수한 상대만을 부각시키는 상대주의로 회귀해야 한다는 식의 논리는 지양해야 한다. 전자는 특수성과 고유성이 배제되고, 후자는 공감성과 공동체의식이 결여될 수 있기 때문이다.

특수와 특수의 유기적인 결합에 의해 형성되는 공통의 공속의식으로서의 보편을 통해, 특수와 보편의 변증법적인 관계의 설정은 이러한 문제를 해결하는 방법 가운데 하나가 될 수 있다.

---

6) 이철승, 2005, 「'동아시아 담론'과 중심주의의 문제」, 『중국학보』제52집, 한국 중국학회, 524쪽 참조.

방법론으로서 특수와 보편의 관계에 대한 이러한 관점은 21세기형 우리철학의 정립에 생산적인 기여를 할 수 있다.

2 타율성과 자율성

직면한 문제를 분석하거나 해결할 때에 타율적인 방법과 자율적인 방법에는 차이가 있다. 타율적인 방법은 당사자의 의지보다 다른 존재의 판단과 의지가 강하게 반영된다. 그러나 자율적인 방법은 다른 존재의 판단보다 당사자의 사유와 의지가 강하게 반영된다. 이처럼 타율적인 방법은 수동적이고 의존적인데 비해, 자율적인 방법은 능동적이며 자립적이다.

그런데 타율의 대상은 다양하다. 그것은 일부 사람들에 의해 인간의 의지에 관계없이 존재하면서 인간의 삶에 깊이 개입하거나 인간의 삶을 통제할 수 있는 것으로 여겨지는 신神, 절대자, 이념 등이다. 또한 그것은 고도로 발달된 과학·기술의 산물인 인공지능(AI)일 수도 있고, 인간의 필요에 의해 만들어졌으면서 인간의 삶을 규제하는 법이나 제도일 수도 있다.

많은 사람들은 신, 절대자, 법, 인공지능 등과 같은 특별한 존재에 대해 맹목적인 신뢰를 보낸다. 그들에게 인간은 스스로의 문제를 주체적으로 해결할 수 있는 존재가 아니라, 초인적인 존재에 삶을 의탁해야 하는 나약한 존재이다. 그들은 인간을 불완전 존재이며 불신의 대상으로 여긴다.

따라서 그들에 의하면 인간은 당면한 문제를 해결하기 위해 스스로 노력하는 부질없는 행위를 해서는 안 된다. 그들의 견해에 따르면 인간은 문제를 본질적으로 해결하기 위해 자신보다 강한 것으로 여겨지는 다른 존재에 전적으로 의존해야 한다. 이러한 관점이 타율성의 전형이다.

그러나 자율성은 이와 다르다. 인간의 자율성을 존중하는 사람들은 스스로의 문제를 인간 이외의 존재에게 의존하여 해결하지 않는다. 그들은 인간의 사회에서 발생하는 문제의 원인과 해결책을 인간의 외부가 아니라 내부에서 찾는다. 그들은 현재의 인간이 세상의 모든 문제를 다 해결할 수 있을 것처럼 과신하지 않는다. 특히 현재의 인간도 세상의 기원이나 사후의 세계와 같은 근원적인 문제를 명료하게 해결하고 있지 못함을 인정한다.

그러나 그들은 이러한 인간의 한계점이 있음을 빌미로 인간의 능력을 전적으로 부정하는 태도에 동의하지 않는다. 특히 현재까지 드러나고 있는 인간 능력의 제한성을 빌미로 세계의 기원이나 사후 세계와 같은 문제에 대해, 주관적인 신념에 근거하여 단정적으로 재단하는 일부의 종교적인 관점에 동의하지 않는다.

그들은 역사의 발전에 비례하여 인간의 인식 능력이 발전해왔음을 상기시키며, 과거에 몰랐던 사실을 현재 아는 것과 같이 현재 모르는 것도 미래에 알 수 있을 것으로 생각한다. 이것은 회의론이나 불가지론不可知論의 관점이 아니라, 가지론可知論의 관점이다. 이는 인식의 발전을 신이나 절대정신과 같은 외부 존재가 베푸는 은혜의 선물이 아니라, 인류의 역사 과정에 축적된 총체적인 문명의 산물로 여기는 관점이다.

이러한 시각에 의하면 인간이 인간답게 살 수 있는 정체성의 근거는 바로 인간 자신에게 있고, 인간의 문명을 바람직한 방향으로 구현하는 것 역시 외부 존재의 혜시惠施에 의해서가 아니라 인간 스스로의 주체적인 결단과 실천에 의해서다. 이러한 관점이 자율성의 전형이다.

이처럼 타율성과 자율성의 문제는 우리철학을 정립할 때에도 유효하게 적용할 수 있는 방법이다. 그동안 우리철학은 다양한 면으로 구성되어왔다. 철학사의 측면에서 바라볼 때, 우리의 주체적인 판단과 의지에 의해 내용을 구성한 경우도 있다. 그러나 우리의 주체적인 의지보다 외래철학의 광범위한 영향을 무비판적으로 수용한 경우도 있다.

특히 근대전환기 굴절된 '철학' 개념의 전파와 일제강점기와 산업화시기를 아우르는 20세기에 광범위하게 확산된 일부 서양철학의 무비판적인 수용은 비주체적인 타율화의 산물이다.

이 시기에 일부 학자들에 의해 자율적인 우리철학의 정립 시도가 있었지만, 그러한 노력은 한국의 철학계에서 일부에 불과했다. 한국의 철학계는 당시에 비주체적으로 수용된 서양관념론의 일반화가 주류를 형성했다.

이러한 철학계의 풍토는 주체적인 철학 풍토의 조성에 장애가 될 뿐만 아니라, 다양한 철학사상의 균형적인 발전에도 제약이 되었다. 이러한 연구 동향은 보편 철학의 지향이란 명분 아래 학문의 사대주의적인 경향이 나타나기도 했다. 이러한 연구 풍토는 우리의 구체적인 문제에 대한 해결책을 제시하는데 제한적이다. 보편이라는 이름의 선험적인 관념론이 구체적으로 변화하고 있는 한국의 현실에서 발생하는 모든 문제를 완벽하게 해결할 수 있는 것은 아니다. 이러한 문제는 이 상황을 주체적으로 목도하며 깊게 이해하고 심층적으로 분석한 우리철학을 통해 적합한 해결책을 찾을 수 있다.

한편 세계에서 아시아 국가의 위상은 21세기에 더욱 향상되었다. 한국과 일본의 국력은 세계의 상위권에 속해 있고, 동남아시아의 여러 나라와 인도의 국력도 향상되었다. 특히 중국은 20세기에 비해 월등이 향상되었다. 2020년 현재 중국의 경제 규모는 미국과 함께 G2 국가로서 세계에서 차지하는 비중이 높다.

이러한 현상은 철학계에도 영향을 미치고 있다. 20세기에 서양의 관념론이 세계의 주류 사조가 된 것과 달리, 21세기에 세계의 많은 사람들에게 영향을 미치고 있는 사상은 다양하다. 다원적인 사조가 세계에서 영향력을 확대하고 있다. 특히 아시아 국가에서 형성되고 발전된 철학이 세계 곳곳에서 많은 사람들에게 영향을 미치고 있다. 중국철학은 이미 세계의 많은 철학자들에게 광범위하게 영향을 미치고 있다. 한국철학 역시 이전에 비해 세계의 많은 철학자들로부터 관심을 받고 있다

한국의 철학계 역시 21세기에 우리철학의 연구 풍토가 확산되고 있다. 연구자, 연구 기관, 연구 성과 등이 증가하고 있다. 연구자 가운데 전통의 동양철학 전공자는 물론 서양철학 전공자들 가운데 우리철학을 연구하는 학자가 증가하고 있다. 서양철학 전공자 가운데 서양에서 유학했던 학자들이 이 대열에 합류하고 있다.

전통의 동양철학 전공자들 가운데 상당수는 과거의 훈고학적 방법에 몰두했던 동양철학계의 일반적 연구 방법을 비판적으로 성찰하며 문제의식이 반영된 방법의 중요성을 지적하고 있다. 우리철학연구에 참여하는 서양철학 전공자들 가운데 상당수는 무비판적인 수입철학에 의존했던 과거 서양철학계의 연구 풍토를 비판적으로 성찰하며,

우리의 주체적인 문제의식이 반영된 서양철학 연구의 중요성을 지적하고 있다.

이처럼 철학계에서 통용되어왔던 일반적인 분류방식에 의한 동양철학 전공과 서양철학 전공의 학자들 가운데, 주체적인 문제의식이 반영된 우리철학 연구에 참여하는 21세기의 학자들은 자율성의 방법을 중요하게 생각한다.

결국 자율적인 연구 방법은 이 땅에서 펼쳐지고 있는 우리의 현실을 정확하게 진단하고, 문제에 대한 심층적인 분석을 통해 절도에 맞는 해결책을 강구하는 21세기형 우리철학의 정립에 기여할 수 있다.

제6장
우리철학의 정립 유형

　21세기는 다원화 시대이다. 다원화 시대는 어느 하나의 이념이나 사조에 의해 인류의 모든 문제가 근원적으로 해결될 수 있을 것으로 생각하지 않는다. 이러한 시대에는 특수한 시간과 공간에서 형성된 이론이 특수한 상황에서 의미를 갖다가 새로운 상황에 적절하게 부응하는지의 여부에 따라 그 이론의 생명력이 결정된다. 어느 경우에는 그 이론의 수명이 다할 수 있고, 어느 경우에는 그 이론의 생명이 지속될 수 있다. 또 다른 상황에서 그 이론들은 부활할 수도 있고, 침체될 수도 있다.

　이 때문에 이러한 시대에는 같음과 다름의 문제가 중요하게 여겨진다. 같음과 다름의 문제에 대한 관점은 세상을 바라보는 눈에 직접적인 영향을 준다. 다름을 틀림으로 여기며 배제의 대상으로 삼는다면 자기중심주의가 반영된 관점이고, 다름을 상대의 의견에 귀속시키거나 나의 의견으로 동화시키는 것은 획일적인 동일화의 논리가 반영된 관점이다. 각각의 다름을 인정한 상태에서 교류와 소통이 없이 서로의 차이만을 강조한다면 상대주의의 관점이다. 서로의 다름을 존중하고 다름과 다름의 교류를 통해 공통의 공속의식을 도출한다면 어울림의 관점이 반영된 것이다.

이처럼 어울림철학의 정립은 21세기형 우리철학이 정립해야 할 하나의 유형에 해당한다. 다원화 시대에 같음과 다름의 관계를 통한 유학의 어울림철학 역시 21세기형 우리철학이 추구할 여러 유형 가운데 하나이다.

유학의 어울림철학[1)]

오늘날 세계는 개방의 시대라고 할 수 있다. 여러 민족의 많은 사람들이 세계 곳곳을 자유롭게 왕래하며 다양한 형태의 교류를 확산시키고 있다. 전통적으로 단일민족의식이 강했던 한국 사회에도 많은 외국인들이 살고 있다. 법무부 출입국·외국인정책본부에 의하면 2018년 12월 31일 현재 한국에 합법적으로 체류하고 있는 외국인은 2,367,607명(전체 인구 51,826,509명[2)]의 약 4.5%)이다. 그 가운데 단기 체류자는 679,874명이고, 90일 이상의 장기 체류자는 1,687,733명(외국인 등록자 1,246,626명, 외국 국적 동포 441,107명)이다.[3)]

이러한 장기 체류 외국인의 수는 2017년 12월의 2,180,498명보다 증가했고, 10년 전인 2008년 12월의 1,158,866명에 비해 약 2배 정도 증가했다.[4)] 이러한 증가 추세는 앞으로도 지속될 것으로 전망된다.

이처럼 우리는 한국뿐만 아니라 세계의 많은 나라에서 여러 민족의 구성원들이 함께 공존하는 모습을 목격할 수 있다. 특히 미국과 중국 등 경제 규모가 큰 일부 나라에서 많은 민족의 구성원들이 함께 살고

---

1) 이 글은 『시대와 철학』제26권 3호(한국철학사상연구회, 2015년 가을, 119~149쪽)에 게재된 저자의 논문(「같음과 다름의 관계와 유가의 어울림철학 - '다문화'시대 특수와 보편의 관계를 중심으로 - 」)을 수정·보완하여 발췌한 것임을 밝힌다.
2) 통계청, 2019년 2월 1일, 〈행정구역(읍면동)별/5세별 주민등록인구(2011년~)〉, 참조. http://kosis.kr. 20190218 검색
3) 『통계월보』2018년 12월호, 2019년 1월 29일, 법무부 출입국·외국인정책본부 참조. http//www.immigration.go.kr. 20190218 검색
4) 『통계월보』2018년 12월호, 2019년 1월 29일, 법무부 출입국·외국인정책본부 참조. http//www.immigration.go.kr 20190218 검색

있는 것을 목격할 수 있다.

그러나 이러한 다양한 민족의 구성원들이 공존하는 사회에서는 문화의식의 차이에 따른 문제가 발생할 수 있다. 특히 같음의 공유를 토대로 하는 우월의식에 의해 다름을 배제하는 차별의 문화가 나타날 수 있다.5) 이러한 차별은 소수자의 인격을 소외시키고, 소수자를 사회로부터 격리시키는 역할을 할 수 있다. 사회로부터 소외된 사람들은 한편으로 사회적 존재의식의 약화로 인해 무기력과 자아상실감과 우울증으로 상징되는 외로움의 심화 현상이 나타나고, 다른 한편으로 사회에 대한 불만을 불특정 다수를 향하여 폭력적으로 드러내기도 한다.6)

그렇다면 같음을 공유하는 다수가 다름의 영역에 속하는 소수를 소외시킬 수 있는 힘은 어디에서 올까? 그것은 같음에 대한 공유의식을 보편성으로 여기는 다수 혹은 주류의 암묵적인 연대에 기초하여 다름의 영역에 속하는 소수 혹은 비주류를 특수성으로 여기는 의식에 기인한다. 그러한 보편성은 정당성을 확보했지만, 특수성은 보편성의

---

5) 20세기에 서구에서 나타난 유색인종에 대한 백인들의 차별, 유대인에 대한 나치의 차별, 전통의 중국 사회에서 나타난 華夷관 등은 인종 혹은 민족의 동질성을 토대로 하여 다름을 배제한 대표적인 차별의 예이다. 이전의 한국 사회에 만연했던 특정 지역을 기반으로 한 배타적인 '지역감정' 역시 다름을 밀어내는 모습이다.

6) 신자유주의 이념이 팽배한 현대 사회에서 이러한 소외 현상은 민족 구성원의 다수와 소수만의 문제가 아니고, 권력의 유무, 빈부의 차이, 관심의 유무, 이익의 많고 적음 등 다양한 요인에 의해 발생한다. 따라서 소외의 원인은 중층적일 수 있다. 그러나 이 글에서는 모든 소외의 원인을 심층적으로 분석하기보다 '다문화'시대를 배경으로 하여 같음과 다름의 철학적 관계를 집중적으로 조명하고자 한다.

유지에 장애 요인이 될 수 있기에 배제시켜야 할 대상으로 여기기 때문이다.

그런데 이 암묵적인 연대의식으로 성립된 보편성의 내용은 무엇일까? 그것은 오랜 역사과정에서 형성된 민족의식과 문화의식이다. 그러한 의식은 내부의 구성원들을 결속시키는 역할을 할 수 있지만, 그 의식에 동의하지 않는 외부인들을 배제시키는 역할을 하기도 한다. 그것은 대부분 이성의 논리에 명확하게 부합하여 정합성을 띠고 있기보다 그 사회 구성원들의 정서에 뿌리를 두고 있는 감정의 영역에 해당한다.

이 때문에 그것은 이치에 맞지 않는 경우가 발생한다. 곧 그들이 암묵적으로 인정하는 그 배타적인 보편성은 이민족을 포함한 그 사회의 모든 구성원들이 동의할 수 있는 진리가 아니다. 만일 다수 혹은 주류가 소수나 비주류에게 그 보편성을 당위적인 것으로 여기도록 강요한다면 그 보편성은 그 당위성에 동의하지 않는 사람들에게 폭력으로 작용할 수 있다.

이러한 현상은 구성원 모두가 균등하고 평화로운 사회를 구축하고자 하는 건강한 공동체의식과 차이가 있다. 전통적인 유가철학에서는 이 같음과 다름에 대한 논의가 있다. 이단론異端論, 화이론華夷論, 리일분수설理一分殊說, 인물성동이론人物性同異論 등은 여기에 해당하는 대표적인 주제 가운데 일부이다. 그러나 이에 대한 학계의 연구는 대부분 이러한 세부 주제의 의미를 탐구하는 경향이 강하고,[7] 같음과

---

7) 예컨대 이단론에 관한 대표적인 연구는 이운구의 「정통사상과 이단이론의 비교고찰」(성균관대학교 인문과학연구소, 『인문과학』10권 0호, 1981), 김세정의 「간재 전우의 이단 비판의 기준과 근거」(충남대학교 유학연구소, 『유학연

다름을 현대 사회의 '다문화' 문제와 관련시킨 연구는 많지 않다.

구]29권 0호, 2013), 김시천의 「이이(李珥)의 『순언』(醇言)과 이단의 문제 - 조선조 유가 지식인의 내면 풍경에 대한 한 가지 고찰 - 」(한국철학사상연구회, 『시대와 철학』23권 1호, 2012), 리기용의 「삼봉 정도전의 벽이단론과 그 해석 문제 - 심문천답과 심기리편을 중심으로」(한국철학사연구회, 『한국철학논집』 34권 0호, 2012), 정세근의 「순자의 이단화와 권학론」(범한철학회, 『범한철학』 72권 0호, 2014), 김형석의 「정주학파(程朱學派)의 노장이단관(老莊異端觀)」 (한국철학사연구회, 『한국철학논집』18권 0호, 2006), 황의동의 「정통(正統)과 이단(異端), 그 역사와 본질 -율곡을 중심으로 - 」((사)율곡연구원, 『율곡학연구』21권 0호, 2010), 한정길의 「유학(儒學)에서의 정통(正統)과 이단(異端) - 주자학적(朱子學的) 도통론(道統論)에 대한 양명학(陽明學)의 대응을 중심으로 - 」((사)율곡연구원, 『율곡학연구』21권 0호, 2010), 조한석의 「조선 후기 개이단(開異端)의 이데올로기화와 그 사회적 역기능에 대한 시론」(남명학연구원, 『남명학』17권 0호, 2012) 등이 있다. 그리고 화이관에 대한 연구는 이춘식의 「선진시대 공자와 유가의 화이관에 대하여」(고려대학교 중국학연구소, 『중국학논총』15권 0호, 2002), 이홍종·공봉진의 「중국 화이사상에서 '화이' 개념의 재해석」(한국세계지역학회, 『세계지역연구논총』15권 0호, 2000), 보근지의 「화이관(華夷觀)의 변화가 한·중 양국에 미친 중대한 영향」(한국실학학회, 『한국실학연구』3권 0호, 2001), 이종훈·고재휘의 「중국의 전통적 화이관념과 동아시아 현대 자존역사의식」(한국동북아학회, 『한국동북아논총』49권 0호, 2008), 정석원의 「화이관념재조선」(한국중국학회, 『중국학보]44권 0호, 2001) 등이 있다. 또한 이석주는 「'같음'과 '다름'의 이중주 - 주자의 리일분수를 중심으로 - 」(한국동서철학회, 『동서철학연구』46권, 2007)에서 주희의 '理一分殊論'을 통해 이 주제를 분석했고, 곽신환(「'같음'과 '다름'의 문제에 대한 조선조 후기 주자학적 접근 - 인성 물성의 동이론을 중심으로 - 」, 한국공자학회, 『공자학』1권, 1995)과 유영희(「인물성동이론(人物性同異論) 연구(硏究) 성과(成果)를 통해 본 '같음'과 '다름'의 의미」, 한국사상문화학회, 『한국사상과 문화』 58권, 2011)는 조선시대의 '人物性同異論'을 집중적으로 분석하면서 같음과 다름을 취급했으며, 김문갑은 「'드러남'과 '감춤'의 '어울림' - 소옹의 체사용삼론을 중심으로 - 」(한국동서철학회, 『동서철학연구』23권, 2002)에서 소옹의 '體四用三論'을 통해 이 문제를 취급했다.

이 글은 현대 사회의 특징 가운데 하나인 '다문화'시대에 나타나는 같음과 다름의 관계가 빚어내는 사회적 갈등의 문제에 대해, 한국인들의 문화의식에 내재한 유학의 어울림철학의 관점에서 사상적 대안을 모색하기 위해 기획되었다. 특히 선험적인 보편성을 전제한 상태에서 특수성을 다름으로 여기며 평가 절하하는 형이상학적인 방식이 아니라, 특수성과 특수성의 유기적인 관계를 통한 보편성의 확립이라는 논리를 새롭게 구성하고자 한다. 이는 다름과 다름의 평등한 관계가 전제된 상태에서 다름과 다름의 교류와 소통을 통해 정립된 교집합을 같음으로 여긴다. 이 같음은 제한적인 보편성을 갖는다. 이러한 보편성은 같음의 범주에 속하고, 이때의 같음과 다름은 수직적 관계가 아니라 수평적인 관계이다.

1 유학에서 같음과 다름의 개념

같음과 다름은 둘 이상의 관계에서 성립할 수 있는 상대적인 개념이다. 같음은 이것과 저것이 하나로서 다르지 않고, 다름 또한 이것과 저것이 구별되어 같지 않은 경우에 쓰는 개념이다. 이 때문에 같음과 다름은 비교의 용법에 자주 쓰인다. 유가철학에서도 이 같음과 다름은 상대적으로 쓰이는데, 어느 경우에는 같음의 측면에서 다름을 말하기도 하고, 어느 경우에는 다름의 측면에서 같음을 말하기도 한다.

1) 유학에서 같음의 의미

같음[同]은 『갑골문甲骨文』에 함께 일하고 먹는다는 뜻으로 쟁기 모양의 연장과 입으로 구성되어 있고,8) 『설문해자說文解字』에 '함께 모임'으로 표기되어 있다.9) 이는 너와 나를 밥을 함께 먹을 수 있는 관계로 생각하고, 생각과 뜻이 다르지 않은 친한 사이로 여기는 것이다. 곧 같음이란 서로 하나라는 뜻으로 통일, 일치, 바로 그것, 함께 함, 모임 등의 의미를 포괄한다.

전통의 유가철학에서는 이러한 같음의 의미를 폭넓게 사용한다. 『주역』에서는 "하늘과 땅은 어긋나지만 그 일은 같고, 남자와 여자는 어긋나지만 그 뜻이 통하며, 만물은 어긋나지만 그 일이 비슷하니, 규睽의 때와 쓰임이 크도다."10)라고 하여, 하늘과 땅 및 남자와 여자 등이 비록 성질은 다르지만 추구하는 뜻과 하고자 하는 일이 일치함을 의미한다. 이는 서로 다른 성질을 가졌기 때문에 현상적으로 명확하게 분별이 되는 것이라도, 공동의 목표를 향해 일을 같이 할 수 있음을 의미한다. 『서경』에서도 "계절과 개월을 맞추고 날짜를 바로 잡으며, 음률[律]과 길이[度]와 양量과 무게[衡]를 하나로 같게 하였다."11)라고 하여, 소리의 높낮이와 길이의 길고 짧음과 양의 많고 적음과 무게의 무거움과 가벼움을 통일시키고 있음을 지적한다. 이것 또한 사람이 살아가면서 나타나는 온갖 차이가 가져다주는 불편함을 해소하고, 일의 효율성을 확보하기 위해 동일한 기준이 필요함을 역

---

8) 김성재, 2000, 『갑골에 새겨진 신화와 역사』, 동녘출판사, 185쪽 참조. 四川大学历史係古文字研究室, 1993, 『甲骨今文字典』, 巴蜀书社, 559쪽 참조.

9) 許慎 撰, 段玉裁 注, 中華民國 76年, 『說文解字注』: "會合也." 天工書局印行, 353쪽 참조.

10) 『周易』, 「睽·象」: "天地睽而其事同也, 男女睽而其志通也, 萬物睽而其事類也, 睽之時用大矣哉!"

11) 『書經』, 「虞書·舜」: "協時月正日, 同律度量衡."

설하는 것이다.

또한 『논어』에서는 "도가 같지 않으면 서로 도모하지 않는다."[12]라고 하고, 『대학』에서는 "오직 어진 사람이라야 추방하고 유배시키며 사방의 오랑캐 땅으로 내쫓아 나라 가운데 함께 하지 않으니, 이것을 '오직 어진 사람만 다른 사람을 사랑할 수 있고 다른 사람을 미워할 수 있다'고 한다."[13]라고 하였으며, 『중용』에서는 "천자가 아니라면 예의를 논하지 못하고, 법도를 만들지 못하며, 문자를 상고하지 못한다. 지금 세상에서 수레는 바퀴의 폭이 같고, 글은 문자가 같으며, 행동은 질서가 같다."[14]라고 하고, 『맹자』에서는 "이것은 다른 것이 아니라 백성과 더불어 즐거움을 하나로 하기 때문입니다. 이제 왕이 백성과 더불어 즐거움을 하나로 하면 왕의 역할을 할 수 있을 것입니다."[15]라고 하여, 같음을 통일, 함께 함, 하나로 함 등의 의미로 사용하며 긍정적으로 생각한다. 이러한 유학의 경전 속에 담긴 같음은 성인聖人에 의해 제정된 삶의 원리인 도道를 모든 인간이 공유할 것을 요청한다. 이는 인간의 고유한 정체성과 관련되는 것으로서 보편성을 담보한 가치로 여겨진다. 따라서 유가철학에서는 이러한 도덕성을 모든 인간이 현실에서 구현해야 할 것으로 생각한다.

그러나 유가철학에서 이 같음이 항상 긍정적인 의미로만 사용되는

---

12) 『論語』, 「衛靈公」: "道不同, 不相爲謀."
13) 『大學』제10장 : "唯仁人放流之, 迸諸四夷, 不與同中國, 此謂'唯仁人爲能愛人能惡人.'"
14) 『中庸』제28장 : "非天子, 不議禮, 不制度, 不考文. 今天下車同軌, 書同文, 行同倫."
15) 『孟子』, 「梁惠王下」: "此無他, 與民同樂也. 今王與百姓同樂, 則王矣."

것은 아니다. 『논어』의 "소인은 동일화하되 어울리지 않는다."[16]라고 한 내용은 같음을 개성이 없는 획일화의 개념과 일치시키며 부정적인 의미로 사용한다. 이것은 도덕성을 추구하는 군자君子와 대비되는 이기심을 추구하는 소인小人이 공적인 의로움을 추구하지 않는 태도를 지적하는 말이다. 곧 이는 소인이 자신의 사사로운 이익을 확보하는 과정에 비슷한 부류의 사람들과 획일적으로 함께 하면서 사회 정의를 실현하고자 하는 사람들과 어울리지 않는 태도를 비판하는 말이다.

2) 유학에서 다름의 의미

다름[異]이란 『갑골문甲骨文』에서는 무당이 탈을 쓴 상태로 귀신을 흉내 내고 있는 모습으로 낯설다는 뜻이며,[17] 『설문해자說文解字』에서는 "나눔이다. 공廾과 비畀로 구성되었다. 비畀는 준다는 뜻이다."[18]라고 표기하고, 『설문해자주說文解字注』에서는 "나누면 저것과 이것의 다름이 있게 된다. 두 손을 공손하게 모아 다른 사람에게 주면 떨어져나가 달라진다."[19]라고 지적한다. 이 다름이란 이것과 저것을 분별하는 의미로 사용하기도 하지만, 어느 것을 기준으로 하여 그것과 같지 않은 상태를 가리키는 것으로 낯설고 기이하다는 의미로 사용한다. 곧 여기에서 다름이란 나눔, 구별, 이상함, 기이함, 경이로움 등의

---

16) 『論語』, 「子路」: "小人同而不和."
17) 김성재, 2000, 『갑골에 새겨진 신화와 역사』, 동녘출판사, 461쪽 참조.
18) 許愼 撰, 段玉裁 注, 中華民國 76年, 『說文解字注』: "分也. 从廾从畀. 畀, 予也." 天工書局印行, 105쪽.
19) 許愼 撰, 段玉裁 注, 中華民國 76年, 『說文解字注』: "分之則有彼此之異. 竦手而予人則離異矣." 天工書局印行, 105쪽.

의미를 내포한다.

전통의 유가철학에서는 이러한 다름의 의미를 폭넓게 사용한다. 『주역』에서는 "위에 불이 있고 아래에 연못이 있는 것이 규睽이니, 군자는 이를 본받아 같으면서도 다르게 한다."[20]라고 하고, 또 "『주역』이라는 책은 처음을 살펴 끝을 추구하는 것을 바탕으로 삼는다. 여섯 효가 서로 섞이는 것은 오직 그 때와 사물의 꼴을 반영한다. …… 2효와 4효는 공능이 같으나 자리가 다르므로 좋음이 같지 않다. 2효는 영예가 많고, 4효가 두려움이 많은 것은 5효에 가깝기 때문이다. …… 3효와 5효는 공능이 같으나 자리가 다르므로, 3효에 흉함이 많고 5효에 공이 많은 것은 귀함과 천함의 차등이 있기 때문이다."[21]라고 하여, 성질이나 위치의 차이를 말할 때 다름의 개념을 사용한다.

또한 『예기』의 "악樂은 같게 되고, 예禮는 다르게 된다."[22]와 『논어』의 "우리 마을의 정직한 사람은 이와 다르다. 아버지는 자식을 위해 숨겨주고, 자식은 아버지를 위해 숨겨주니, 정직은 그 속에 있다."[23] 및 『맹자』의 "사람이 짐승과 다른 점은 적으니, 서민은 그것을 제거하고, 군자는 그것을 보존한다."[24]라고 하는 내용 등은 모두 다름을 이것과 저것의 구별을 의미하는 개념으로 사용한다.

그런데 이 다름은 유가철학에서 이것과 저것의 수평적인 개념 차이

---

20) 『周易』, 「睽·象」 : "上火下澤, 睽, 君子以同而異."
21) 『周易』, 「繫辭下」 : "『易』之爲書也, 原始要終以爲質也. 六爻相雜, 唯其時物也. …… 二與四同功而異位, 其善不同. 二多譽, 四多懼, 近也. …… 三與五同功而異位, 三多凶, 五多功, 貴賤之等也."
22) 『禮記』, 「樂記」 : "樂者為同, 禮者為異."
23) 『論語』, 「子路」 : "吾黨之直者異於是. 父爲子隱, 子爲父隱, 直在其中矣."
24) 『孟子』, 「離婁下」 : "人之所以異於禽於獸者幾希, 庶民去之, 君子存之."

외에 일상적이지 않은 상태를 지칭하는 이상함, 특이함, 기이함 등의
의미로 사용되기도 한다. 『시경』의 "들에서 삐비를 주니, 진실로 아름
답고도 특이하구나."25)와 『춘추공양전』의 "3년 봄, 왕력王曆으로 2월
二月 기사己巳일에 일식日食이 있었다. 무엇 때문에 썼는가? 기이해서
기록했다."26)와 『논어』의 "나는 그대가 특이한 질문을 할 것으로 생
각했는데, 중유와 염구를 묻는구나."27) 및 『맹자』의 "왕은 백성이 왕
을 아끼는 사람이라고 여기는 것에 대해 이상하게 생각하지 마십시
오."28) 등의 문장에서 사용된 다름은 이것과 저것의 평면적인 차이가
아니라, 일상적이고 보편적인 이것의 확고한 기준과 구별되는 특수한
상태를 의미한다. 그런데 이 특수한 상태는 정상적이지 않고 비정상
적인 특이한 경우를 지칭한다. 『논어』의 "이단異端을 전문적으로 공
부한다면 이것은 해로울 뿐이다."29)라고 한 내용은 이러한 비정상적
인 특이한 상태에 대해, 정통성을 위협하는 해로운 것으로 단정하고
포용의 대상이 아니라 배제의 대상으로 상정한다.30)

---

25) 『詩經』, 「邶風·靜女」: "自牧歸荑, 洵美且異."
26) 『春秋公羊傳』, 「隱公三年」: "三年春, 王二月己巳, 日有食之. 何以書? 記異也."
27) 『論語』, 「先進」: "吾以子爲異之問, 曾由與求之問."
28) 『孟子』, 「梁惠王上」: "王無異於百姓之以王爲愛也."
29) 『論語』, 「爲政」: "攻乎異端, 斯害也已."
30) 그런데 이 문장에서는 공자가 비록 '이단'을 배척하여 다름을 배제시키려는
    의도가 있지만, 다른 문장에서 그는 도덕성을 실현하는 사람들에게 포용적인
    자세를 보인다. 예컨대 "言忠信, 行篤敬, 雖蠻貊之邦行矣; 言不忠信, 行不篤
    敬, 雖州里行乎哉?"(『論語』, 「衛靈公」)라고 하는 글은 공자가 민족적인 면에
    서 같음의 대상으로 여겨지는 사람의 비도덕적인 삶을 비판하고, 다름의 대상
    으로 여겨지는 사람들의 도덕적 행위를 옹호하는 내용이다. 이는 공자가 비록
    민족적인 면에서 다름을 배제시키는 면이 있지만, 문화의식의 측면에서 도덕

2 유학에서 다름과 같음의 관계

철학에서 다름과 같음을 구분할 때, 이러한 구분 방법은 수평적일 까? 이것은 수평적일 때도 있고, 수평적이지 않을 때도 있다. 연역적 인 방법을 사용할 때, 이러한 구분법은 수평적이지 않다. 그러나 귀납 적인 방법을 사용하는 경우에 이러한 구분법은 수평적이다.

곧 같음의 최고 경지를 삶의 제1원리인 보편성을 담보한 완전한 진리로 여기고, 이 고요한 보편성으로부터 파생되는 불완전한 것을 운동하는 특수성으로 여길 때, 이러한 특수성은 같음과 구별되는 다 름이다. 이러한 다름은 같음과 수평적일 수 없다. 다름의 전제 위에 같음이 성립되지 않고, 자기동일성으로서의 같음의 결여 상태를 다름 으로 여기기 때문이다.

그러나 선험적인 보편성을 부정하며 세계를 움직임의 대상으로 여 기고, 특수성과 특수성의 유기적 소통을 통해 형성되는 보편성을 공 유할 때, 이러한 보편성으로서의 같음은 특수성으로서의 다름과 수직 적인 관계가 아니다. 보편성은 처음부터 주어진 것이 아니라, 많은 다름과 다름의 유기적인 교류를 통해 형성되는 같음이기 때문이다.

유가철학에서 중시하는 『주역』에서는 이러한 다름과 다름 및 다름 과 같음의 관계를 끊임없는 생성의 논리로 설명한다. 『주역』에서는

성을 공유할 경우에 포용의 대상으로 여기는 것이다. 따라서 공자의 관점은 선험적으로 주어진 같음의 편협한 논리에 귀속되지 않고, 구체적으로 만들어 가는 같음의 보편성을 중시한다고 할 수 있다. 공자의 "子欲居九夷. 或曰, '陋, 如之何!' 子曰, '君子居之, 何陋之有?'"(『論語』, 「子罕」)와 "下學而上 達"(『論語』, 「憲問」)이라는 지적도 이러한 그의 관점에 해당하는 글이라고 할 수 있다.

"생겨나고 생겨나는 것을 역易이라고 한다."31)라고 하고, "역易에는 태극이 있으니, 이것이 음陰과 양陽을 생겨나게 하고, 음과 양이 4상을 생겨나게 하며, 4상이 8괘를 생겨나게 하고, 8괘가 좋음과 흉함을 정하며, 좋음과 흉함이 큰 사업을 일으킨다."32)라고 지적한다. 이는 인간의 삶을 포함한 우주의 운행 원리를 생명의 역동성에 두고 있는 것이다. 이 생명의 역동성은 항상 새로운 것을 출현시킨다. 이 새로운 것은 이전 것과 유사한 점이 있을지라도, 엄밀한 의미에서 이전 것과 구별되는 다름이다. 생명의 세계에서 이전 것과 완전하게 일치하는 새로운 생명체가 출현하기는 어렵다. 이전 것과 일치하는 생명체라면 더 이상 새로운 것이 아니다. 곧 새로 생겨나는 것이란 정지된 상태가 아니라 움직이는 상태를 전제한다. 움직임이란 시간이나 공간의 변화를 의미한다. 어느 한 생명체가 시간과 공간의 이동에 의한 변화의 상태에 있다면 그 생명체는 이전의 생명체와 구별될 수밖에 없다. 이러한 이전의 생명체와 구별되는 생명체를 이전의 생명체의 관점에서 같지 않다는 이유로 차별한다면, 이는 움직이는 생명체의 특성을 제대로 이해하지 못하는 데서 비롯된 것이다. 따라서 이전의 생명체와 다르다는 이유로 새로운 생명체가 차별받아야 할 타당한 논리적 근거는 없다.

이처럼 『주역』은 선험적인 고요함의 상태를 우리가 추구해야 할 보편성을 갖춘 진리의 근거로 여기지 않고, 항상 움직임에 의해 파생

---

31) 『周易』, 「繫辭上」: "生生之謂易."
32) 『周易』, 「繫辭上」: "易有太極, 是生兩儀, 兩儀生四象, 四象生八卦, 八卦定吉凶, 吉凶生大業."

되는 존재자들 사이의 유기적인 관계에 의해 형성되는 같음을 보편성으로 여긴다. 『주역』은 이러한 다름과 같음의 관계를 움직임과 변화에 근거한 음陰과 양陽 및 도道로 설명한다. "한 번은 음하고 한 번은 양하는 것을 도라고 한다."[33]라는 논리는 다름과 다름 및 다름과 같음의 변증법적 관계로 구성되어 있다. 곧 『주역』에서 이 음과 양은 각각 서로 독립적인 존재이면서 상호 교류하는 긴밀한 관계이다. 이는 위·아래와 같은 수직적인 관계가 아니다. 이것은 각각 평등하게 마주하는 관계이면서 동시에 긴밀하게 교류하면서 형성되는 공통의 보편성을 도출하는 관계이다. 이 음과 양의 왕성한 교류를 통한 소통의 내용이 도道라는 보편성으로 나타난다. 그런데 이 도는 시공을 초월하는 절대불변의 보편성이 아니라, 변화하는 음과 양의 관계에서 형성되는 일시적인 보편성이다. 이러한 보편성은 시간과 공간의 변화에 따라 변화할 수 있는 보편성이다.

이처럼 다름과 다름의 관계를 의미하는 음양의 교류와 보편성으로서의 같음을 상징하는 태극太極(道)은 비록 현상적으로 고요함을 드러낼지라도, 본질적으로 움직임이 주류이다. 이때 고요함이란 시공을 초월하는 절대의 고요함이 아니라, 움직임 속에서 일시적으로 나타나는 상대적인 고요함이다.

주돈이가 "태극이 움직여 양을 생겨나게 하고, 움직임이 지극하면 고요하다. 고요하여 음을 생겨나게 하고, 고요함이 지극하면 움직임을 회복한다. 한 번 움직이고 한 번 고요함은 서로 그 뿌리가 된다.

---

33) 『周易』, 「繫辭上」: "一陰一陽之謂道." 그런데 이 내용을 "하나의 음과 하나의 양을 도라고 한다."라고 번역하기도 한다. 특히 음과 양을 대대(對待)의 관점에서 설명할 경우, 이 문장을 이와 같이 번역하기도 한다.

음으로 나뉘고 양으로 나뉘어 양의가 정립된다."34)라고 한 내용은 이를 잘 설명한다.

　그런데 여기에서 "한 번 움직이고 한 번 고요하다."라고 하는 내용을 형식논리로 파악하면 움직임과 고요함이 완벽하게 대립되는 것처럼 생각할 수도 있다. 그러나 이것을 변증논리로 바라보면 여기에서 움직임과 고요함은 절대적인 대립의 관계가 될 수 없다. 어느 하나의 존재가 동일한 시간과 공간에서 절대적인 움직임과 절대적인 고요함을 공유할 수는 없기 때문이다. 곧 움직임은 스스로 작동할 수 있지만 고요함은 다른 것의 도움이 없이 스스로 작동할 수 없다. 따라서 끊임없이 움직이는 어떤 존재에게 절대적인 움직임과 절대적인 고유함은 같은 시공간에서 공존할 수 없다. 이처럼 움직임과 고요함은 절대적인 양립의 관계가 성립될 수 없다. 이때의 고요함이란 절대적인 고요함이 아니라, 끊임없는 움직임의 일시적인 멈춤일 뿐이다.35)

　이 때문에 주돈이는 바로 다음 구절에서 "양이 변하고 음이 따르므로 수水·화火·목木·금金·토土를 생겨나게 한다. 다섯 가지 기氣가 순리에 맞게 펼쳐져 4계절이 운행된다."36)라고 지적하여, 항상 움직이는

----

34) 周惇頤, 『太極圖』: "太極動而生陽, 動極而靜. 靜而生陰, 靜極復動. 一動一靜, 互爲其根. 分陰分陽, 兩儀立焉." 胡廣 等, 1989, 『性理大全』(一), 山東友誼書社出版, 93쪽.

35) 理의 고요함을 중시하는 주희 역시 이 부분에서는 고요함을 움직임의 멈춤으로 해석한다. 朱熹, 『太極圖說解』: 朱子曰, "靜者, 性之所以立也. 動者, 命之所以行也. 然其實則靜亦動之息爾. 故'一動一靜', 皆命之行. 而行乎動靜者, 乃性之眞也. 故曰, '天命之謂性.'" 胡廣 等, 1989, 『性理大全』(一), 山東友誼書社出版, 96쪽 참조.

36) 周惇頤, 『太極圖』: "陽變陰合, 而生水·火·木·金·土. 五氣順布, 四時行

양과 이에 부합하는 음의 유기적인 교류에 의해 또 다른 특수에 해당하는 5행이 생겨나고, 이 5행의 유행에 의해 4계절이 운행함을 설명한다.

주돈이의 이러한 논리는 음과 양의 왕성한 교류에 의해 각각 다른 성질의 구체적인 5행이 출현하고, 이러한 특수한 5행은 비록 성질과 역할이 각각 다르지만 서로 왕성한 교류에 의해 새로운 우주의 질서를 형성한다.

그런데 이 우주의 질서는 선험적으로 주어진 고요한 보편적인 원리에 의해서가 아니라, 끊임없이 변화하는 구체적인 현실에서 각각 다른 요소들의 유기적인 교류에 의해 형성된다. 따라서 이러한 다름과 다름 및 다름과 같음의 관계는 위·아래의 주종관계가 아니라, 평등한 관계이다.

이는 보편적인 같음에 해당하는 태극이 주자학자들이 주장하는 것과 같이 초시공적인 절대 불변의 형이상학적인 리理가 아니라, 항상 변화하는 기氣임을 말해준다. 이에 대해 주돈이는 직접 "5행은 하나의 음양이고, 음양은 하나의 태극이며, 태극은 본래 무극이니, 5행의 생겨남에 각각 그 성性을 하나씩 가진다."[37]라고 하고, 또 "무극의 참됨과 음양오행의 정밀함이 오묘하게 결합하여 응취한다. '하늘의 도는 남성을 이루고 땅의 도는 여성을 이룬다.'[38] 음양의 두 기氣가 교류하고 감感하여 만물을 변화시키고 생겨나게 한다. 만물이 생겨나고 생겨나 변화가 끝이 없다."[39]라고 하여, 태극을 고요한 리가 아니라 항

焉." 胡廣 等, 1989, 『性理大全』(一), 山東友誼書社出版, 116쪽.

37) 周惇頤, 『太極圖』: "五行, 一陰陽也 ; 陰陽, 一太極也 ; 太極, 本無極也, 五行之生也, 各一其性." 胡廣 等, 1989, 『性理大全』(一), 山東友誼書社出版, 125~126쪽.

38) 『周易』, 「繫辭上」

상 움직이는 음양의 기로 생각한다.40)

곧 주돈이는 주희처럼 리理(太極)와 기氣(陰陽)를 명확하게 구분한 후 리理를 기氣를 초월하는 것41)으로 해석하지 않고, 음양과 오행과 태극을 동일한 철학적 범주인 기氣로 생각한다.42)

이는 결국 시공을 초월하는 지고지선至高至善한 리의 결핍으로 여겨지는 많은 특수성으로서의 다름[氣]이 아니라, 운동하는 수많은 다름의 유기적인 교류에 의해 같음의 보편성이 확보됨을 말한다. 이러

---

39) 周惇頤, 『太極圖』: "無極之眞, 二五之精, 妙合而凝. '乾道成男, 坤道成女.' 二氣交感, 化生萬物. 萬物生生而變化無窮焉." 胡廣 等, 1989, 『性理大全』(一), 山東友誼書社出版, 1989, 129쪽.

40) 주돈이의 太極을 理가 아니라, 氣로 여기는 학자들은 적지 않다. 예컨대 張岱年은 『〈太極圖說通書義解〉序』(『張岱年全集』卷8, 1989, 河北人民出版社, 132쪽)에서 주희가 '太極'을 '一理'로 해석하는 것에 대해 주돈이의 뜻에 부합하지 않는 것으로 생각한다. 또한 北京大學哲學係中國哲學史敎硏實에서 편찬한 『中國哲學史』下(中華書局出版, 1980, 51쪽)에서는 주돈이의 '太極'을 나누어지지 않은 혼돈 상태의 '元氣'로 보고 있다. 陳來 역시 『宋明理學史』(遼寧敎育出版社, 1991, 49~50쪽)에서 주돈이의 '太極'을 '理'가 아니라 '元氣'로 해석한다. 이철승, 2013, 「『통서』에 나타난 '성(誠)'관의 논리 구조와 의의」, 한국철학회, 『철학』제115집, 3쪽 참조.

41) 朱熹, 『太極圖說解』: "太極, 形而上之道也 ; 陰陽, 形而下之器也. 是以自其著者而觀之, 則動靜不同時, 陰陽不同位, 而太極無不在焉. 自其微者而觀之, 則沖漠無朕, 而動靜陰陽之理, 已悉具於其中矣." 胡廣 等, 1989, 『性理大全』(一), 山東友誼書社出版, 94쪽 참조. 朱熹, 『通書解』, 「誠上」: "陰陽, 氣也, 形而下者也. 所以一陰一陽者, 理也, 形而上者也. 道卽理之謂也." 胡廣 等, 1989, 『性理大全』(一), 山東友誼書社出版, 2014~205쪽 참조. 『朱子語類』卷1, 9條目 : "有是理便有是氣, 但理是本."와 『朱子語類』卷1, 10條目 : "理形而上者, 氣形而下者. 自形而上下言, 豈無先後? 理無形, 氣便粗, 有渣滓." 등 참조.

42) 이철승, 2013, 「『통서』에 나타난 '성(誠)'관의 논리 구조와 의의」, 한국철학회, 『철학』제115집, 10쪽 참조.

한 같음의 보편성은 많은 특수들의 결합체이므로 다름과 같음의 관계는 수직적이지 않고 수평적이다. 이러한 주어진 보편성이 아니라 만들어가는 보편성은 시대의 변화에 영향을 받아 변화할 수 있는 '제한된 보편성' 혹은 '시한부 보편성'이다.[43]

③ 유학의 어울림관

존재의 근거이며 가치의 근거인 선험적인 보편성으로부터 파생되는 특수는 그 보편과 대등한 관계가 될 수 없다. 이 특수는 완전성을 담보한 것으로 평가받는 보편의 결핍으로 여겨지기 때문에 보편보다 낮은 평가를 받는다. 따라서 보편은 자기동일성으로부터 멀어진 이러한 다름의 특수를 포용의 대상이 아니라, 배제의 대상으로 여긴다.

역사에서는 이러한 보편과 특수의 배타적 관계가 민족의식이나 문화의식으로 확대된 경험이 적지 않다. 그리고 이러한 보편과 특수의 불평등한 관계는 오늘날에도 여전히 사라지지 않고 있다.

유학은 보편과 특수의 이러한 불평등한 관계가 빚어내는 문제에 대해 어울림철학으로 접근한다. 유학의 어울림철학은 자기중심주의적인 관점에서 상대를 배제시키는 배타적 경쟁의식을 지양할 뿐만 아니라, 자신을 상대에 귀속시키거나 상대를 자신에게 귀속시키는 맹목적인 동일화의식을 지양한다. 배타적 경쟁의식이나 맹목적인 동일화의식은 각각에게 갖추어져 있는 고유한 특성의 발휘를 제약하여

---

43) 이철승, 2005, 「'동아시아담론'과 중심주의의 문제」, 한국중국학회, 『중국학보』 제52집, 522~524쪽 참조.

다양한 문화를 향유할 수 없게 하기 때문이다.

곧 맹목적인 동일화의식은 전제주의를 양산하여 인간의 자유와 개성을 말살시키는 방면으로 나타날 수 있다. 역사에 등장했던 파시즘이나 나치즘은 이러한 맹목적인 동일화의 전형이다. 또한 배타적 경쟁의식은 철저하게 자기중심주의적인 이기심에 기초하여 타인을 동반자가 아니라 사적인 소유의식을 확대하는데 필요한 수단이나 도구로 여긴다. 오늘날 만연하고 있는 신자유주의 이념은 이러한 의식을 적극적으로 권장한다. 인간을 목적이 아니라, 수단으로 여기는 이러한 배타적 경쟁의식은 필연적으로 소외 현상을 확산시켜 사회적 갈등을 증폭시킨다.

이처럼 배타적 경쟁의식이나 맹목적인 동일화 의식은 다름과 다름 및 다름과 같음의 관계를 평등의 시선으로 바라보지 않는다. 이러한 의식은 결국 여러 문화 사이의 평화로운 어울림을 통한 건강한 공동체 사회의 구축에 생산적으로 기여하기 어렵다.

한편, 세계는 오늘날 다양한 민족 구성원들이 다양한 목적으로 여러 나라에 거주한다. 특히 한국은 체류하고 있는 2,367,607명(2018년 12월 31일 현재)의 외국인들이 여러 나라에서 왔다. 국적별로는 중국 1,070,566명(45.2%), 태국 197,764명(8.4%), 베트남 196,633명(8.3%), 미국 151,018명(6.4%), 우즈베키스탄 68,433명(2.9%), 일본 60,878명(2.6%), 필리핀 60,139(2.5%), 러시아 54,064명(2.2%), 인도네시아 47,366명(2%), 캄보디아 47,012명(2%), 몽골 46,286명(1.9%), 타이완 41,306명(1.7%), 네팔 40,456명(1.7%), 미얀마 28,074명(1.2%), 캐나다 25,934명(1%), 스리랑카 25,828명(1%), 방글라데시 16,641명, 오스트레일리아 14,279명, 파키스탄 13,275명, 홍콩 12,119명, 인도 11,945명, 영국 6,972

명, 뉴질랜드 5,072명, 기타 125,547명 등이다.[44)]

이처럼 여러 국가에서 온 외국인들은 종교, 인종, 민족, 세계관 등의 방면에서도 다양하다. 그런데 그들은 주로 경제적인 이유 때문에 한국에 왔고, 상당수가 그들의 모국보다 한국의 경제 수준이 높다. 그들은 한국 사회에 적응하기 위해 많은 노력을 기울인다. 혼인, 취업, 유학 등은 그들의 목적을 실현하기 위한 방법 가운데 일부이다.

그러나 이미 신자유주의 이념에 기초한 자본주의 체제가 대세를 형성하고 있는 한국 사회에서 그들이 항상 따뜻하게 대접받는 것만은 아니다. 그들에 대해 편견, 왜곡, 무시, 착취, 시기, 배제 등 온갖 부정적인 차별이 여전히 존재한다.[45)] 또한 그들에 대한 한국 정부의 정책 역시 동일화 정책이 적지 않게 차지하고 있다. '다문화'정책에 대한 중앙정부의 추진과제 비중은 동화(동일화)주의와 '다문화'주의가 비슷하지만 정책영역에서 차이를 보이는데, 특히 문화와 복지와 혼인 이민자들의 분야에 동일화 정책이 강하게 나타난다.[46)]

그런데 이러한 동일화 정책은 상대를 나에게 귀속시키는 정책이다.

---

44) 『통계월보』2018년 12월호, 2019년 1월 29일, 법무부 출입국·외국인정책본부 참조. http//www.immigration.go.kr. 20190218 검색

45) 이러한 사회적 갈등의 실태에 대해, 김성근은 「다문화 사회에서의 사회갈등문제 실태분석 및 효과적인 대응방안 연구」(한국행정연구원, 『KIPA연구보고서 2013-36』)에서 크게 경제적 배제, 소수자 무시, 생활세계 물화 현상으로 여긴다. 그에 의하면 이러한 원인으로 인해 외국인 노동자들의 인권 유린과 임금체불, 가정불화로 인한 이탈, '다문화'가정 자녀의 교육과정 중도 이탈, 외국인 노동자의 범죄 등이 발생한다.

46) 정장엽·정순관, 2014, 「한국 다문화가족정책의 정향성 분석 – 동화주의와 다문화주의」, 한국지방정부학회, 『지방정부연구』17권 4호, 132~137쪽 참조.

이는 상대와 내가 균등한 상태에서 민주적인 상호 침투와 교류를 통해 공통의 보편성을 찾는 방식이 아니라, 약자를 강자의 그늘 속으로 들어오게 하는 방식이다.

공자는 이러한 동일화의 논리에 찬성하지 않는다. 동일화는 수평적인 관계가 아니라, 수직적인 관계에서 성립하기 때문이다. "군자는 어울리되 동일화하지 않는다."[47]라고 하는 내용은 공공의 의로움을 통해 사회 정의를 실현하고자 하는 인간이 갖추어야 할 기본적인 자세이다. 특히 공자는 여기에서 정의가 아니라, 사사로운 이익의 측면에서 동일화를 추구하는 행태에 비판적이다. 공자는 "군자는 의로움에 밝고, 소인은 이로움에 밝다."[48]라고 하여, 인간다움을 추구하는 군자의 삶은 이기심을 적극적으로 추구하는 소인의 삶과 다름을 밝힌다. 이는 사회 구성원들이 건강한 욕망을 토대로 하여 평화롭게 어울리는 사회를 구성하기 위한 방법으로 사사로운 이익결사체가 아니라, 공의로운 도덕적 삶의 중요성을 지적하는 것이다.

유학에서 중시하는 이러한 어울림의 논리는 『춘추좌전』에 등장하는 안자晏子의 관점을 통해 명확하게 드러난다.[49] "안자晏子의 관점

---

47) 『論語』, 「子路」: "君子和而不同."
48) 『論語』, 「里仁」: "君子喩於義, 小人喩於利."
49) 『春秋左傳』, 「昭公20年」: 齊侯至自田, 晏子侍于遄臺, 子猶馳而造焉. 公曰, "唯據與我和夫!" 晏子對曰, "據亦同也, 焉得爲和?" 公曰, "和與同異乎?" 對曰, "異. 和如羹焉, 水・火・醯・醢・鹽・梅, 以烹魚肉, 燀之以薪, 宰夫和之, 齊之以味, 濟其不及, 以洩其過, 君子食之, 以平其心. 君臣亦然, 君所謂可而有否焉, 臣獻其否以成其可; 君所謂否而有可焉, 臣獻其可以去其否. 是以政平而不干, 民無爭心. 故詩曰, '亦有和羹, 旣戒旣平. 鬷假無言, 時靡有爭.' 先王之濟五味, 和五聲也, 以平其心, 成其政也. 聲亦如味, 一氣, 二體, 三類, 四物,

에 의하면 어울림이란 여러 음식 재료들이 각각의 특성을 잃지 않으면서도 서로 골고루 섞이어 하나의 맛있는 국을 끓이는 것과 같을 뿐만 아니라, 여러 악기와 다양한 음성이 조화를 이루어 아름다운 음악을 창출하는 것과 같다. 이러한 어울림은 자기중심주의적인 관점에서 상대를 밀어내는 배타적 경쟁이나 자기의 고유한 특성을 배제한 채 상대의 관점에 맹목적으로 동화되는 획일화의 논리와 차이가 있다. 어울림의 이러한 성향 때문에 안자는 임금 말의 옳고 그름을 주체적으로 따지지 않고 무비판적으로 임금 말을 따르는 양구거의 태도는 어울림이 아니라, 동일화의 모습이라고 지적한다. 안자는 자신의 주체적인 관점에 의해 임금 말의 옳고 그름을 분별한 후, 옳은 것은 수용하지만 옳지 않은 것에 대해서는 비판적인 관점을 유지하는 것을 어울림으로 생각한다. 곧 안자의 이러한 관점은 구체적인 특성을 배제한 채 절대적인 보편 원리에 무조건적으로 복종하는 태도나, 상대주의적인 관점에서 제한적인 보편성조차 용인하지 않는 태도와 구별된다. 어울림이란 운동하지 않는 초시공의 절대 보편 원리에 의해 역동적으로 변화하는 구체적인 상황이 재단되는 것을 말하는 것이 아니다. 어울림이란 끊임없이 변화하는 구체적인 것들이 모여 특수한 상황을 만들고 특수한 여러 상황이 균등한 자세로 상호교류하면서 합리적인 협의와 합의 과정을 통해 공동으로 추구할 가치를 함께 지향하는 것이다. 이와 같이 어울림의식은 다양성 가운데

五聲, 六律, 七音, 八風, 九歌, 以相成也; 淸濁, 小大, 短長, 疾徐, 哀樂, 剛柔, 遲速, 高下, 出入, 周疏, 以相濟也, 君子聽之, 以平其心. 心平, 德和. 故詩曰, '德音不瑕.' 今據不然, 君所謂可, 據亦曰, '可', 君所謂否, 據亦曰, '否' 若以水濟水, 誰能食之? 若琴瑟之專壹, 誰能聽之? 同之不可也如是."

통일성을 지향하고 있다."50)

　이처럼 유학의 어울림철학에 의하면 타인은 배제의 대상이 아니고 동일화의 대상도 아니다. "나는 나이고 너는 너이다. 그러나 나는 나이고 너는 너일지라도, 나와 너는 서로를 배제시켜야 할 대상이 아니라, 함께 어울려 살아가야 할 존재이다. 따라서 나는 나만의 정체성이 있을 뿐만 아니라, 너와 관련되면서 형성된 너의 특성을 포함하고 있다. 너 역시 너만의 정체성이 있을 뿐만 아니라, 나와 관련되면서 영향을 받은 나의 특성을 포함하고 있다. 이 때문에 나는 한편으로 혈육의 정이라는 생물학적인 끌림에 의해 부모와 자녀를 먼저 사랑할 수밖에 없는 존재이지만, 다른 한편으로 부모와 자녀만을 사랑하는데서 멈추지 않고 건강한 공동체 사회의 구축을 위해 뭇사람과의 평화로운 어울림의 문화를 추구하는 존재이다."51)

　이처럼 유가철학에 의하면 비록 나는 나이고 너는 너이지만, 나와 너는 완전히 결별하여 살 수 없다. 완전히 결별한다면 상대를 그대로 인정하는 면은 있을지라도, 그것은 가치상대주의에 빠지기 때문이다. 가치상대주의는 결국 너는 너만의 가치로 살고, 나는 나만의 가치로 살자는 논리로 공동체를 구성하는 논리에 부적합한 몰가치주의나 회의주의로 귀결된다. 따라서 관계 윤리를 중시하는 유학의 어울림철학에 의하면 나는 나이고 너는 너이지만, 나는 너 속의 나이고 너는 나 속의 너이다. 결국 나와 너는 서로 무관심해야 할 대상이 아니라, 긴밀

---

50) 이철승, 2011, 「현대 사회의 문제와 유가사상의 현실적 의의-개인과 사회의 관계 윤리를 중심으로-」, 한국유교학회, 『유교사상연구』제43집, 267쪽.
51) 이철승, 2012, 「〈서명〉에 나타난 어울림 사상의 논리 구조와 의의」, 동양철학연구회, 『동양철학연구』제69집, 322쪽.

한 교류를 통해 공동의 가치를 추출하고 그 가치를 이 땅에서 구현해야 할 동반자이다.

맹자가 "하늘의 때는 땅의 이로움만 못하고, 땅의 이로움은 사람의 어울림만 못하다."[52]라고 하고, "나의 노인을 노인으로 여겨 다른 사람의 노인에게까지 미치고, 나의 어린이를 어린이로 여겨 다른 사람의 어린이에게까지 미친다."[53]라고 지적한 내용은 사랑의 베풂을 나와 내 가족에 한정시키지 않고, 어울림을 통해 이웃과 타민족과 세계로 확산시켜 건강한 공동체 사회를 구성하자는 의미를 잘 드러낸 글이다.

이러한 유학의 어울림철학은 21세기인 오늘날에도 여전히 발생하고 있는 합당하지 않은 차별에 의해 발생되는 소외로 인한 사회적 갈등을 해소하고, 평화로운 공동체 사회를 구축하는 데에 사상적 기여를 할 수 있다.

4 특수에서 보편으로

인종, 종교, 민족, 세계관 등에서 차이를 보이는 여러 나라의 구성원들이 공존하는 다원화 시대에 배타적 경쟁의식이 빚어내는 다름에 대한 배제와 특수성을 선험적인 보편성으로 귀속시키려는 맹목적인 동일화의식은 소수자를 소외시키고 사회적 갈등을 유발하는 중요한 원인 가운데 일부이다.

---

52) 『孟子』, 「公孫丑下」 : "天時不如地利, 地利不如人和."
53) 『孟子』, 「梁惠王上」 : "老吾老, 以及人之老; 幼吾幼, 以及人之幼."

유학의 어울림철학은 이러한 문제에 적극적으로 대응할 수 있다. 이는 초시공의 불변하는 선험적인 보편성을 같음의 정점으로서의 원리로 여기고 다름을 리의 결여로 여기는 형이상학적 방법이 아니다.

이는 수많은 특수성으로서의 다름과 다름 및 다름과 같음의 평등한 관계를 중시한다. 이러한 논리에 의하면 세계는 움직인다. 움직임이 주된 것이고, 고요함은 움직임의 일시적인 정지일 뿐이다. 움직임이란 시간과 공간의 변화를 의미하므로 움직이는 상태에서 이전 것과 100% 동일한 새로운 것이란 존재하지 않는다. 따라서 다름은 그 자체로 독립적이다. 그러나 역사의 과정에 다름은 다름으로서만 존재할 수 없다. 다름이 다름으로만 존재한다면 그 다름은 지속력을 갖기 어렵다. 인간의 역사는 약육강식의 법칙이 지배하는 자연의 위협을 극복하는 과정에 많은 다름의 연합이 얼마나 중요한지를 경험적으로 터득해왔다. 비록 지금 시대의 모습이 이전 시대와 차이가 있을지라도, 다름과 다름의 긴밀한 관계의 중요성이 사라지는 것은 아니다. 따라서 인간의 사회에서 다름은 항상 또 다른 다름과 관계할 수밖에 없다. 이 다름이 저 다름과 관계하지 않는다면 각각의 다름은 그 고유한 가치를 인정받을 수 있지만, 사회적 존재를 포기하는 결과가 도래할 수밖에 없다. 사회적 관계가 생략된 다름은 또 다른 다름의 관심 영역에서 벗어난다.

유학의 어울림철학은 이러한 다름과 다름의 유기적인 관계를 통해 서로의 협의와 합의에 의해 형성된 공통의 공속의식을 구성원들이 존중해야 할 같음의 보편적인 가치로 여긴다. 곧 이러한 가치는 절대자나 절대적 이념에 의해 일방적으로 정해지지 않고, 그 사회에 살고 있는 구성원들의 평등한 절차에 의해 결정된다. 이러한 가치는 주어진 보편이 아니라 구성원들의 자율적인 합의로 만들어가는 보편이기 때문에 수평적이며, 능동성과 역동성을 보유한다.

구성원들이 지켜야 할 보편성을 담보한 그 가치는 시대상황의 변화에 비례하여 그 사회 구성원들의 의지에 따라 새롭게 정립될 수 있다. 이 때문에 이러한 보편성은 제한된 보편성 혹은 시한부 보편성이다. 곧 이 보편성은 구성원들의 의지에 관계없이 선험적으로 주어지지 않고, 그 사회를 이루고 있는 구성원들의 의지가 적극적으로 반영된 것으로서 특수성과 특수성의 유기적인 교류에 의해 도출된다.

따라서 이러한 보편과 특수는 '보편에서 특수'가 아니라, '특수에서 보편'으로이다. 이러한 특수와 보편의 관계에 대한 유학의 어울림철학은 오늘날에도 여전히 나타나고 있는 부당한 차별로 인한 사회적 갈등을 치유하는 면에 사상적 기여를 할 수 있다.

또한 이러한 같음과 다름에 대한 유학의 어울림철학은 나와 너 및 개인과 사회 등의 관계에서 나타나는 갈등의 문제 해결을 통해 평화로운 공동체 사회를 건설하고자 하는 21세기형 우리철학의 유형 가운데 하나가 될 수 있다.

『論語』

『大學』

『孟子』

『書經』

『詩經』

『禮記』

王夫之,『四書訓義(上)』

王夫之,『周易外傳』

周惇頤,『太極圖』

周敦頤,『通書』

『周易』

朱熹,『太極圖說解』

朱熹,『通書解』

『中庸』

『春秋公羊傳』

『春秋左傳』

『韓非子』

강상구, 2000,『신자유주의의 역사와 진실』, 문화과학사

강영안, 2002,『우리에게 철학이란 무엇인가 – 근대, 이성, 주체를 중심으로 살펴본 현대 한국 철학사』, 궁리

강은정, 이수형, 2010,「자살의 원인과 대책 연구 : 정신의학적 접근을 넘어서」, 한국보건사회연구원 연구보고서

강주일 기자, 2018년 11월 4일, '방탄소년단, 애플뮤직 10억 스트리밍 돌파… 한국 가수 최초', 〈스포츠경향〉.
    http://sports.khan.co.kr/entertainment/ 20190128 검색.

계명대학교 인문과학연구소, 2000,『새로운 우리철학의 모색 : 회고와 전망』, 계명대학교 출판부

고려대학교 60년사 편찬위원회, 1965,『六十年誌』, 고려대학교 출판부

공정거래위원회, 보도자료〈한국공정거래조정원, 2018년 상반기 분쟁조정 1,654건 처리〉, 2018년 7월 17일. http://www.ftc.go.kr/www. 20190120 검색

곽신환, 1995,「'같음'과 '다름'의 문제에 대한 조선조 후기 주자학적 접근 - 인성 물성의 동이론을 심으로 - 」, 한국공자학회,『공자학』1권

곽영미 기자, 2020년 2월 5일, "그룹 방탄소년단이 미국 빌보드 '소셜 50' 차트의 역사를 새롭게 썼다",〈일요서울〉. http://www.ilyoseoul.co.kr/20200205 검색.

〈교수신문〉, 2016년 7월 6일, 2016년 7월 14일

국가지표체계, 2018년 10월 4일,「지니계수」 http://www.index.go.kr/potal/stts/idxMain/20181114 검색

국순옥, 2015,『민주주의 헌법론』, 아카넷

〈국제뉴스〉, 2016년 1월 4일

권인호, 2004,「박종홍의 퇴계 철학 비판 - '황도 유교'와 국가주의 철학의 원류」, 비판철학회 제2회 학술발표회자료집,『황도 유교 비판』.

길희성, 1999,「철학과 철학사 : 해석학적 동양철학의 길」, 한국철학회,『철학사와 철학 - 한국철학의 패러다임 형성을 위하여』, 철학과 현실사

김교빈, 2000,「우리 철학의 길」, 한국동서철학회, 한국동서철학회,『동서철학연구』19권

김남두, 1999,「철학사와 철학 그리고 한국철학의 패러다임」, 한국철학회,『철학사와 철학 - 한국철학의 패러다임 형성을 위하여』, 철학과 현실사

김문갑, 2002,「'드러남'과 '감춤'의 '어울림' - 소옹의 체사용삼론을 중심으로 - 」, 한국동서철학회,『동서철학연구』23권

김문환 역(Wolfgang Fritz Haug 저), 1991,『상품미학의 비판』, 이론과 실천,

1991

김미향 기자, 2019년 12월 21일, "'외로움은 새 사회적 질병'…남몰래 외로운 젊은이들", 〈한겨레신문〉.

　　　http://www.hani.co.kr/arti/society/20191221/20200112 검색

김석수, 2001, 『현실 속의 철학, 철학 속의 현실 : 박종홍 철학에 대한 또 하나의 해석』, 책세상.

김성근, 2011, 「메이지 일본에서 '철학'이라는 용어의 탄생과 정착 - 서주(西周)의 '유학'과 'Philosophy'를 중심으로 - 」, 『동서철학』제59호

김성근, 2013, 「철학이라는 일본어 어휘의 조선 전래와 정착」, 한국동서철학회, 『동서철학연구』69권 0호

김성근, 2013, 「다문화 사회에서의 사회갈등문제 실태분석 및 효과적인 대응방안 연구」, 한국행정연구원, 『KIPA연구보고서 2013-36』

김성재, 2000, 『갑골에 새겨진 신화와 역사』, 동녘출판사

김세정, 2013, 「간재 전우의 이단 비판의 기준과 근거」, 충남대학교 유학연구소, 『유학연구]29권 0호

김시천, 2012, 「이이(李珥)의 『순언』(醇言)과 이단의 문제 - 조선조 유가 지식인의 내면 풍경에 대한 한 가지 고찰 - 」, 한국철학사상연구회, 『시대와 철학』23권 1호

김옥수, 1997, 「외로움(Loneliness)의 개념 분석」, 『간호과학』9권2호, 이화여대 간화과학연구소

김용옥, 1986, 『동양학 어떻게 할 것인가』, 통나무

김원열, 2004, 「황도 유교의 사유체계와 방법론적 문제점에 대한 비판」, 비판철학회 제2회 학술발표회 자료집, 『황도 유교 비판』

김원열 · 문성원, 2006, 「유교 윤리의 근대적 변형에 대한 비판적 고찰 - 박종홍(1903~1976)의 유교 윤리를 중심으로 - 」, 한국철학사상연구회, 『시대와 철학』17권 1호.

김재현, 2007, 「한국에서 근대적 학문으로서 철학의 형성과 그 특징 - 경성제국대학 철학과를 중심으로 - 」, 한국철학사상연구회, 『시대와 철

학』18권 3호

김재현, 2015,『한국 근현대 사회철학의 모색』, 경남대학교출판부

김태길, 1976, 〈철학〉, 서울대학교 30년사 편찬위원회, 『서울대학교 30년사』, 서울대학교출판부

김한나 기자, 2020년 2월 2일, "대학 연구비, 수도권 편중 '여전'…전체 72.3% 가 정부 예산", 〈대학지성〉.
　　http://www.unipress.co.kr/news/20200204 검색.

김현우, 2018년 5월 28일, 〈조선대 우리철학연구소「우리철학 어떻게 할 것인가?」학술대회 참관기〉, 교수신문(http://www.kyosu.net/news), 20190111 검색

김형석, 2006,「정주학파(程朱學派)의 노장이단관(老莊異端觀)」, 한국철학사연구회, 『한국철학논집』18권 0호

다카하시 도오루 지음, 조남호 옮김, 1999,『조선의 유학』, 소나무

〈대학저널〉, 2016년 1월 4일

〈대한민국헌법 제1호(제정, 1948. 7. 17)〉

〈대한민국헌법 제8호(전문개정, 1972. 12. 27)〉

〈대한민국헌법 제9호(전문개정, 1980. 10. 27)〉

〈대한민국헌법 제10호(전문개정, 1987. 10. 29)〉

東京帝國大學, 1932,『東京帝國大學 五十年史』

瀨沼茂樹 編, 昭和四十九年,『明治哲學思想集』, 筑摩書房

리기용, 2012,「삼봉 정도전의 벽이단론과 그 해석 문제 － 심문천답과 심기리편을 중심으로」, 한국철학사연구회,『한국철학논집』34권 0호

마테오리치,「天主實義」, 李之藻 等(吳相湘 主編), 中華民國67(1978),『天學初函』第一冊, 臺灣學生書局

Murry Bookchin 지음, 서유석 옮김, 2012,『머레이 북친의 사회적 생태론과 코뮌주의』, 메이데이

문광호 기자, 2018년 4월 9일, '수도권 중심 R&D…지방대학들은 말라 죽는다', 〈교수신문〉. http://www.kyosu.net/news. 20190120 검색

문화체육관광부, 2019년 1월 14일, 〈2018년 한국의 종교현황〉.
　　　http://www.mcst.go.kr. 20190123 검색

문화체육관광부, 2019년 1월 18일, 〈2019년도 예산각목명세서(1), 2018년
　　　12월〉. http://www.mcst.go.kr/. 2019년 1월 26일 검색

미술비평연구회 대중시각매체연구분과 엮음, 1992, 『상품미학과 문화이론』.

박동환, 1998, 「비교철학의 길 - 비극의 역사의식과 우리철학의 비젼 - 서양
　　　철학사를 어떻게 볼 것인가」, 한국철학회, 『철학』29권

박승호, 2005, 「신자유주의와 자본의 금융축적 전략」, 『신자유주의와 세계
　　　화』, 도서출판 한울

박영미, 2015, 「박종홍에서 '전통'의 문제 (1) - 전통 인식을 중심으로 - 」,
　　　한국철학사상연구회, 『시대와 철학』26권 1호

박종홍, 1933, 「'哲學하는 것'의 出發點에 對한 一疑問」, 『哲學』第1號

박종홍, 1934, 「'哲學하는 것'의 實踐的 地盤」, 『哲學』第2號

朴鍾鴻, 1980, 『朴鍾鴻全集』V, 螢雪出版社

박준건, 2001, 「생태사회의 사회철학」, 『문화와 철학』, 동녘출판사

백종현, 2007, 『철학의 개념과 주요 문제』, 철학과 현실사

보근지, 2001, 「화이관(華夷觀)의 변화가 한·중 양국에 미친 중대한 영향」,
　　　한국실학학회, 『한국실학연구』3권 0호

北京大學哲學係中國哲學史敎硏實, 1980, 『中國哲學史』下, 中華書局出版

〈사단법인 한국철학사상연구회 설립취지서〉
　　　http://www.hanphil.or.kr. 20160928 검색

四川大学历史係古文字研究室, 1993, 『甲骨今文字典』, 巴蜀书社

삼비아시(Francis Sambiasi), 「靈言蠡勺」(1624), 李之藻 等(吳相湘 主編),
　　　中華民國67(1978), 『天學初函』第二冊, 臺灣學生書局.

西周, 「生性發蘊(抄)」, 瀨沼茂樹 編, 昭和四十九年, 『明治哲學思想集』,
　　　筑摩書房

성균관대학교 홈페이지 http://www.skku.edu/new_home/s600. 20160923 검색

소광희·이석윤·김정선, 1986, 『철학의 제문제』, 지학사

숭실대학교 홈페이지 http://www.ssu.ac.kr/web/kor. 20160923 검색.

〈스포츠경향〉, 2018년 11월 4일.

　　http://sports.khan.co.kr/entertainment/20181104. 20190128 검색.

신건일, 이영성, 2019년 1월 23일, 〈고농도 미세먼지 대응, 51개 사업장 자발
　　적 감축 나선다〉, 환경부 보도자료, http://www.me.go.kr/20190128
　　검색.

『新興』第一號~第七號, 1929~1932, 新興社.

『新興』九號, 1937, 新興社

심재룡 외, 1986, 『한국에서 철학하는 자세들』, 집문당.

심재룡, 1996, 〈철학과〉, 서울대학교 50년사 편찬위원회, 『서울대학교 50년
　　사』(하), 서울대학교출판부.

심재룡, 1986, 「동양철학을 하는 두 자세」, 『한국에서 철학하는 자세들』,
　　집문당.

심재룡, 1986, 「서양에서 본 동양철학의 모습」, 『한국에서 철학하는 자세
　　들』, 집문당.

〈十九大精神十三講〉編寫組, 2017, 『十九大精神十三講』, 人民出版社.

알레니(Giulio(Julius) Aleni), 「西學凡」(1623), 李之藻 等(吳相湘 主編), 中
　　華民國67(1978), 『天學初函』第一冊, 臺灣學生書局.

양재혁, 2002, 「박종홍과 그의 황국철학」, 비판철학회 제1회 학술발표 자료
　　집, 『박종홍 철학 비판』.

열암기념사업회, 1978, 『스승의 길』, 일지사.

열암기념사업회, 2003, 『박종홍철학의 재조명』(『현실과 창조』3), 천지.

우리사상연구소, 1999, 『이 땅에서 철학하기 - 21세기를 위한 대안적 사상
　　모색』, 솔출판사.

刘国强, 2010, 「世界有关国家文化产业发展策略」, 『中国党政干部论坛』,
　　2010年 第1期.

俞吉濬, 1996, 「西遊見聞」(1895), 『俞吉濬全書』Ⅰ, 一潮閣.

유엔개발기구(UNDP), 2018년 9월 14일, 「2018년 성불평등 지수(GII)」 발표,

여성가족부. http://www.mogef.go.kr. 20190129 검색.

유영희, 2011, 「인물성동이론(人物性同異論) 연구(硏究) 성과(成果)를 통해 본 '같음'과 '다름'의 의미」, 한국사상문화학회, 『한국사상과 문화』58권.

윤창대, 2004, 『정신철학통편 - 전병훈 선생의 생애와 정신을 중심으로 - 』, 우리출판사, 2004.

윤창희 기자, 2019년 1월 31일, '도련님 → 부남, 처가 → 처댁 … 국민이 내놓은 호칭 개선안', 〈KBS NEWS〉. http://news.kbs.co.kr/news/view. 20190131 검색.

윤천근, 2001, 『이 땅에서 우리철학하기』, 예문서원.

이규성, 2012, 『한국현대철학사론 - 세계상실과 자유의 이념 - 』, 이화여자대학교출판부.

이규호, 1986, 「한국철학의 정립을 위한 모색」, 심재룡 외, 『한국에서 철학하는 자세들』, 집문당.

이기상, 1999, 「이 땅에서 철학하기, 탈중심 시대에서의 중심잡기」, 우리사상연구소, 『이 땅에서 철학하기 - 21세기를 위한 대안적 사상 모색』, 솔출판사.

이기상, 2002, 『서양철학의 수용과 한국철학의 모색』, 지식산업사.

이기상, 2003, 『이 땅에서 우리말로 철학하기』, 살림.

이남영, 1996, 「열암철학 - 향내적 철학과 향외적 철학의 집합으로서의 한국철학」, 『해방 50년의 한국철학』, 철학과 현실사.

이명현, 1986, 「한국철학의 전통과 과제」, 심재룡 외, 『한국에서 철학하는 자세들』, 집문당.

이병수, 2004, 「열암 박종홍의 정치참여의 동기와 문제점」, 한국철학사상연구회, 『시대와 철학』15권 1호.

이병태, 2013, 「서평 - 우리 철학사의 창으로 본 미래 철학의 풍경 - 『한국현대철학사론』(이규성 지음, 이화여자대학교 출판부, 2012) - 」, 『시대와 철학』24권4호.

이석주, 2007, 「'같음'과 '다름'의 이중주 - 주자의 리일분수를 중심으로 - 」, 한국동서철학회, 『동서철학연구』46권.

이운구, 1981, 「정통사상과 이단이론의 비교고찰」, 성균관대학교 인문과학연구소, 『인문과학』10권 0호.

이윤희 기자, 2017년 12월 17일, '사업체 47%가 수도권···종사자·매출액은 절반 이상 집중', 〈뉴시스〉. https://news.joins.com/article. 20190121 검색.

李之藻 等(吳相湘 主編), 中華民國67(1978), 『天學初函』第三冊, 臺灣學生書局.

이철승, 1999, 「오늘날 '중국 전통 철학'을 연구하는 '한국인'의 의미에 대해」, 『시대와 철학』제10권1호, 한국철학사상연구회.

이철승, 2002, 『유가사상과 중국식 사회주의 철학』, 심산.

이철승, 2002, 「'세계화' 시대 '동양 철학' 담론과 연구 의미」, 『동서철학』제25호, 동서철학연구회.

이철승, 2005, 「'동아시아 담론'과 중심주의의 문제」, 『중국학보』제52집, 한국중국학회.

李哲承, 2005, 「新世紀环保问题与王船山的自然观」, 『船山學新論』, 湖南人民出版社.

이철승, 2007, 「'세계화' 시대 '유교공동체주의'의 의의와 문제」, 『시대와 철학』제18권 3호, 한국철학사상연구회.

이철승, 2007, 『마오쩌둥(毛澤東) : 현대중국의 초석과 철학사상』, 태학사.

이철승, 2009, 「'임중(任重)'의 시대정신 발현과 '도원(道遠)'의 '우리철학' 정립문제 - 『시대와 철학』제1호(1990)~제19권4호(2008)에 게재된 '동양철학' 논문을 중심으로 - 」, 『시대와 철학』제20권3호, 한국철학사상연구회.

이철승, 2012, 「〈서명〉에 나타난 어울림 사상의논리 구조와 의의」, 동양철학연구회, 『동양철학연구』제69집.

이철승, 2013, 「『통서』에 나타난 '성(誠)'관의 논리 구조와 의의」, 한국철학회, 『철학』제115집.

이철승, 2013, 「현대사회의 외로움 문제와 치유의 유가철학 - 한국사회의 자살 현상과 극복 방안을 중심으로 - 」, 『유교사상문화연구』53집

이철승, 2013, 「장재철학에 나타난 생태관의 사상적 근거와 의의」, 『동양철학연구』제73집, 동양철학연구회.

이철승, 2014, 「현대 중국사상계의 문화산업에 대한 인식과 연구 동향」, 『동양철학연구』77집.

이철승, 2014, 「민주주의의 법치와 유가의 덕치 문제 - 법실증주의의 법의식과 초기 유가의 도덕의식을 중심으로 - 」, 『철학연구』제106집, 철학연구회.

이철승, 2015, 「같음과 다름의 관계와 유가의 어울림철학 - '다문화'시대 특수와 보편의 관계를 중심으로 - 」, 『시대와 철학』26권3호.

이철승, 2016, 「우리철학의 현황과 과제(1) - 근대 전환기 '철학' 용어의 탄생과 외래철학의 수용 문제를 중심으로 - 」, 『인문학연구』제52집, 조선대.

이철승, 2016, 「현대 사회의 문제와 유가철학의 현실적 의의 - 도구적 인간관과 도덕적 인간관을 중심으로 - 」, 『중국학보』제78집, 한국중국학회.

이철승, 2017, 「우리철학의 현황과 과제(2) - 산업화시기 철학의 제도화와 연구 동향을 중심으로 - 」, 『인문학연구』제53집, 조선대.

이철승, 2017, 「유교, 비판과 계승과 변용의 삼중주 - 유교부흥의 문제를 중심으로」, 『유교사상문화연구』68집.

이철승, 2018, 「21세기 한국의 민주주의와 유가철학 - 타율성과 자율성의 문제를 중심으로 - 」, 『철학연구』제148집, 대한철학회.

이철승, 2018, 「현대 사회의 私有 문제와 '大同'철학의 현실적 의의」, 『유교사상문화연구』74집.

이철승, 2019, 「21세기 우리철학의 현황과 과제 - 제도권의 철학 풍토와 우리철학의 연구 동향을 중심으로 - 」, 『유학연구』제49집, 충남대

이종훈·고재휘, 2008,「중국의 전통적 화이관념과 동아시아 현대 자존역사의식」, 한국동북아학회,『한국동북아논총』49권 0호

이춘식, 2002,「선진시대 공자와 유가의 화이관에 대하여」, 고려대학교 중국학연구소,『중국학논총』15권 0호

이충우·최종고, 2013,『다시 보는 경성제국대학』, 푸른사상

이행훈, 2014년 5월 31일,「한국 근대 학술 이념의 성층(成層) - 전통 지식 체계의 탈구축과 개념 변화 - 」,『경학(經學)에서 철학으로 동아시아, 근대 전환기 학술의 양상』, 성균관대 2014 유교문화연구소 춘계학술회의 자료집

이홍종·공봉진, 2000,「중국 화이사상에서 '화이' 개념의 재해석」, 한국세계지역학회,『세계지역연구논총』15권 0호

임태홍, 2014년 5월 31일,「'학술'이란 무엇인가 - 서주(西周)의『지설(知說)을 중심으로 - 」,『경학(經學)에서 철학으로 동아시아, 근대 전환기 학술의 양상』, 성균관대 2014 유교문화연구소 춘계학술회의 자료집

張岱年, 1996,『〈太極圖說通書義解〉序』,『張岱年全集』卷8, 河北人民出版社, 1996

全秉勳 , 中華民國九年(1920),『精神哲學通編』, 明文堂刊

전호근, 2015,『한국철학사』, 메멘토

정근식·정진성·박명규·정준영·조정우·김미정, 2011,『식민권력과 근대지식: 경성제국대학 연구』, 서울대학교출판문화원

정석원, 2001,「화이관념재조선」, 한국중국학회,『중국학보』44권 0호, 2001

정세근, 2014,「순자의 이단화와 권학론」, 범한철학회,『범한철학』72권 0호, 2014

정장엽·정순관, 2014,「한국 다문화가족정책의 정향성 분석 - 동화주의와 다문화주의」, 한국지방정부학회,『지방정부연구』17권 4호

조동일, 1993,『우리 학문의 길』, 지식산업사

조선대학교 우리철학연구소 창립 기념 대동철학회와 공동학술대회, 2014

년 5월 24일, '모시는 말씀'

조선대학교 우리철학연구소 창립 기념 대동철학회와 공동학술대회 자료
　　집, 2014년 5월 24일, 『우리철학 어떻게 할 것인가? - 수입철학과
　　훈고학을 넘어서 - 』.

조선대학교 우리철학연구소 학술대회 자료집, 2015년 6월 26일, 『선비정신
　　과 풍류사상』

조선대학교 우리철학연구소와 중국 호남성 선산학연구기지와 공동 국제학
　　술대회 자료집, 2015년 11월 6일, 『한국사상과 선산철학』

조선대학교 우리철학연구소 학술대회 자료집, 2016년 7월 1일, 『우리철학
　　어떻게 할 것인가? - 근대 전환기 전통철학의 계승과 변용 - 』

조선대학교 우리철학연구소 · (사)주자문화보존회 공동학술대회 학술대회
　　자료집, 2016년 11월 11일, 『주자사상의 현실적 의의』, 2016년 11월
　　11일.

조선대학교 우리철학연구소 학술대회 자료집, 2017년 5월 19일, 『근대 전환
　　기 한국종교철학의 현황과 실제 - 불교 · 동학 · 대종교 · 증산교 · 원
　　불교를 중심으로 - 』, 2017년 5월 19일.

조선대학교 우리철학연구소 · 한국유교학회 · 전남대학교 철학연구교육센
　　터 공동개최 추계학술대회 학술대회 자료집, 2017년 11월 10일,
　　『4차산업혁명과 유학 프로그램』, 2017년 11월 10일.

조선대학교 우리철학연구소 학술대회 자료집, 2018년 5월 11일, 『서양철학
　　의 한국화 및 우리철학의 성찰과 전망』

조선대학교 우리철학연구소 학술대회 자료집, 2019년 5월 17일, 『우리철학
　　100년의 현황과 과제 - 20세기 한국 사상계의 고민과 도전 - 』

조선대학교 우리철학연구소, 2019, 『오늘의 한국철학, 그리고 우리철학』,
　　학고방

조한석, 2012, 「조선 후기 개이단(開異端)의 이데올로기화와 그 사회적 역
　　기능에 대한 시론」, 남명학연구원, 『남명학』17권 0호

陳來, 1991, 『宋明理學史』, 遼寧敎育出版社

채윤경, 2013년 6월 8일, 「4050 마음의 병, 우울증」, 〈인터넷 중앙일보〉. http://joongang.joinsmsn.com/article.

哲學研究會, 1933~1935, 『哲學』1~3호

철학연구회, 1996, 『해방 50년의 한국 철학』, 철학과 현실사

철학연구회 주관, 한국철학회·대한철학회·범한철학회·새한철학회·한국 동서철학회 주최, 2000년 11월 24일~25일, 『'제13회 한국철학자연 합대회 2000, 21세기를 향한 철학적 화두 - 인간·사회·자연에 관 한 새로운 성찰 - 』, 자료집

최종덕, 1999, 「'동아시아 담론'의 철학적 해명」, 정재서 편역, 『동아시아 연구, 글쓰기에서 담론까지』, 살림

최종덕, 2001, 「환경위기와 생태학적 자연관」, 『문화와 철학』, 동녘출판사

최영성, 2000, 「동양철학연구 50년사 - 부록」, 『한국사상과 문화』10권, 한국 사상문화학회

최영성, 2017, 「한국사상의 원형과 특질 - 풍류사상, 민족종교와 관련하여 - 」, 『한국철학·인문문화』, 성균관대학교 한국철학·인문문화연구소

최종욱, 2002, 『이 땅에서 철학하는 자의 변명』, 사회평론

최봉익, 1989, 『또 하나의 우리철학사』, 온누리

『통계월보』2018년 12월호, 2019년 1월 29일, 법무부 출입국·외국인정책본 부. http//www.immigration.go.kr/20190218 검색

통계청, 사회통계국 연구동향과, 2012, 「2011년 사망 원인 통계」. http://kostat.go.kr/20130606 검색

통계청, 〈성별/연령별/종교별 인구〉, 2017년 1월 5일. http://kosis.kr. 20190124 검색

통계청, 「2018년 2/4분기, 가계동향조사(소득부문) 결과」, 2018년 8월 23일. http://kostat.go.kr/20181114 검색.

통계청, 〈행정구역(시도)별 경제활동인구〉, 2019년 1월 9일. http://kosis.kr/20190121 검색

통계청, 〈행정구역(시도)/종사상지위별 취업자〉, 2019년 1월 9일.

http://kosis.kr/20190121 검색

통계청, 〈시도·산업·조직형태별 사업체수〉, 2018년 12월 28일.
　　　http://kosis.kr/20190121 검색

통계청, 〈행정구역(읍면동)별/5세별 주민등록인구(2011년~)〉, 2019년 2월 1일.
　　　http://kosis.kr/20190218 검색

통계청, 사회통계국 연구동향과, 「2018년 사망 원인 통계」, 2019년 9월 24일.
　http://kostat.go.kr/20190924 검색

하랄트 슈만·크리스티아네 그레페 지음, 김호균 옮김, 2010, 『신자유주의의
　　　종언과 세계화의 미래』, (주)영림카디널

한국연구재단, 〈학술연구분야분류표(2020년 1월 현재)〉, 참조.
　　　https://www.nrf.re.kr/20200121 검색.

〈한국일보〉, 2016년 1월 4일

한정길, 2010, 「유학(儒學)에서의 정통(正統)과 이단(異端) - 주자학적(朱
　　　子學的) 도통론(道統論)에 대한 양명학(陽明學)의 대응을 중심으
　　　로 - 」, (사)율곡연구원, 『율곡학연구』21권 0호

한국철학사상연구회, 1989, 『철학대사전』, 동녘

한국철학사상연구회, 2018, 『길 위의 우리철학』, 메멘토

한국철학회, 1999, 『철학사와 철학 - 한국철학의 패러다임 형성을 위하여』,
　　　철학과 현실사

한국철학회, '2005년 한국철학회 춘계학술회의' 자료집, 2005년 5월 28일,
　　　『철학의 눈으로 한국의 오늘을 본다』「대회사」

한스 켈젠 지음, 변종필·최희수 옮김, 1999, 『순수법학』, 길안사

허남진·백종현·차인석·김남두·성태용, 1998, 「근백년 한국철학의 교육
　　　과 제도」, 서울대 철학사상연구소, 『철학사상』8

許愼 撰, 段玉裁 注, 中華民國 76年, 『說文解字注』, 天工書局印行

胡廣 等, 1989, 『性理大全』(一), 山東友誼書社出版

홍윤기, 1999, 「철학함의 철학 - 열암의 철학에서 나타난 자생 철학 담론의
　　　적극적 가능성과 그 발전 - 」, 『이 땅에서 철학하기 - 21세기를 위한

대안적 사상 모색」, 솔출판사

홍익표, 2017,「풍요 속의 빈곤 – 87년 헌법 개정 논의에 대한 비판적 고
　　찰 – 」,『법교육연구』12권 2호, 한국법교육학회

〈황성신문〉, 1909년 11월 24일,「哲學家의 眼力」

황의동, 2010,「정통(正統)과 이단(異端), 그 역사와 본질 – 율곡을 중심으
　　로 – 」, (사)율곡연구원,『율곡학연구』21권 0호

http://chulhak.deu.ac.kr. 20200213 검색

https://cukpd.catholic.ac.kr. 20200212 검색

http://ephilsm.andong.ac.k. 20200213 검색

http://humanum.chungbuk.ac.kr/philosophy. 20200213 검색

https://ko.wikipedia.org/wiki(위키백과사전). 20190126 검색

https://ko.wikipedia.org/wiki(위키백과사전). 20200211 검색

http://kwphilo.kangwon.ac.kr. 20200212 검색

http://lib003.korea.ac.kr/lib003/major. 20200314 검색

http://ncov.mohw.go.kr/baroView. 20200726 검색

http://ncov.mohw.go.kr/bdBoardList_Real. 20200727 검색

http://news.jtbc.joins.com. 20180925 검색

http://phil.gwnu.ac.kr. 20200212 검색

http://phil.yu.ac.kr. 20200213 검색

http://philbioethics.donga.ac.kr. 20200213 검색

https://philosophy.cnu.ac.kr. 20200213 검색

http://philosophy.hufs.ac.kr. 20200213 검색

https://philosophy.inha.ac.kr. 20200213 검색

http://philosophy.knu.ac.kr. 20200212 검색

https://philosophy.pusan.ac.kr. 20200213 검색

https://philosophy.yonsei.ac.k. 20200213 검색

http://philosophy.sogang.ac.kr. 20200213 검색

http://philosophy.wku.ac.kr. 20200213 검색

http://portal.changwon.ac.kr. 20200213 검색

https://skb.skku.edu/philosophy. 20200213 검색

https://sofia.yonsei.ac.kr. 20200213 검색

https://sophia.dongguk.edu. 20200213 검색

http://sophia.khu.ac.kr. 20200212 검색

http://sopia.ulsan.ac.kr. 20200213 검색

http://web.dongguk.edu. 20200213 검색

http://wonbuddhism.wku.ac.kr. 20200213 검색

http://www.ajunews.com/view. 20150114 검색

http://www.cau.ac.kr. 20200213 검색

http://www.cdc.go.kr/contents. 20200726 검색

http://www.chosun.ac.kr. 20200213 검색

http://www.dankook.ac.kr. 20200212 검색

http://www.dongguk.edu. 20200213 검색

https://www.duksung.ac.kr/philo. 20200212 검색

http://www.ewha.ac.kr. 20200213 검색

http://www.gnu.ac.kr. 20200212 검색

http://www.hallym.ac.kr. 20200213 검색

http://www.hani.co.kr/arti/society/society_general. 20141021 검색

http://www.hanyang.ac.kr. 20200213 검색

http://www.hs.ac.kr. 20200213 검색

http://www.jbnu.ac.kr. 20200213 검색

http://www.jejunu.ac.kr. 20200213 검색

http://www.jnu.ac.kr. 20200118 검색

http://www.kmu.ac.kr. 20200212 검색

http://www.konkuk.ac.kr. 20200212 검색

http://www.me.go.kr. 20190128 검색

http://www.mju.ac.kr. 20200213 검색

https://www.nrf.re.kr/biz/journal. 20200120 검색

http://www.scnu.ac.kr. 20200213 검색

http://www.skku.edu. 20200118 검색

http://www.snu.ac.kr. 20200118 검색

http://www.ssu.ac.kr. 20190820 검색

http://www.uos.ac.kr. 20200213 검색

| 지은이 소개 |

이철승李哲承

현재 조선대학교 철학과 교수 및 우리철학연구소장으로 재직하고 있다. 조선대 철학과와 성균관대 유학대학원을 거쳐 성균관대 대학원 동양철학과에서 철학박사학위를 받았고, 중국 북경대北京大 철학과 연구학자(박사후연수), 중국 중앙민족대中央民族大 및 형양사범대衡陽師範學院 객좌교수, 중국 곡부사범대曲阜師範大 겸직교수, 한중철학회 회장, 한국유교학회 회장 등을 역임하였다.

논문으로「21세기 유교, 자본주의와 사회주의의 경계를 넘을 수 있는가?」(2017),「21세기 한국의 민주주의와 유가철학」(2018),「현대 사회의 私有 문제와 '大同'철학의 현실적 의의」(2018),「21세기 우리철학의 현황과 과제」(2019) 외 다수가 있다. 또한 저·역서로『강좌한국철학』(1995, 공저),『우리들의 동양철학』(1997, 공저),『유가사상과 중국식 사회주의 철학』(2002),『마오쩌둥 : 현대 중국의 초석과 철학사상』(2007),『철학, 문화를 읽다』(2009, 공저),『왕부지 중용을 논하다』(2014, 공역),『처음 읽는 중국현대철학』(2016, 공저),『완역 성리대전』총10권(2018, 공역),『오늘의 한국철학, 그리고 우리철학』(2019, 공저) 외 다수가 있다.

한국학
총 서   조선대학교 우리철학연구소 우리철학총서 01

우리철학, 어떻게 할 것인가

초판 인쇄   2020년 9월 1일
초판 발행   2020년 9월 15일

지 은 이 ┃ 이철승
펴 낸 이 ┃ 하운근
펴 낸 곳 ┃ 學古房

주   소 ┃ 경기도 고양시 덕양구 통일로 140 삼송테크노밸리 A동 B224
전   화 ┃ (02)353-9908 편집부(02)356-9903
팩   스 ┃ (02)6959-8234
홈페이지 ┃ www.hakgobang.co.kr
전자우편 ┃ hakgobang@naver.com, hakgobang@chol.com
등록번호 ┃ 제311-1994-000001호

ISBN 979-11-6586-095-0 94100
       978-89-6071-865-4(세트)

값: 20,000원